U0153577

大家講堂

學術・民國選書

西方美學史（上）

朱光潛／著

五南圖書出版公司 印行

學識之法門‧智慧之淵藪

——序五南「大家講堂」

五南圖書陸續推出一套叢書叫「大家講堂」。這裡的「大家」，固然不是舊時指稱高門貴族的「大戶人家」，也不是用來尊稱漢代才女班昭「曹大家」的「大家」；但也包含兩層意義：一是指學藝專精，歷久彌著，影響廣遠的人物，如古之「唐宋八大家」，今之文學、史學、藝術、科學、哲學等等之「大家」或「大師」；二是泛指衆人，有如「大夥兒」。而這裡的「講堂」，雖然還是一般「講學廳堂」的意思，只是它已改變了實質的形式，既沒有講席，也沒有聽席；因爲這講席上的大師已經化身在書本之中，只要你打開書本，大師馬上就浮現在你眼前，對你循循善誘；而你自然的也好像坐在聽席上，悠悠然受其教誨一般。

於是這樣的講堂，便可以隨著你無遠弗屆，無時不達。只要你有心向學，便可以隨時隨地學習，受益無量。而由於這樣的「講學廳堂」是由諸多各界大師所主持的講席，是大夥兒都可以入坐的聽席，所以是名副其實的「大家講堂」。

長年以來，我對於五南出版公司創辦人兼發行人楊榮川先生甚爲佩服。他行年已及耄耋，猶以學術文化出版界老兵自居，認爲傳播知識、提升文化是他矢志的天職。他憂慮網路資訊，擾亂人心，佔據人們學識、智慧、性靈的生活。使往日書香繚繞的社會，呈現一片紛亂擾攘的空虛。於是他親自策畫「經典名著文庫」，聘請三十位學界菁英擔任評議，自民國一〇七年，迄今已出版一一〇種。他卻發現所收錄之經典大多數係屬西方，作爲五千年的文化中國，卻只有孔孟老莊哲學十數種而已，實屬缺憾，爲此他油然又興起淑世之心，要廣設「大家講堂」，再度興起人們「閱讀大師」的脾胃，進而品會大師優異學識的法門，探索大師智慧的無盡藏。潛移默化的，砥礪切磋的，再度鮮活我們國民的品質，弘揚我們文化的光輝。

我也非常了解何以榮川先生要策畫推出「大家講堂」來遂他淑世之心的動

機和緣故。我們都知道，被公認的大家或大師，必是文化耆宿、學術碩彥。他們著作中的見解，必是薈萃自己畢生的眞知卓見，或言人所未嘗言，或發人所未嘗發；任何人只要沾溉其餘瀝，便有如醍醐灌頂，頓時了悟；而何況含茹其英華！或謂大師博學深奧，非凡夫俗子所能領略，又如何能夠沾其餘瀝、茹其英華？是又不然，凡稱大家大師者，必先有其艱辛之學術歷程，而爲創發之學說，而爲建構之律則；但大師之學養必能將其象牙塔之成果，融會貫通，轉化爲大衆能了解明白之語言例證，使人如坐春風，趣味橫生。

譬如王國維對於戲曲，先剖析其構成爲九個單元，逐一深入探討，再綜合菁華要義，結撰爲人人能閱讀的《宋元戲曲史》，使戲曲從此跨詩詞之地位而躐之，躋入大學與學術殿堂。魯迅和鄭振鐸也一樣，分別就小說和俗文學作全面的觀照和個別的鑽研，從而條貫其縱剖面、組織其横剖面，成就其《中國小說史略》、《中國俗文學史》，使古來中國之所謂「文學」，頓開廣度和活色。又如胡適先生《中國古代哲學史大綱》，誠如蔡元培在爲他寫的〈序〉中所言，他能夠先解決先秦諸子材料眞僞的問題。又能依傍西洋人哲學史梳理統緒的形式；

因而在他的書裡，才能呈現出「證明的方法」、「扼要的手段」、「平等的眼光」、「系統的研究」等四種特長，要言不繁的導引我們進入中國古代哲學的苑囿，聆賞先秦諸子的大智大慧。

也因此榮川先生的「大家講堂」一方面要彌補其「經典名著文庫」的不足，便以收錄一九四九年以前國學大師之著作為主。凡其核心之學術代表著作，既為畢生研究之精粹，固在收錄之列；而其具有普世之意義與價值，經由大師將其精粹轉化為深入淺出之篇章者，其實更切合「大家講堂」之名實與要義，尤為本叢書所要訪求。

記得我在上世紀八〇年代，也已經感受到「學術通俗化、反哺社會」的意義和重要，曾以此為題，在《聯副》著文發表，並且身體力行，將自己在戲曲研究之心得，轉化其形式而為文建會製作之「民間劇場」，使之再現宋元「瓦舍勾欄」之樣貌，並據此規畫「民俗技藝園」（今之宜蘭傳統藝術中心），作為維護薪傳民俗技藝之場所，並藉由展演帶動社會及各級學校重視民俗技藝之熱潮，乃又進一步以「民俗技藝」作文化輸出，巡迴演出於歐美亞非中美澳洲列國，可以說是一個很成功的例證。近年我的摯友許進雄教授，他是世界甲骨學名家，其學術根柢之深厚、成就之豐碩無須多言，他同樣體悟到有如「大家講堂」的旨趣；乃以通俗的筆墨，寫出了《字字有來頭》七冊和《漢字與文物的故事》四冊，頓時成為兩岸極暢銷之書。其《字字有來頭》還要出版韓文翻譯本。

已經逐步推出的「大家講堂」，主編蘇美嬌小姐說，為了考量叢書在中華學識和文化上的意義和價值，因此其出版範圍先以「國學」，亦即以中國文史哲為限。而以作者逝世超過三十年以上之著作為優先。而在這裡我要強調的是：「大家」或「大師」的鑑定務須謹嚴；其著作最好是多方訪求，融會學術菁華再予以通俗化的篇章。如此才能真正而容易的使「大家」或「大師」在他主持的「大家講堂」上，如「隨風潛入夜，潤物細無聲」的春雨那樣，普遍的使得那熱愛而追求學識的一大夥人，都能領略其要義而津津有味。而那一大夥人也像蜜蜂經歷繁花香蕊一般，細細的成就，釀成自家學識法門的蜜汁；而久而久之，許許多多大家或大師的智慧，也將由於那一大夥人不斷的探索汲取，而使之個個成就為一己的智慧淵藪。我想這應當更合乎策畫出版「大家講堂」的遠猷鴻圖。

榮川先生同時還策畫出版「古釋今繹系列」和「中華文化素養書」做爲「大家講堂」的姐妹編，爲此使我更加感佩他堅守做爲「出版界老兵」的淑世之心。

曾永義序於台北森觀寓所

二〇二〇年元月二十九日晨

導讀 美學即美學史

國立臺北教育大學語文與創作學系退休教授 張炳陽

一、朱光潛的生平與學術大概

朱光潛（1897-1986），字孟實，安徽省桐城縣人。朱光潛六歲至十四歲在私塾讀書，主要是讀古文。十五歲進桐城中學，所受教育亦爲桐城派古文，兼學古體詩。大學曾先入武昌高等師範，後考進香港大學教育系學習，他的興趣爲英國語言文學和心理學。二十八歲時考取官費留學，進英國愛丁堡大學，主要學習英國文學，其次是心理學和哲學。三十二歲進倫敦大學學習，三年期間同時也渡海至法國巴黎大學聽課，此時對文藝心理學、美學產生興趣。三十三歲進法國史特拉斯堡大學學習，三十六歲時完成博士論文《悲劇心理學》，同年隨即返回中國。

回中國之後，朱光潛應胡適聘爲北京大學西語系教授，主要講授西方文學批評。往後在學界朱光潛主要從事美學和詩學的教學和著述工作，出版了《文藝心理學》和《詩學》兩本美學著作，並翻譯義大利新黑格爾學派美學家克羅齊（Croce）的《美學原理》。一九六六年至一九七六年中國文化大革命期間，朱光潛被打爲「反動學術權威」遭到鬥爭，文革結束後仍然致力於美學教學和著作翻譯，尤其有關西方美學著作之翻譯極為豐富。一九八六年朱光潛因病逝世於北京，享年八十九歲。

二、朱光潛的學思發展和特徵

西方美學的研究都離不開哲學、心理學和社會學的理論基礎，尤其是哲學。朱光潛早年對文學特別是詩、心理學特別感興趣，由於早年對中西文學作品廣泛的閱讀與藝術品的涉獵，因此取得豐富的文藝批評材料，這些都成為後來他從事文藝心理學和詩論分析和闡述的根據。在他的早期的博士論文《悲劇心理學》（1933）和譯著《美學原理》（1947），他已經清楚看出西方哲學史知識的必要性，因此使得非哲學本科專業的朱光潛也必須獲取更廣泛的西方哲學史知識，這可以從他翻譯的一些西方美學原典中的譯者註中看到他的努力。在一九五四年所編譯的《柏拉圖文藝對話集》很顯然地柏拉圖哲學的知識是必備的，更後一點的黑格爾《美學》共三卷之翻譯（1958-1981）則對黑格爾哲學的知識更是不可或缺。因此，從文學到心理學到哲學的鑽研，成為朱光潛對文藝美學研究基礎的鐵三角。

我們可以看到朱光潛的著作中的一個特色，即，通俗作品中背後有哲學美學或心理學美學作為論述根據，例如《談美》中的一篇〈我們對於一棵古松的三種態度〉，這一篇如果提高的美學層次的理解，可以在康德《判斷力批判》的「美的分析」中「質」的範疇找到深刻的分析根據：鑑賞（美感）判斷是「無利害關係」（without all interest）。另外，在深刻的美學學理的闡述中，更可見到朱光潛對文學作品的熟悉，因此他可以信手捻來作為闡述理論的例釋。例如在《悲劇心理學》中，朱光潛引述了希臘悲劇和莎士比亞悲劇的作品來闡釋悲劇原理，甚至連《聖經》的《約伯記》他都能作爲引用的材料。朱光潛除了對中國傳統的詩文有很豐富的閱讀之外，對於傳統的文論和詩論也多所鑽研，例如《文心雕龍》、《文賦》、《滄浪詩話》和《詩品》等，他是一位學貫中西的學者。從來美學都是哲學中最困難研究的一門學問，因爲同時必須具備哲學知識和文藝修養，缺一不可，朱光潛雖然不是哲學科班出生，但是從他的論述著作和翻譯著作裡可以見到他在西方哲學方面的確下過一番功夫。他自己曾經說過：研究美學的人如果不學一點文學、藝術、心理學、歷史和哲學，那會是一個更大的欠缺。這或許是他自己的切身經驗吧。

三、關於美學史

「如何研究美學？」這是學院內外初學美學者的共同提問。但是不同美學家和美學學派對「美學」一詞都有不同的定義，而其所論之美學內容也有差異，甚至大相逕庭，況且只憑對美學下定義，學者也不能因此就通曉美學這門學科的內含。美學（aesthetics，字面的含意是「感知學」）這門學科是德國理性主義哲學家鮑姆嘉登（A. Baumgarten, 1714-1762）所建立的，他的哲學受萊布尼茲-吳爾夫（Leibniz-Wolff）哲學的影響，而他對美學的定義也隨他在不同學思時期有所修改。在一七三五年他的博士論文《關於詩的哲學沉思錄》116節說：「理性物（noeta）應該憑較高級認識能力作爲邏輯學的對象去認識，而感性物（aistheta）〔應該憑較低級認識能力去認識〕則屬於感知的科學，或感知學

（aesthetica，即美學）。」而在一七三九年他的著作《形上學》第一版533節則說：「美學（aesthetica）是感性認識與感性表現的科學；若要達到思考與感性談論的完滿（perfection, Vollkommenheit），那它便是修辭學；若要達到一個更大的完滿，那它便是包括一切的詩學。」在一七四二年他的《形上學》第二版533節則改爲：「美學（aesthetica）是感性認識與感性表現的科學（作爲〔理性〕認識能力之下的邏輯學）①。」在一七五〇年的《理論美學》1節則說：「美學（自由的藝術之理論、較低級的認識論、美的思考之藝術，類似理性事物之藝術）是感性的認識之科學。」在一七七九年Baumgarten已經去世後的《形上學》第七版533節則被改爲：「美學（aesthetica）是感性認識與感性表現的科學（作爲〔理性〕認識能力之下的邏輯學）、美惠女神（Gratiae）和繆斯女神（Muses）的哲學、認識論之下的理論、美的思考藝術、類似理性的藝術。」由以上鮑姆嘉登所論「美學」一詞的種種含意，其中有兩個基本特點：一、美學是感性認識的科學；二、美學與文藝尤其是與詩學有密切關聯。所以會有這兩個特點，主要是因爲：第一點是鮑姆嘉登本人的理性主義哲學的背景；第二點是他個人對詩的偏好。因此，一個美學家對「美學」的界定也受到自身的哲學和偏好的限制。

鮑姆嘉登被認爲美學之父，更重要的是他是「美學」這一門學科的創始者和有意識的美學教學的實踐者。但是，這並非表示在鮑姆嘉登之前西方不存在有其他的美學思想。最明顯

① 或譯為「（作為較低級的認識能力的邏輯）」。

的是，古希臘哲學家柏拉圖和亞里斯多德的美學思想也作爲他們基本哲學的衍伸應用，同時也影響後世文藝思想，譬如他們的「摹仿說」；另外一些文學家和藝術家傾向的文藝創作者也提出一些美學思想，例如賀拉斯（Horatius）、但丁（Dante）和達文西（da Vinci）等。而鮑姆嘉登之後西方歷史上更出現偉大的美學家，例如康德、席勒、謝林、黑格爾等德國古典美學家，近代西方美學潮流更是澎湃，尤其到了現代，西方美學更是學派林立，百家爭鳴。

既然美學家和美學流派各有其差異的美學觀點，也各領風騷，因此，我們應該如何研究美學？我認爲最好的方法就是研讀美學史。以往黑格爾主義的哲學家最強調哲學歷史的研究，甚至有「哲學即哲學史」的口號，表現了黑格爾哲學中重視歷史發展的精神。因此我們也可以仿效，提出「美學即美學史」的主張，認爲，研究美學最好的方法就是研究美學史，而美學史即是由歷史中各重要的美學家的美學所構成，在歷史的時間序列中，我們除了可以見到前後美學家的思想的關聯之外，對於不同美學家的研究之後，我們對「美學」的意義和本質自然會產生更明晰的理解，因此美學史的寫作變得非常重要了。

四、《西方美學史》一書的精髓

有別於其他的西方美學之翻譯，朱光潛於一九六三年出版的著作《西方美學史》可算是中文學界寫作的第一本專門著作。本書在一九七九年出第二版，在經過文化大革命的十年浩劫的「洗禮」之後，朱光潛的言論更加謹慎，所以在第二版改寫的序論中，他特別加進迎合共產黨的言論和共產主義以及馬克思主義的唯物論論述，對其思想立場作一番的坦白和交心，但是實際在以下各章節中，很明顯他並沒有以馬克思主義或唯物論的思想來扭曲各美學家的思想，頂多偶爾加入一兩句口號式的批評，如「主觀唯心論」、「客觀唯心論」等交差了事，因此他算是有良心的學者了。

這本書從形式上來看是介於教材和學術論述之間的著作，亦即，它不像一般教科書之鬆散，但也不像學術論文之嚴肅，可謂難易適中，宜於入門。從歷史的縱貫來看，本書的論述範圍包括第一部分：「古希臘羅馬時期到文藝復興」；第二部分：十七八世紀和啓蒙運動；第三部分：十八世紀末到二十世紀初。嚴格來講，這些標題所指的時代並不能反映全部西方美學史，其次，標題所指的內容也未能符合其下各章節的內容。關於前者，本美學史只論到二十世紀初，而實際上其中內容關於二十世紀的美學家所論甚少。二十世紀西方美學流派可以說是風起雲湧，美學家群芳綻放，例如現象學美學、存在主義美學、詮釋學美學、精神分析美學等等，本書都未論及。關於後者，第三部分遺漏了叔本華和尼采這兩位意志論美學家，這兩位美學家對中文世界的文壇影響極大，舉凡王國維、魯迅等莫不霑其雨露。當然朱光潛的《西方美學史》能夠論述西方上下兩千年的美學史已經是不容易，他對中文學界的西方美學史的寫作有開創之功，足爲後來者的楷模。

本書在介紹一位美學家的美學思想之前，會先將該美學家所處的時代歷史和文化有一概括的描述，這有利於讀者在特定的脈絡下更清楚理解其中的美學思想何以產生的背景。其次，美學與哲學的關係極爲密切，有些美學家的美學是受其他哲學家的哲學影響而產生，例如席勒之於康德，席勒本身是詩人而非哲學家，他的美學是受康德的哲學和美學影響而產生。有些哲學家的美學是他系統哲學的一部分，例如康德和黑格爾，因此要理解康德和黑格爾兩位的美學思想，必須對其系統哲學先有所認識，如此方能對其美學有所理解。本書在哲學方面的闡述作者已竭盡其能力，對於沒有哲學背景的讀者，作者已經以深入淺出的闡述美學家所涉及的哲學問題，倘若仍有所不解，建議讀者可以再閱讀西方哲學史著作以強化其西方哲學知識。但是，即使讀者對西方哲學知識有所不足，本書整體而言其可讀性仍然很高，一方面作者朱光潛本身亦非專業哲學家或哲學學者，所以在哲學方面他盡可能淺顯談論，另一方面作者的文學底子深厚，其行文流暢反而更接近文學家。

對於《西方美學史》中的美學家的選取和介紹，由於朱光潛的特殊眼光和偏好，挖掘了不以哲學家爲核心的美學家，例如對維科（Vico）的美學介紹，他重視維科的美學勝於鮑姆嘉登。維科基本上是個百科全書型的法學家，其時代比鮑姆嘉登更早，這兩位美學家都特別看重詩和詩學。朱光潛在談論維科的美學之時，特別提出維科美學的「形象思維」和「詩意的智慧」兩項對文學和藝術的影響概念。另外是心理學美學的介紹，其中包括兩部分：一、英國經驗主義者的感知美學。這些美學家雖然絕大部分也是哲學家，但卻是特別重視感官知覺在美感經驗所產生的作用。一般研究美學者言必稱康德、黑格爾這些大家，對於英國經驗主義似乎不屑一顧，但是朱光潛由於個人偏好心理學，因此這一部分也介紹了這個領域的七位美學家。二、心理學家的移情說美學。這些心理學家不同時是哲學家，其美學固然沒有哲學家的理論深度，但討論美學中的美感問題卻是平易近人，容易理解。實際上，心理學在西方學術史的早期心理學是與哲學不可分的，尤其與經驗主義的哲學和心理學往往是同時並論的。

美學知識對於從事文學批評和藝術理論是不可或缺的，朱光潛的《西方美學史》提供了西方美學史上重要美學家的基本知識，各美學家以其不同角度和理據提出不同的美學觀給美學愛好者，就像花園中的百花綻放提供給賞花人觀賞。本書固然不是一般哲學家所謂揚名立萬的經典之作，但是在中文的《西方美學史》著作中，除了最早之外，最重要的是作者能深入各美學家的原典，其論述可謂言之有據，因此在中文的美學史著作中具有重要的地位。

目錄

第二部分　十七、八世紀和啓蒙運動

下卷

第三部分　十八世紀末到二十世紀初

甲　德國古典美學

序論

一、美學研究的對象；美學由文藝批評、哲學和自然科學的附庸發展成為一門獨立的社會科學

解放後，五十年代在中國共產黨領導之下持續數年之久的全國範圍的美學批判討論，引起了廣大文藝理論工作者和一般讀者對美學的濃厚興趣和深入研究的要求。參加這場批判討論對我是一次深刻的教育。我從此開始鑽研馬克思列寧主義、毛澤東思想，來對自己過去所接受的西方資產階級美學思想進行一些初步的分析批判。一九六一年，北京大學哲學系爲了適應當時的需要，曾特設美學專業來訓練預備開美學課的教師，我參加了該專業的教學工作，開始編寫西方美學史講義。一九六二年，中國科學院社會科學部門舉行文科教材會議，決定把西方美學史列入教材編寫規劃，編者接受了這項任務，根據已編的講義、學習筆記和資料譯稿，編出了這部兩卷本的《西方美學史》，一九六三年由人民文學出版社印行，次年重印過一次。

接著就是文化大革命。林彪和「四人幫」一開始就違反毛澤東的教導，竊取文化大革命的口號另搞一套篡黨奪權的陰謀詭計，先對老知識分子後對老幹部施行法西斯統治和迫害。我也被戴上「反動權威」的帽子，在很長一段時間裡被迫放棄了教學工作和科研工作。北京大學哲學系的美學專業也和許多其他專業一樣，被迫解散了。我直到獲得「解放」後才重理舊業，在最近幾年中繼續把黑格爾《美學》第二、第三兩卷譯完，還選譯了愛克曼的《歌德談話錄》，校改了已遺失而重新發現的萊辛的《拉奧孔》舊譯稿，都已交出版機關陸續付印。現在抽空來校改這部《西方美學史》第一版，把〈序論〉和《結束語》兩章改寫過。

一九七六年十月，中國共產黨的黨中央一舉粉碎「四人幫」，爲知識分子解脫了「兩個估計」和「黑線專政」的精神枷鎖。和一般的知識分子一樣，我對這「第二次解放」無限歡欣鼓舞，誓趁八十開外的餘年，努力在自己畢生從事的美學領域裡多出點添磚加瓦的微薄力量，來報答中國共產黨黨中央對我們舊知識分子的殷切關懷和諄諄教導，和響應中國共產黨中央抓綱治國、大幹快上的號召。一息尚存，此志不容稍懈！

現在約略交代一下編寫《西方美學史》的一些意圖和工作過程。這部小書原是作爲高等院校文科教材而編寫的。教材要兼顧到教師和學生。因此用了較多的篇幅，以便多援引一些重要的原始資料。編者在工作過程中，在搜集和翻譯原始資料方面所花的功夫，比起編寫本身至少要多兩三倍。用意是要史有實據，不要憑空杜撰或摭拾道聽塗說。按原計畫還要編一本資料彙編。從古代到中世紀部分原已選譯，文藝復興和啓蒙運動時期的資料也零星地選擇了一些。不幸由於「四人幫」的搗亂，資料譯稿大部分都已散失。如果時間允許，今後還想把這項工作做下去。

嚴格地說，本編只是一部略見美學思想發展的論文集或讀書筆記，不配叫做《西方美學史》。任何一部比較完備的思想史都只有在一些分期專題論文的基礎上才寫得出來，而且這也不是由某個人或幾個人單做所能完成的，爲著適應目前的緊迫需要，編者只能介紹一些主要流派中主要代表的主要論點，不能把面鋪得太寬，把許多問題都蜻蜓點水式地點一下就過去了。一部教材不僅要傳授知識，更重要的是訓練獨立研究和獨立思考的能力，從而造就眞正的人材，培養成優良的學風和文風。因此，編者力圖把重點擺在文藝理論中幾個關鍵性問題上，就這些問題進行一些分析，在最後一章中就這些問題做一些小結。編者限於知識水準和思想水準，自己也不滿意於這種初步嘗試，不過認爲工作程式是應該如此進行的。

編者對主要流派中主要代表的選擇只有一條標準：代表性較大，影響較深遠，公認爲經典性權威，可說明歷史發展線索，有積極意義，足資借鑒的才入選。反面人物也不一概排斥，古代的柏拉圖，中世紀的普洛丁和托馬斯·阿奎那和近代的克羅齊都是唯心主義的有反動傾向的人物，但是在美學思想發展中都起了巨大作用，你還不能把他們一筆勾銷。這是辯證唯物主義和歷史唯物主義的要求。正確的思想總是在和錯誤思想的鬥爭中形成的。不懂得反面，也就難懂正面。

本編第一版原有〈編寫凡例〉和〈序論〉，現在改寫合在一起。〈序論〉的重點只有兩個，一是美學研究的對象，它和其他學科的關係，它變成一門社會科學的經過；一是美學史的研究方法，指導原理是辯證唯物主義和歷史唯物主義，編寫馬克思主義的美學史的艱巨性和光明前途。下面先談談美學研究的對象，它和其他學科的關係，它怎樣變成一門社會科學。

照字面看，美學當然就是研究美。但是過去學者對此久有爭論。德國哲學家鮑姆嘉通在一七五〇年才把它看作一門獨立的科學，給它命名爲「埃斯特惕克」（Aesthetik）。這個來源於希臘文的名詞有感覺或感性認識的意義，他把美學看作與邏輯是對立的。邏輯研究的是抽象的名理思維，而美學研究的是具體的感性思維或形象思維，黑格爾曾指出「埃斯特惕克」這個名稱不恰當，用「卡力斯惕克」（Kallistik）才符合「美學」的意義。不過黑格爾認為「卡力斯惕克」也還不妥，「因為所指的科學所討論的並非一般的美，而只是藝術的美」，所以「正當的名稱是藝術哲學」，黑格爾自己的講義畢竟也命名為《美學》，理由是這個名稱「已為一般語言所採用」。鮑姆嘉通的《美學》發表在一七五〇年，足見美學作為一門獨立科學，還是比較近的事。這並不等於說，前此就沒有美學思想。人類自從有了歷史，就有了文藝；有了文藝，也就有了文藝思想或美學理論。就西方來說，在古希臘雕刻、史詩和悲劇鼎盛時代，柏拉圖就已經在〈理想國〉裡著重地討論了文藝及其政治影響。他還寫了一篇專門論美的對話〈大希庇阿斯〉。接著他的門徒亞理斯多德就寫了《詩學》和《修辭學》。從此這兩位大哲學家就為後來西方美學的發展奠定了基石。

從歷史發展看，西方美學思想一直在側重文藝理論，根據文藝創作實踐作出結論，又轉過來指導創作實踐。正是由於美學也要符合從實踐到認識又從認識回到實踐這條規律，它就必然要側重社會所迫切需要解決的文藝方面的問題，也就是說，美學必然主要地成為文藝理論或「藝術哲學」。藝術美是美的最高度集中的表現，從方法論的角度來看，文藝也應該是美學的主要對象。正如馬克思指出的，人體解剖有助於對猴體解剖的理解，研究了最高級的發達完備的形式，就不難理解較低級的發達較不完備的形式。這個觀點並不排除對自然美和現實美的研究。過去一些重要的美學家大都涉及自然美，但是也大都從文藝角度去對待自然美，並不把這兩種美當作兩個不可統一的對立面。

美學理論既然是文藝實踐的總結和指導，對於某一時代文藝的理解就必有助於對該時代美學思想的理解，反過來說也是如此。例如不理解法國新古典主義文藝作品，就很難理解布瓦洛的《論詩藝》；反之，研究了布瓦洛的《論詩藝》，也就有助於理解法國新古典主義文藝作品。因此，絕不能把美學思想和文藝創作實踐割裂開來，而懸空地孤立地研究抽象的理論，那就成爲「空頭美學家」了。

美學必須結合文藝作品來研究，所以它歷來是和文藝批評緊密聯繫在一起而成爲文藝批評的附庸。西方有些著名的美學家首先是文藝批評家，如賀拉斯、布瓦洛、狄德羅、萊辛、丹納和別林斯基都是些著例。隨著人類文化的進展，文藝日益成爲自覺的活動，最好的文藝批評家往往是文藝創作者本人。詩和戲劇方面的歌德，繪畫方面的達文西和杜勒，雕刻方面的羅丹，小說方面的巴爾扎克和福樓拜等大師，在他們的談話錄、回憶錄、書信集或專題論文裡都留下了珍貴的文藝批評，其所以珍貴，是因爲他們是從親身實踐經驗出發的。

其次，美學實際上是一種認識論，所以它歷來是哲學的一個附屬部門。從柏拉圖、亞理斯多德、湯瑪斯·阿奎那一直到康德和黑格爾，西方著名的美學家都是些哲學家。美學在西方大學裡過去大半都設在哲學系，甚至有時就附屬在哲學這門課裡，因爲它是作爲一種認識論看待的。美學的命名人鮑姆嘉通就把美學和邏輯學對立起來，前者研究感性認識而後者則研究理性認識。美學既然離不開哲學，要研究西方美學史，就必須研究西方哲學史（有些哲學史也附帶地講些美學史）。例如不理解十七世紀以後歐洲大陸笛卡兒派理性主義與英國培根、洛克等人的經驗主義之間的基本分歧，以及德國古典哲學對這種分歧所作的調和妥協，就不可能理解近代西方美學史的發展線索。反之，不理解一個哲學家的美學思想，也就不可能眞正理解他的哲學體系。例如不理解康德的美學專著《判斷力批判》上卷，就很難理解他的三大批判是怎樣構成一個完整體系的。再如掌握了黑格爾的《美學》，對他的《邏輯學》和《精神現象學》等著作也就可以理解得更具體些。

第三，近代自然科學蒸蒸日上，它也闖進了文藝領域。文藝復興時代的達文西、啓蒙運動時代百科全書派和浪漫運動時期的歌德，都不僅是文藝創作者而且是卓越的自然科學家。自然科學對文藝不僅在創作工具和技巧方面有所貢獻，而且對世界觀和創作方法也產生了有益的影響。理所當然的是美學從此不僅附屬於哲學和文藝批評，而且日漸成爲一種自然科學的附庸了。首先是從英國經驗主義盛行以後，心理學日漸成爲美學的主要支柱。休謨和博克都主要是從心理學觀點去研究美學問題的。德國哲學家、「美學始祖」鮑姆嘉通本人，以及以研究形象思維著名的維柯，多少都是繼承英國經驗主義的衣缽；從心理學角度看問題的風靡一時的費肖爾和立普斯的「移情說」，於認識之外研究情感在欣賞藝術和自然中所發生的作用。到了上世紀末，佛洛伊德、榮格和阿德勒等人還運用變態心理學來分析文藝活動。本世紀初，英美各大學把心理學的實驗和測驗也應用到美學研究裡去。

此外，生物學和人類學對美學也發生了一些影響。法國實證主義派美學家丹納把文藝比作一種生物，說文藝作品是種族（Race）、社會氛圍（Milieu）和時機（Moment）三種因素必然的產物。這種學說一方面是近代法國現實主義文藝以及繼起的自然主義文藝的理論基礎，另一方面也是費爾巴哈和車爾尼雪夫斯基的「人類學原則」（Anthropological Priciple，過去誤譯爲「人本主義原則」）的萌芽。人類學是把人當作動物的一個種屬來研究的。

第四，西方從十九世紀下半期進入帝國主義時期以來，一般思想界日益進入危機。文藝和文藝理論方面也日趨腐朽頹廢，「主義」五花八門，故作玄虛，支離破碎，大半仍是過去的唯心主義和形而上學的貨色改換新裝。它們在敲帝國主義文化的喪鐘。我們在這種教材裡無須爲它們浪費筆墨。

也就在這個帝國主義文化衰亡時期，隨著工人運動的上升和生產方式的改變，馬克思主義出現了，而且傳播到全世界各個角落，日益顯示出它的強大威力。文藝和文藝理論已被科學地證明是一種由經濟基礎決定，反過來又對經濟基礎起反作用的社會意識形態。這就是說，美學已由文藝批評、哲學和自然科學的附庸一躍而成爲一門重要的社會科學了。它的任務已不僅在認識世界和解釋世界，而更重要的是在改造人和改造世界，從此它的重要性空前提高了。

二、研究美學史應以歷史唯物主義為指南，它的艱巨性和光明前途

本編原定的範圍是用作教材的一部介紹歷代西方美學思想發展的梗概。馬克思主義行世以來的美學思想發展不在本編範圍之內，應另行編寫。但是我們生活在馬克思主義時代和毛澤東思想的故鄉——社會主義的中國，即使只介紹到資本主義時代爲止的西方美學思想發展，爲著古爲今用，洋爲中用，也必須努力運用辯證唯物主義和歷史唯物主義的觀點和方法。這是一項光榮的任務，也是一項艱巨的任務，在這裡編者不妨約略談一下自己在這方面所經歷的甘苦和體會。

編者在參加過幾年全國範圍的美學討論批判的基礎上著手編寫這部教材時，也曾立志要從馬克思主義出發，但是對這項任務的艱巨性估計很不足。自以爲只要抓住經濟基礎決定上層建築和意識形態，而上層建築和意識形態對經濟基礎也起反作用這個總綱就行了。在實際運用這個總綱時，就先試圖確定所涉時期的社會類型，看它是奴隸社會、封建社會，還是資本主義社會，然後就設法說明該時期的文藝和文藝思想如何聯繫到該社會類型。但是這樣進行下去，就愈來愈認識到這種貼標籤的簡單化辦法恰恰是違反馬克思主義的。

首先給我敲了一個當頭棒的是恩格斯在一八九〇年十月五日給施米特的信，信中提到對於當時德國青年作家來說：

……「唯物主義」只是一個套語，他們把這個套語當作標籤貼到各種事物上去，再不作進一步的研究，……就以爲問題已經解決了。但是我們的歷史觀首先是進行研究工作的指南，並不是按照黑格爾學派的方式構造體系的方法。必須重新研究全部歷史，必須詳細研究各種社會形態存在的條件，然後設法從這些條件中找出相應的政治、私法、美學、哲學、宗教等等的觀點。在這方面，到現在爲止只做出了很少一點成績……他們（德國年輕人——引者）只是用歷史唯物主義的套語，……來把自己的相當貧乏的歷史知識（經濟史還處在繈褓之中呢！）盡速構成體系，於是就自以爲非常了不起了。①

①《馬克思恩格斯選集》，第四卷，第四七五頁。

編者每次讀這封信，就不免反躬自省一番，自己雖不是「德國青年」，這番話是不是恰恰打中了自己的要害而且痛下了針砭?!恩格斯教導我們「必須詳細研究全部歷史，必須詳細研究各種社會形態存在的條件」，這「存在的條件」就是具體情況，要熟悉全部歷史和有關社會類型的具體情況，才能就有關問題作具體分析，恩格斯特別重視經濟史，在一八九四年一月二十五日給博爾吉烏斯的信裡還再次惋惜「在德國，達到正確理解的最大障礙，就是出版物中對於經濟史不可原諒的忽視，以致很難於拋掉那些在學校裡已被灌輸的關於歷史發展的觀念（即唯心史觀——引者），而且難於搜集爲此所必要的材料，」②這就是說，不掌握經濟史，就很難建立唯物史觀。經濟史這樣重要，而它對編者恰恰是個空白點！怎麼不教人氣餒呢！

經濟史基本知識的貧乏會造成什麼惡果呢？恩格斯在一八九〇年六月五日給在這方面有缺點的恩斯特的信裡舉出了一個生動的事例：

……至於談到您用唯物主義方法處理問題的嘗試，首先我必須說明：如果不把唯物主義當作研究歷史的指南，而把它當作現成的公式，按照它來剪裁各種歷史事實，它就會轉變爲自己的對立物（即唯心主義——引者）。……您把整個挪威和那裡所發生的一切都歸入小市民階層的範疇，接著您又毫不遲疑地把您對德國小市民階層的看法硬加在這一挪威小市民階層身上，這樣一

② 《馬克思恩格斯選集》，第四卷，第五〇七頁。

來就有兩個事實使您寸步難行。

接著恩格斯就指出㈠在法國復辟王朝時期，挪威就已「爭得一部比當時歐洲任何一國憲法都較民主得多的憲法」；㈡「挪威在最近二十年中所出現的文學繁榮只有俄國能比美，在歐洲各國文學打上了他們的印記。」此外，拿挪威和德國相比，在小市民階層的力量，工業生產和運輸貿易等方面，挪威都比德國遠較先進，婦女地位尤「相隔天壤」。恩格斯還舉易卜生的戲劇爲例，說「它們反映了一個即使是中小資產階級的但是比起德國的來卻有天淵之別的世界」，接著恩格斯就向恩斯特進了一句忠告：「我寧願先把它深入地研究一番，然後再下判斷。」③

試看馬克思主義者以多麼謹嚴的態度去研究歷史！我們這批人輕易地「按照公式」來「剪裁歷史事實」，也就是歪曲歷史。我們把一個作家和小資產階級劃等號就心安理得了，還分什麼小資產階級和中小資產階級！還分什麼挪威和德國！還分什麼歷史背景不同或發展水準的高低！一鍋煮就完了！

這就涉及一個更基本的問題。編者曾提到立志要抓歷史唯物主義的總綱，對於這個總綱究竟有了正確的認識沒有？學習馬克思主義也有二十多年了，現在發現自己對這個根本問題並沒有弄清楚。這問題必須弄清楚，所以我不怕出醜，來公開地清理一下自己的糊塗想法，

③《馬克思恩格斯選集》，第四卷，第四七一至四七四頁，掘得德文對譯文略有校改。

敬求同志們批評糾正。

先研究一下馬克思在一八五九年發表的《政治經濟學批判》序言中的一段話：

……人們在自己生活的社會生產中發生一定的、必然的，不以他們的意志爲轉移的關係，即同他們的物質生產力的一定發展階段相適合的生產關係。這些生產關係的總和構成社會的經濟結構，即有法律的和政治的上層建築豎立其上，並有一定的社會意識形式與之相適應的現實基礎，物質的生產方式制約著整個社會生活、政治生活和精神生活的過程。不是人們的意識決定人們的存在，相反，是人們的社會存在決定人們的意識……④

這一整段話就是歷史唯物主義的總綱。馬克思去世之後，恩格斯在一八九〇年九月寫給布洛赫的信裡對這個總綱作了如下的闡明和補充：

④《馬克思恩格斯選集》，第二卷，第八二至八三頁。建議將譯文改動一下，「……經濟結構即現實基礎，在這基礎上豎立著上層建築，與這基礎相適應的有一定的社會意識形式。」這是按原文直譯，不至產生上層建築等於意識形態，或意識形態只適應上層建築的之類誤解，原文「現實基礎」是放在前面作為「經濟結構」的同位語，而譯文把它挪至句尾，「與之相適應」的「之」字，依中文代詞少有放在所代詞之前的習慣，就有可能被認為代上文「上層建築」，而實際上「之」字仍是代「現實基礎」的。

根據唯物史觀，歷史過程中的決定性因素歸根到底是現實生活的生產和再生產，無論馬克思或我都沒有肯定比這更多的東西。如果有人對此進行歪曲，說經濟是唯一起決定作用的因素，他就是把上述命題變成一句空洞，抽象而荒謬的廢話。經濟狀況是基礎，但是上層建築的各種因素——階級鬥爭的各種政治形式及其結果——由鬥爭取得勝利的階級所建立的各種憲章等等——各種法律形式，乃至這一切實際鬥爭在參加者頭腦中的各種反映，政治的、法律的和哲學的理論，以及各種宗教觀點及其進一步發展出來的教義體系，——也都要對各種歷史鬥爭的進程發生影響，而且在很多情況中對鬥爭的形式起著主要的決定作用，上述一切因素在這裡都起著交互作用，其中經濟運動歸根到底要作為必然的東西透過無數偶然事物……而獲得實現。否則把上述理論（指唯物史觀——引者）應用到任何一個歷史時期，就會比解答簡單的一次方程式還更容易了。⑤

後來列寧在《馬克思主義的三個來源和三十組成部分》中的提法和馬克思、恩格斯的提法也是一致的，而且更加明確：

---

⑤ 見《馬克思恩格斯選集》，第四卷，第四七七頁，原譯文對原文的句型、代詞和標點符號，都有些任意更動，弄得糾纏不清，易生誤解，因校原文對譯文做了一些修改，改譯中連接詞「乃至」的原德文是**und nun gar**，英譯作**and even**，法譯作**et m me**，至關重要，說明下文「各種反映」（意識形態）是和上文「上層建築」的各種「因素」對舉，語氣是「不但上層建築……就連各種意識形態也都要……」並不是把意識形態也列為上層建築的各種因素之一。原文下一段話中頭幾句也證明這樣看是正確的。

人的認識反映不依賴於它而存在的自然界，也就是反映發展著的物質；同樣，人的社會認識（就是哲學、宗教、政治等各種不同的觀點和學說）也反映社會的經濟制度，政治制度是經濟基礎的**上層建築**。⑥

仔細把上引馬克思、恩格斯和列寧的三段話比較看，編者不免感到有些迷惑，現在分述如下：

迷惑之一：馬克思本來不曾說「經濟是唯一起決定作用的因素」，可是在《序言》裡確實只強調經濟因素，爲什麼恩格斯在信裡要特地否定經濟是唯一決定因素呢？這是不是恩格斯和馬克思不一致呢？這種糊塗思想只有在編者仔細推敲恩格斯給梅林的信中下引一段話才得到澄清：

……我們最初是把重點放在從作爲基礎的經濟事實中探索出政治觀念、法律觀念和其他思想觀念所制約的行動，而當時是應當這樣做的。但是我們這樣做的時候，爲了內容而忽略了形式方面，即忽略了這些觀念是由什麼樣的方式和方法產生的，這就給了敵人以稱心如意的藉口來誤解和歪曲。⑦

---

⑥《列寧選集》，第二卷，第四四三頁，查原文，「經濟制度」，應改譯為「經濟體系」（或結構）。

⑦《馬克思恩格斯選集》，第四卷，第五〇〇至五〇一頁，按原文對譯略有修改。

這裡兩次說「我們」，足見恩格斯參加或贊同過《序言》中那條歷史唯物主義總綱的制定，談不上什麼「不一致」，要點是在「當時」把重點放在經濟基礎上是「應該」的，爲什麼「應該」，恩格斯沒有說明，因爲理由是很明顯的，當時首要的任務是破唯心史觀從而建立唯物史觀，是要說明推動歷史發展的不是心靈或思想體系，而是物質力量或經濟基礎，恩格斯承認這是爲了內容而忽略了形式，是個「過錯」。「內容」指重點所在的歷史唯物主義的基本原理，「形式」指經濟基礎如何透過上層建築和意識形態而發揮作用，即這三大因素之間的作用和反作用的錯綜複雜的關係網。恩格斯還指出這個「過錯」給敵人鑽了空子進行歪曲。⑧從此可見，唯物史觀在當時就已遭到敵人的歪曲和誹謗，而矛頭恰恰針對著「經濟是唯一的決定性因素」這句本身就是歪曲的話，這些敵人之中有些是資產階級唯心史觀的維護者。他們一向高唱「精神文化」和「道義力量」，誣衊唯物史觀爲功利主義，但是更險惡的敵人還是僞裝擁護社會主義的修正主義者。他們宣揚所謂「經濟唯物主義」，也就是宣揚「經濟是唯一的決定性因素」。這個錯誤的觀點本是他們自己的，他們卻把它栽進馬克思主義裡，還自誇是「合法的馬克思主義者」。恩格斯給梅林的信主要是對這批修正主義者的駁斥。「經濟唯物主義」是一種片面的、庸俗的，認爲經濟是社會發展的唯一動力的歷史觀。它否認政治、政治機構、思想和理論在歷史過程中所起的積極作用。經濟唯物主義的維護者在西歐有伯恩斯坦，在俄國有合法的馬克思主義者，「經濟派」和孟什維克。

⑧ 梅林本人也曾有過經濟唯物主義的錯誤觀點，但不屬於敵人之列，恩格斯在對他進行同志式的開導。

恩格斯給梅林的信裡否定經濟是唯一的決定因素，詳細說明了經濟基礎，政治法律的上層建築以及相應的思想體系這三種因素有機地聯繫在一起，成爲一種錯綜複雜的作用和反作用的關係網或「合力」來推動歷史發展，這就進一步闡明了和發展了馬克思主義。這種功績在捍衛馬克思主義和批判修正主義的鬥爭中意義是非常重大的。

迷惑之二：歷史前進的動力究竟有幾種呢？馬克思、恩格斯和列寧在上引三段關於歷史唯物主義的教導裡⑨一致肯定了有三種：1.經濟結構即現實基礎，2.法律的和政治的上層建築，3.與基礎相適應的社會意識形態或思想體系。

我所特別感到迷惑的是**上層建築和意識形態之間**的關係。過去有三種不同的提法。

第一種提法就是馬克思、恩格斯和列寧在上引三段話裡的提法，即上層建築豎立在經濟基礎上而意識形態與經濟基礎相適應，與上層建築平行，但上層建築顯然比意識形態重要，因爲它除政法機構之外也包括恩格斯所強調的階級鬥爭、革命和建設。

第二種提法是上層建築包括意識形態在內，提得最明確的是史達林在《馬克思主義和語言學問題》裡的一段話：

> 基礎是社會發展的一定階段上的社會經濟制度，**上層建築是社會的政治、法律，宗教、藝術**

⑨ 指馬克思在《〈政治經濟學批判〉序言》裡，恩格斯在給布洛赫的信裡和列寧在《馬克思的三大來源和三個重要組成部分》裡闡明歷史唯物主義的三段話。

觀點，以及和這些觀點相適應的政治、法律機構。

這裡使我迷惑的有兩點：頭一點是馬克思所說的「與之相適應」的「之」這個代詞是指基礎，就是說各種觀點或意識形態適應基礎（查《馬克思恩格斯全集》俄文本，俄譯對原文是忠實的），在這第二種提法裡卻變成政治法律機構的上層建築和「這些觀點相適應了」。其次一點是意識形態顯得比政治、法律機構還更重要，因爲政治、法律機構反而要適應意識形態。這些變動是否無關宏旨呢？

此外還有第三個提法，即在上層建築和意識形態之間劃起等號來，《馬克思主義和語言學問題》裡也有這種提法，原話是這樣說的：

> ……上層建築與生產及人的生產行爲沒有直接聯繫，上層建築只是經過經濟的仲介，基礎的仲介，與生產發生間接的聯繫……上層建築活動的範圍是狹窄和有限的。

這裡上層建築就只指意識形態而不包括政治、法律機構及其措施了，也就是說，在上層建築與意識形態之間劃起等號，把意識形態當作上層建築了；否則就不能說政權、政權機構及其措施（上層建築）對於生產和經濟不能有直接的聯繫或發生直接影響了。這樣說，不但違反馬克思主義，而且也不符合常識。再者如果說上層建築也包括政權、政權機構及其措施，能說「上層建築活動的範圍是窄狹和有限的」嗎？

編者在解放前一向沒有接觸過馬克思主義，解放後不久，由於專業是語言，頭一部要學習的經典著作就是當時（一九五〇年）剛出版的《馬克思主義和語言學問題》，由於過去一直教外國文學課，就經常接觸到伊瓦肖娃的《十九世紀外國文學史》之類蘇聯著作，其中文藝都列在上層建築，重理美學舊業時還接觸到匈牙利的馬克思主義理論權威盧卡契的《美學史論文集》，看到他在一九五一年在匈牙利科學院所作的《作爲上層建築的文學和藝術》長篇報告，也是以上層建築代替了意識形態。此外，蘇聯出版的尤金院士編的《簡明哲學詞典》中《基礎與上層建築》條的提法也是如此，於是自己也就鸚鵡學舌，把原屬意識形態的文藝說成上層建築，在《西方美學史》初版裡就有不少的例證。現在趁這部教材再版的機會，想檢查一下自己對於原來發願要依據的歷史唯物主義究竟認識到什麼程度，就重新學習馬克思主義創始人關於歷史唯物主義的明確教導，才發現這裡還大有問題，自己並沒有弄清楚，所以汗流浹背。我曾在內部討論中提出過自己的一些不成熟的表示懷疑的想法，有幾位關心的同志勸我要慎重考慮，彷彿這是「禁區」。經過幾個月的慎重考慮，我還是決定要把這些想法公開出來，因爲中國共產黨黨中央再三教導我們要按照毛澤東提倡的「二百」方針辦事。毛澤東還教導過我們說，馬克思主義不怕批評，要批判修正主義。而且馬克思在闡明歷史唯物主義的《〈政治經濟學批判〉序言》的結尾曾引但丁的《地獄》門楣上的兩句詩來告誡探科學之門的人說：「這裡必須根絕一切猶豫，這裡任何怯懦都無濟於事。」⑩這就壯

⑩《馬克思恩格斯選集》，第二卷，第八五頁。

了我的膽。

我要說的只有兩點：

第一，我並不反對上層建築除政權、政權機構及其措施之外，也可包括意識形態或思想體系，因為這兩項都以「經濟結構」為「現實基礎」，而且都是對基礎起反作用的，「上層建築」原來是對「經濟結構」即「現實基礎」而言的，都是些譬喻詞，實質不在名詞而在本質不同的三種推動歷史的動力。馬克思主義創始人在較早的著作裡也偶爾讓上層建築包括意識形態在內，人所熟知的例證是，恩格斯在《反杜林論》的《引論》裡下列一段話：「……每一時代的社會經濟結構形成現實基礎，每一個歷史時期由法律設施和政治設施以及宗教的、哲學的其他的觀點所構成的全部上層建築，歸根到底都是應由這個基礎來說明的。」⑪

不過這裡用「以及」聯起來的前後兩項是平行的，並沒有以意識形態代替上層建築。

其次，我堅決反對在上層建築和意識形態之間劃等號，或以意識形態代替上層建築。理由有四：

一、這種劃等號的辦法在馬克思主義經典著作裡找不到任何先例或根據。恩格斯和列寧闡明歷史唯物主義時都以馬克思的《〈政治經濟學批判〉序言》為據，在討論上層建築和意識形態之間的關係時，首先就要深刻體會這篇序言，特別是這幾句著名的結論：

---

⑪《馬克思恩格斯選集》，第三卷，第六六頁。

……物質生活的生產方式制約著整個社會生活、政治生活和精神生活的過程。不是人們的意識決定人們的存在，是人們的社會存在決定人們的意識。

這裡上層建築和經濟基礎同屬於「社會存在」，而「精神生活」就包括意識形態，只是社會存在的運動和變革在人們頭腦中的反映，馬克思主義創始人經常指出意識反映的虛幻性，和客觀社會存在是本質不同的兩種動力。所以馬克思緊接著上文就告誡人們必須時刻把「可用自然科學的精確性指明的」物質變革和「不能根據來判斷這種變革時代的意識形態區別開來」。把上層建築和意識形態等同起來，就如同把客觀存在和主觀意識等同起來是一樣錯誤，混同客觀存在與主觀意識，這就是以意識形態代替上層建築說的致命傷。

二、在《德意志意識形態》和其他經典著作裡，⑫馬克思主義創始人曾多次提到由於社會分工，有專門從事意識形態工作的人，各個領域的意識形態都有自己的歷史持續性和相對獨立的歷史發展。這就是說，它要有由過去歷史留傳下來的「思想材料」，而在一定的社會類型和時代的經濟基礎及上層建築既已變革之後，前一階段的意識形態還將作爲思想材料而對下一階段的意識形態發生作用和影響，意識形態的變革一般落後於政治經濟的變革，這個事實也是史達林自己所強調過的。這個事實是歷史文化批判繼承的前提。就是根據這個道

---

⑫ 見《馬克思恩格斯全集》，第三卷，第五二至五三頁；恩格斯給梅林的信，見《馬克思恩格斯選集》，第四卷，第五〇一頁。

理，列寧嚴厲地批判了「無產階級文化」派的割斷歷史的虛無主義態度，而毛澤東也多次強調不能割斷歷史，對歷史文化要批判繼承，也正是由於這個道理，上層建築絕不能和意識形態等同起來。

三、上層建築比起意識形態來距離經濟基礎遠較鄰近，對基礎所起的反作用也遠較直接，遠較強有力。政治和經濟是不可分割的，所以列寧說，「政治是經濟的集中表現」，恩格斯在給施米特的信裡把意識形態稱之為「那些更高地浮在空中的思想領域」⑬。在馬克思主義經典著作裡，「法律」和「法觀點」，「政治」和「政治觀點」往往同時並提而截然分開，這些都是上層建築和意識形態不能混同的明證。

四、如果確認上層建築包括政權、政權機構及其措施和意識形態兩項，在這兩項之間劃等號就是以偏概全，不但違反最起碼的形式邏輯，而且也過分抬高了意識形態的作用，從而降低了甚至抹煞了政權、政權機構及其措施的巨大作用。這就有墜入唯心史觀和修正主義的危險。意識形態既自有專名，何必僭用上層建築這個公名，以致發生思想混亂呢？

毛澤東在《新民主主義論》裡說：

一定的文化（當作觀念形態的文化）是一定社會的政治和經濟在觀念形態上的反映，又給予偉大影響於一定社會的政治和經濟，而經濟是基礎，政治則是經濟的集中的表現。

---

⑬ 見《馬克思恩格斯選集》，第四卷，第四三一頁。

這幾句話是對歷史唯物主義的最簡賅也最深刻的闡明和發揮，既肯定了經濟基礎，又指出了政治和經濟的密切聯繫，至於意識形態則是這二者的反映。在這裡毛澤東並沒有把意識形態列入上層建築，更沒有在它們中間劃等號。從反映論的角度來看，只有意識形態是反映，而政治和經濟都是「社會存在」，不能把存在和意識等同起來。

編者在對這個問題感到惶惑以後，爲著想澄清這個問題，查閱了五十年代初期的與此有關的一些蘇聯論著，特別是《蘇聯文學藝術論文集》（學習雜誌出版社，一九五四）、《史達林語言學著作中的哲學問題》（三聯書店，一九五三）和康士坦丁主編的《歷史唯物主義》（人民出版社，一九五五），才察覺到本文所提的問題，並非自我作古，而是一個老問題了。五十年代初期在蘇聯早已掀起過激烈爭論。值得特別注意的是，《蘇聯文學藝術論文集》所轉載的蘇聯《哲學問題》雜誌中一篇未署名的《論藝術在生活中的地位和作用》一篇長文，這顯然是對當時的爭論所作的總結，結論是從文藝觀點來替意識形態作爲上層建築辯護。該文指責特羅菲莫夫「不承認進步藝術的上層建築性質，硬說『馬克思把藝術當作一種社會意識形態，而沒有把它列入上層建築，他只把政治和法律列入上層建築。』」我的看法顯然和這個受斥責的「硬說」不謀而合，所以就專心致志地等待作者說出理由。可是下文洋洋萬言都在回避爲什麼意識形態非取代上層建築不可這個關鍵問題，聽他說來說去，就只歸結爲一句話，否認文藝的上層建築性，就是否認經濟基礎對於文藝的決定作用。馬克思主義者從來沒有否認經濟基礎對於文藝的作用和影響，現在把意識形態改稱爲上層建築，就可以保證經濟基礎對文藝必起決定作用嗎？更奇怪的是該文作者從他的論點所得出的關於藝術的看法。他說：「藝術本身乃是科學分析的結果。」他反對「藝術觀點和藝術這兩個概念在原則上有什麼分別」，因爲據說「藝術創作就是社會藝術觀點的具體表現和體現」，這正如否認政治和政治觀點有什麼不同一樣。這樣一來，文藝作品不是用具體形象直接反映現實，而只是反映作者主觀方面的文藝觀點了。這種「主題先行論」和馬克思主義創始人關於文藝的明確教導是完全背道而馳的。有人懷疑我們在搞西方美學史，爲什麼要辯論歷史唯物主義問題，從這一具體事例就可以得到回答。不弄清歷史唯物主義，就不可能有正確的美學觀點。從這番辯論和學習，我深刻地體會到歷史唯物主義不是像一般人所想像的那樣輕而易舉的武器，同時也認識到許多號稱馬列主義權威的人，特別在蘇修那裡，對待馬列主義的態度實在太不嚴肅，前車之覆應引起後車之戒。這個歪曲馬列主義的蓋子是不會長久捂住的，愈早揭開就愈早肅清流毒。我們要弄清問題，並不是要全盤否定史達林。毛澤東對史達林早有「三七開」的正確評價。史達林在辯證唯物論方面沒有正確理解否定的否定；在歷史唯物論方面他以意識形態代替了上層建築；在社會主義過渡時期方面沒有正確理解這種過渡的艱巨性和長期性而過早宣布蘇聯爲「全民國家」；這些可以說是他的「三分」過錯，但並不能埋沒他在國內戰爭時期和第二次世界大戰，以及在社會主義建設中的偉大功績。

恩格斯在上文引過的致布洛赫的信裡在闡明了推動歷史前進的三種因素之後，還強調必然的東西要「通過無窮無盡的偶然事件」而起交互作用；還說明了人類創造歷史首先是「在十分確定的前提和條件下進行創造」的，其次「最終的結果是從許多個別的意志互相衝突中產生出來的」，「這樣就有無數互相交錯的力量，無數平行四邊形的力量，由此就產生出一個總的結果，即歷史事變」。他還警告我們說：「我請您根據原著來研究這個理論，而不要根據第二手材料來進行研究，這倒的確容易得多。」仔細玩味這些話，就可以認識到要懂透歷史唯物主義並不是一件易事，要善於運用就更難了。

迷惑之三：是特別關於思想史研究工作本身的問題，即如何對待恩格斯所說的「思想材料有相對獨立的發展」，亦即「純思想範圍」或「純思想線索」問題，如果「經濟唯物主義」是修正主義者的法寶之一，那麼，「純思想線索」就是持唯心史觀的資產階級史學家們的唯一法寶。編者自己過去研究美學史也是從「純思想線索」出發的，就是從柏拉圖和亞理斯多德的思想一直追蹤到康德、黑格爾和克羅齊等人的思想，看這一聯串的思想是怎樣一個接著一個發展出來的，彷彿美學史領域是一個從思想到思想的獨立自足的小天地或世外桃源。解放後學習了一點馬克思主義，編者才認識到這個程式是歷史唯心主義的，認識到這個小天地只是宇宙整體的無數部分中一個小部分，它與無數其他部分以及各部分，所組成的全體都是互相依存，牽一髮即動其餘的。自己對這個小天地知道就很有限，對此外廣闊宇宙，不是完全無知，就是近於無知，如果還是走從純思想到純思想的線索那條老路，就是死路一條。如果嚴格按照唯物史觀辦事，理清自己的這個小天地和廣大宇宙整體及其各部之間錯綜複雜的關係，糧食儲備實在太貧乏了，能在崎嶇的長途上探險嗎？想到這裡，編者不僅是迷惑，而且是惶恐。編者也看到一條光明的出路，待下文再說，現在且談一談在現在歷史階段，我們這些既不懂經濟史，又不懂政治史和其他有關科學的人能否或應否仍去冒險探索美學史呢？「思想線索」是否就一文不值了呢？

首先，且不對客觀事實作出評價，先看意識形態（包括一切觀點和理論）是怎樣一種客觀事實。恩格斯在上引給梅林的信裡對意識作爲「思想材料」是這樣說的：

……歷史思想家們……在每一科學部門裡都有一定的材料。這些材料都是從以前各代人的思維中獨立形成的，並且在這些世代相繼的人們的頭腦中經過了自己的獨立發展的道路。當然，屬於這個或那個領域以外的事實也能作爲併發的原因給這種發展以影響，但是這種事實本身也被默認爲只是思維過程的結果。於是我們便停留在純粹思維的範圍之中……⑭

這裡所說的有兩點，第一點是每門領域以內有獨立形成和獨立發展的思想材料，也就是專業知識儲備。這是客觀事實，不容否認。第二點是本領域以外對本領域發展有影響的那些事實（實指經濟和政治方面的）也被認爲是思維過程的結果。這卻是歪曲客觀事實的唯心史觀了，這種情況也是由經濟基礎決定的，它起於社會分工制。馬克思主義創始人在《德意志意識形態》裡是這樣說的：

……分工制是先前歷史的主要力量之一。現在分工也以精神勞動和物質勞動分工的形式出現

---

⑭《馬克思恩格斯選集》，第四卷，第五〇一頁，譯文略有校改。

在統治階級中間，因爲在統治階級內部，一部分人是作爲該階級的思想家而出現的……⑮

這種社會分工制在社會主義過渡時期還要繼續存在，也就是說，意識形態專職工作者也還要繼續存在，而且文化日益前進和高漲，分工還會日益嚴密，新科學和邊緣科學還會日益倍增。我們應肯定分工制是推動歷史發展的一種動力，但同時也應認識到分工制的局限性和流弊（這些流弊，馬克思在《經濟學—哲學手稿》裡論「異化」時已多次指出過）。如何發揚分工制的優點和消除分工制的流弊是我們科研工作中的一項艱巨的任務，還有待逐步解決。

分工制在意識形態領域裡所產生的流弊之一是主體反映客觀世界的歪曲，意識形態或思想體系作爲客觀存在在人腦裡的反映，必然要受當事人主體方面的各種因素的影響，例如階級地位、文化程度、民族的歷史傳統和地理環境乃至個人生理心理的特殊情況等等。因此，主體反映對客觀存在不免有所歪曲而成爲「首足倒置的」「折光的反映」，其中有些有片面的眞理，有些只是幻想或謬論，人類思想史中就充滿著這種幻想和謬論。例如「神」、「天意」、「命運」、「天才」、「普遍人性」、「永恆眞理」、「先驗的眞理」、「超驗的純理性」、「理性的王國」、「孤立的個人」之類「天經地義」曾迷惑過多少人，造成多少災害！在美學史領域也是如此。對這種幻想和謬論我們應採取什麼態度呢？想要幻想和謬論在

⑮ 同上書，第三卷，第五三頁。Ideologie舊譯為「思想體系」，似比「意識形態」較醒豁，實即指「社會意識形式」。有些著作把思想家稱為「意識形態製造者」。

世上絕跡，這種想法本身就是幻想，相反相成，這就是辯證的道理。有正有反才有矛盾，才能推動歷史發展。檢驗眞理的標準是群衆的實踐，根據實踐，世世代代的人對過去的思想體系不斷地進行核對總和批判，因而不斷地克服錯誤，逐漸接近眞理，馬克思主義創始人和毛澤東都費過大量的精力去批判過去的幻想和謬論，上文所舉的那些幻想和謬論都是他們所批判過的。試想一想，馬克思、恩格斯如果不批判一系列的空想社會主義者，能建立科學的社會主義嗎？不批判黑格爾和費爾巴哈對他們自己的影響，能建立辯證唯物主義和歷史唯物主義嗎？一切思想工作的任務（包括研究思想史）就在進行去粗取精，去僞存眞的批判工作，這樣才能把各門科學逐步推向前進，更好地爲人民服務。

想到這裡編者就打消了怕蹈追溯「純思想線索」那種唯心史觀覆轍的顧慮，「純思想線索」的要害在於「純」，「純」就要排外孤立，就要否定「物」而獨尊「心」，蔑視思維以外任何歷史動力。如果把倒置了的心與物的關係擺正了，思想線索還是客觀存在的，思想史對它還是要清理的，馬克思主義創始人在《德意志意識形態》、《社會主義從空想到科學的發展》和《費爾巴哈和德國古典哲學的終結》以及列寧在《馬克思主義的三個來源和三個組成部分》等光輝著作裡，都替清理思想線索的思想史作出了光輝典範，每個研究思想史的人都應把這些典範當作自己研究工作的指南和衡量自己研究成績的尺度。如果拿這個尺度來衡量我們自己到現在爲止的一些思想史著作，那就還有天淵之隔，這部《西方美學史》就更是如此，如果在這些著作上面貼上「馬克思主義的」這樣光榮的標籤，那就未免把思想史研究工作看得太輕易了。「虛心使人進步」，要想進步，還是謙虛一點為妙。首先我們對自己應有一個正確的估計，要認識到自己對馬克思主義、毛澤東思想都還學得不夠，對嚴格運用唯物史觀所絕對必須的文化知識和專業資料都還太貧乏。毛澤東教導我們說，「馬克思主義的活的靈魂，就在於具體地分析具體情況」⑯，為此就要「詳細地占有材料」。毛澤東還指出我們的毛病在於「缺乏調查研究客觀實際情況的濃厚空氣」，「瞎子摸魚，誇誇其談，滿足於一知半解」。⑰這裡所涉及的根本問題是學風和文風，萬惡的「四人幫」長達十年之久的橫行霸道把我們的思想陣線搞得混亂不堪，現在首要的任務仍是澈底掃除他們的流毒，才能整頓好學風和文風，來保證中國科研工作的健康發展。分工制帶來了單幹、分散、重疊、閉門造車和浪費人力等現象也還有待克服，克服的辦法只有仿照計畫經濟來實行計畫科研，仿照生產社會化來實行科研社會化。編者多年來一直在根據自己的親身經驗和對學術界一般實際情況的觀察，來考慮在科研中如何發揚分工制的優點，克服分工制的流弊這個問題，認為全國規模的計畫科研和科研工作社會化是今後必由之路，而現在這正是在中國共產黨的領導之下各種科研規劃會議所探索的道路。在中國共產黨的領導之下，按周密的短期和長期規劃，分期安排人力進行全國規模的集體分工協作，第一步宜組織人力搜集和翻譯必須的資料。培養這方面的新生力量也是一個迫切的任務。

---

⑯ 見《毛澤東選集》第一卷，第二八七頁。

⑰ 同上書，第三卷，第七五四頁。

自中國共產黨中央粉碎「四人幫」以來，全國人民意氣風發，形勢一派大好，工農業和科技方面已初見成效，社會科學也勢必很快就跟上來。我們有中國共產黨的領導和社會主義的優越性，眞正做起來。步伐必然比西方資本主義國家快得多，品質也必然好得多。

恩格斯在《自然辯證法》導言裡預言過：

……一個新的歷史時期將從這種社會生產組織開始，在這個新的歷史時期中，人們自身以及他們的活動的一切方面，包括自然科學在內，都將突飛猛進，使以往的一切都大大地相形見絀。⑱

祝願我們將會是這個偉大預言獲得實現的見證人，不但在自然科學方面，而且也在社會科學方面，同心協力地踏上這樣光明的前途！

⑱《馬克思恩格斯選集》，第三卷，第四五八頁。

第一部分　古希臘羅馬時期到文藝復興

柏拉圖先就這些文藝作品的內容來仔細檢查了一番。發現荷馬和悲劇詩人們把神和英雄們描寫得和平常人一樣滿身是毛病，互相爭吵、欺騙、陷害；貪圖酒食享樂，既愛財，又怕死，遇到災禍就哀哭，甚至奸淫擄掠，無所不為。在柏拉圖看，這樣的榜樣絕不能使青年人學會眞誠、勇敢、鎮靜、有節制，絕不能培養成理想國的「保衛者」。

第一章　古希臘文化概況和美學思想的萌芽

一、古希臘文化的概況

古希臘美學思想，就有歷史記載可憑的來說，發源於西元前六世紀，極盛於西元前五世紀到四世紀，即柏拉圖和亞理斯多德的時代，它是和古希臘社會經濟基礎和一般文化情況密切聯繫著的。

西方古代文化發源於地中海沿岸，特別是地中海東部愛琴海一帶的島嶼以及希臘半島（巴爾幹半島）。這是一個多民族的地區，在西元前三千紀到二千紀，發生過民族大遷徙，在希臘南部發展出古典文化的民族大半是由愛琴海各島嶼以及由半島北部移來的。他們帶來了他們原有的奴隸制度，在侵略戰爭和殖民擴張之中又不斷地把戰俘變成奴隸，替他們畜牧耕作和進行其他方式生產。姑舉文化中心的雅典為例來說，在西元前五世紀，它的全部人口約四十萬，其中奴隸就占二十五萬左右，剩下的十五萬人之中有一部分是自由民，奴隸主只占少數。

古希臘早期的生產主要是農業。由於奴隸主對奴隸的剝削和對自由民的強取豪奪，財產日漸分化，農業的發展日漸趨向土地集中，這樣就形成了一種土地貴族階級。到了西元前六世紀左右，即我們要研究的美學起源的時代，古希臘經濟基礎開始發生激烈的變化。由於戰爭的頻繁（其中最長久的是波斯戰爭，這是由於雅典勢力擴張到小亞細亞，和波斯發生利益衝突所引起的），交通的發達，手工業和商業的發展，在像雅典那樣擁有海港的城邦裡，農業經濟日漸轉到工商業經濟。這就帶來階級力量對比的改變：原來經營農業的貴族奴隸主就日趨沒落，新興的工商業奴隸主就日漸上升。這新興階級代表當時進步的力量，與地主貴族階級爭奪政權，這就形成兩大政黨——民主黨與貴族黨。所謂「民主」也只是「有限的民主」，即奴隸主內部的民主。在西元前五世紀左右，這兩黨力量的對比在古希臘各城邦之中並不平衡。就兩個最強盛的城邦斯巴達和雅典來說，斯巴達還主要靠農業，所以貴族黨占優勢；雅典主要靠利潤較大的工商業，所以民主黨占優勢。古希臘各城邦（一般很小，只有幾萬人口）大半環繞著斯巴達和雅典，形成貴族黨和民主黨兩個對立的陣營，鬥爭往往很尖銳，釀成綿延不斷的內部戰爭。古希臘文藝家和思想家在政治上也有這兩種不同的傾向，在我們所要研究的美學思想家之中，大半屬於貴族黨，只有德謨克利特可能是例外。

流傳下來的古希臘文化主要是奴隸主的文化。他們靠奴隸勞動，所以有從事文化活動的「自由」。古希臘文化起源是很早的。古希臘民族在原始公社和氏族社會階段，就已經有一套豐富而完整的神話。這是「已經通過人民的幻想用一種不自覺的藝術方式加工過的自然和社會形式本身」，它「不只是古希臘藝術的武庫，而且是它的土壤」。①

這套古希臘神話有很大一部分保存在荷馬史詩裡。荷馬史詩從西元前九世紀便已在人民中間口頭流傳，到西元前六世紀才寫成定本，荷馬史詩在古代是一般人民的主要教科書，流傳廣，所以影響深。其次，古希臘神話也有一部分保存在戲劇裡。古希臘戲劇，特別是悲劇，在西元前五世紀左右達到了頂峰，代表作家爲埃斯庫洛斯、索福克勒斯、歐里庇得斯（三大悲劇家）和阿里斯托芬（喜劇家）。演戲是雅典每年祭神節和文娛節的一個重要項

① 《馬克思恩格斯選集》，第二卷，第一一三頁。

目。看戲就是受教育，它是雅典公民的一種宗教的和政治的任務。所以文藝在古希臘人生活裡遠比在後來兩千多年中都較重要。此外，在西元前五世紀前後，古希臘的音樂、建築、繪畫、雕刻等藝術也都很繁榮，特別是雕刻，它發展到歐洲後來一直沒有趕上的高峰。因此，古希臘美學理論是有豐富的文藝實踐做基礎的。

美學在西方一開始就是哲學的一個部門。古希臘文藝到了西元前五世紀前後在雅典達到了它的黃金時代，即所謂伯里克利時代。但是也就在這個時代，古希臘文化由傳統思想統治轉變到自由批判，由文藝時代轉變到哲學時代。三大悲劇家中最後的歐里庇得斯就常向哲學家請教，在作品中對現實社會問題進行尖銳的批判，喜劇家阿里斯托芬的作品裡也時常流露自由批判的精神，從此哲學就日漸占上風，一系列的卓越的哲學家，例如畢達哥拉斯、赫拉克利特、德謨克利特、蘇格拉底、柏拉圖和亞理斯多德，就陸續出現了。由文藝時代轉變到哲學時代的原因主要有三個，第一個原因是隨著生產的發展，自然科學的研究便日漸繁榮，這就帶動了哲學的研究。其次是工商業的發展所造成的階級力量對比的變化（民主力量的上升）。新興的工商業奴隸主向地主貴族階級爭奪政權。這種「民主運動」促成了批評辯論的風氣。掌握知識和辯論的本領成爲爭奪政權者的必備條件，於是就有詭辯學派應運而起。詭辯學派在當時多半站在民主黨方面，代表學術上進步力量，批判和辯論的風氣是由他們煽起的。古希臘思想的對象由自然現象轉變到社會問題，主要也應歸功於他們。第三，由於古希臘在貿易和戰爭中和斐尼基、波斯和埃及各民族發生日益頻繁的接觸，外來的文化思想對古希臘也起了激發哲學思考的作用。

哲學家們既然要注意到社會問題，就勢必注意到文藝問題。文藝發展本身也要求理論性的概括，就勢必注意到美學問題。古希臘美學思想發源於畢達哥拉斯學派、赫拉克利特、德謨克利特和蘇格拉底，極盛於柏拉圖和亞理斯多德，現在分述如下。

二、畢達哥拉斯學派

畢達哥拉斯學派盛行於西元前六世紀，他們都是些數學家、天文學家和物理學家，當時古希臘哲學的主要對象還是自然現象，畢達哥拉斯學派以及稍後的赫拉克利特都主要是從自然科學觀點去看美學問題的。在自然科學中當時哲學家們有一個普遍的企圖，就是在自然界雜多現象之中，找出統攝一切的原則或原素。畢達哥拉斯學派大半都是數學家，便認爲萬物最基本的原素是數，數的原則統治著宇宙中一切現象。這樣把事物的一種屬性（數）加以絕對化，彷彿把它看成一種先於一切而獨立存在的東西，這就是客觀唯心主義的萌芽。這個基本觀點也影響到畢達哥拉斯學派對於美的看法。

他們認爲美就是和諧。他們首先從數學和聲學的觀點去研究音樂節奏的和諧，發現聲音的質的差別（如長短、高低、輕重等）都是由發音體方面數量的差別所決定的。例如發音體（如琴弦）長，聲音就長；震動速度快，聲音就高；震動速度慢，聲音就低。因此，音樂的基本原則在數量的關係，音樂節奏的和諧是由高低長短輕重各種不同的音調，按照一定數量上的比例所組成的。這派學者是用數的比例來表示不同音程的創始人，例如第八音程是1：2，第四音程是3：4，第五音程是2：3。

從音樂裡數量關係的研究中，畢達哥拉斯學派找到了一個辯證的原則，這個原則由這派門徒波里克勒特在他的《論法規》裡這樣加以轉述：

畢達哥拉斯學派說（柏拉圖往往採用這派的話），音樂是對立因素的和諧的統一，把雜多導致統一，把不協調導致協調。

這是古希臘辯證思想的最早的萌芽，也是文藝思想中「寓整齊於變化」原則的最早的萌芽。

畢達哥拉斯學派把音樂中和諧的道理推廣到建築、雕刻等其他藝術，探求什麼樣的數量比例才會產生美的效果，得出了一些經驗性的規範。波里克勒特在前已提到的《論法規》裡就記載了一些這樣的規範。例如在歐洲有長久影響的「黃金分割」（最美的線形為長與寬成一定比例的長方形）就是這派發現的。他們也有時認為圓球形最美。這種偏重形式的探討是後來美學裡形式主義的萌芽。

這派學者還把數與和諧的原則應用於天文學的研究，因而形成所謂「諸天音樂」或「宇宙和諧」的概念，認為天上諸星體在遵照一定軌道運動之中，也產生一種和諧的音樂。蘇聯美學史家阿斯木斯在《古代思想家論藝術》的序論裡評論這種概念說，「音樂和諧的概念原只是對一種藝術領域研究的結果，畢達哥拉斯學派把它推廣到全體宇宙中去……因此，連天文學即宇宙學在這派看來，也具有美學的性質」。他們把天體看成圓球形，認為這也是最美的形體。這裡可注意的是畢達哥拉斯學派把整個自然界看作美學的對象，並不限於藝術。

畢達哥拉斯學派還注意到藝術對人的影響。他們提出兩個帶有「神祕色彩的看法，一個是「小宇宙」（人）類似「大宇宙」的看法（近似中國道家「小周天」的看法）。他們認為人體就像天體，都由數與和諧的原則統轄著。人有內在的和諧，碰到外在的和諧，「同聲相應」，所以欣然契合。因此，人才能愛美和欣賞藝術。另一個看法是人體的內在和諧可以受到外在的和諧的影響。他們把這個概念應用到醫學上去，得出類似中國醫學裡陰陽五行說的結論。不但在身體方面，就是在心理方面，內在和諧也可以受到外在和諧的影響。他們把音樂風格大體分為剛柔兩種，不同的音樂風格可以在聽眾中引起相應的心情而引起性格的變化，例如聽者性格偏柔，剛的樂調可以使他的心情由柔變剛。藝術可以改變人的性情和性格，所以產生教育的作用。

畢達哥拉斯學派的帶有神祕主義色彩的客觀唯心主義和形式主義的美學思想對柏拉圖、普洛丁的新柏拉圖主義，以及文藝復興時代專心鑽研形式技巧的藝術家們，都發生過深刻的影響。

三、赫拉克利特

西方早期哲學中樸素的唯物主義和辯證觀點的最大的代表是赫拉克利特（西元前五三〇—四七〇左右）。他的重要著作《論自然》現在僅存一些殘篇斷簡，其中直接涉及美學的不多。他受過畢達哥拉斯學派的影響，但是放棄了這派的唯心的和神祕的色彩。明確地走唯物主義的方向。他在自然的雜多現象裡尋求統一原則時，認為古希臘人所說的地水風火四大原素之中，火是最基本的。自然事物都是處在由地到水到風到火（上升）和由火到風到水到地（下降）的不斷轉變的過程。這樣他就肯定了世界的物質基礎和轉變發展的辯證過程。

在辯證觀點方面，赫拉克利特也認為「自然趨向差異對立。協調是從差異對立而不是從類似的東西產生的」，「結合體是由完整的與不完整的，相同的和相異的，協調的與不協調的因素所形成的」。這個看法雖近似畢達哥拉斯學派的，但卻比它邁進了一大步。畢達哥拉斯學派側重對立的和諧，赫拉克利特則側重對立的鬥爭。他說得很明確：「差異的東西相會合，從不同的因素產生最美的和諧，一切都起於鬥爭。」側重和諧就是側重平衡和靜止，側重鬥爭就是側重變動和發展，所以畢達哥拉斯學派把數量關係加以絕對化和固定化，而赫拉克利特則強調世界的不斷的變動和更新。他認為一切都在變動中，像流水一樣，前水已不是後水，沒有人能在同一河流裡插足兩次。這雖是一個一般哲學的觀點，對於美學卻有重大意義，相信赫拉克利特的看法，美就不能是絕對永恆的東西。赫拉克利特說過，「比起人來，最美的猴子也還是醜的」。這就是美的標準相對性的一句最簡短最形象化的說明。

四、德謨克利特

德謨克利特（西元前四六〇—三七〇左右）是古代唯物思想的重要代表，原子論的創始人。據古代傳記，他寫過《節奏與和諧》、《論音樂》、《論詩的美》、《論繪畫》等一系列的有關美學的著作，可惜已全部失傳。就他的一些斷簡殘篇看，很大部分是談靈感問題的。他認為「荷馬由於生來就得到神的才能，所以創造出豐富多采的偉大的詩篇」；「沒有一種心靈的火焰，沒有一種瘋狂式的靈感，就不能成爲大詩人」。這是古代希臘流行的看法，所以在神話中每門藝術都有護神。不過靈感說與德謨克利特的哲學觀點不符合，疑流傳的資料不很可靠。

古代樂論家斐羅迭姆在《論音樂》裡引過德謨克利特的一段話，說他認爲「音樂是最年輕的藝術」，因爲「音樂並不產生於需要，而是產生於正在發展的奢侈」（有譯爲「餘力」的）。這裡有兩點值得注意：第一，他開始從社會發展看藝術的起源；其次，他這個看法多少含有近代席勒和斯賓塞的「餘力說」的萌芽。依這種餘力說，人在滿足直接生活需要而有餘力時，才進行自由的藝術活動，創造出多少是超功利的美的作品。

但是德謨克利特的較重要的貢獻在於他的原子論和認識論。根據他的原子論，物體的表面分泌出微細的液粒，通過空氣影響人的感官，才使人得到物體的「意象」。這就是感性認識。感性認識還是朦朧的，要達到正確的認識，卻必須經過理智。在這裡，他肯定了物質第一性，意識第二性的原則，也指出了感性認識與理性認識的正確關係。這就替美學打下了唯物主義的認識論基礎。

五、蘇格拉底

蘇格拉底（西元前四六九—三九九）在西方哲學中起過深刻的影響，卻沒有留下一部著作。關於他的美學觀點，主要的文獻是他的門徒克塞納芬的《回憶錄》，他標誌著古希臘美學思想的一個很大的轉變。前此畢達哥拉斯學派和赫拉克利特等人都主要地從自然科學的觀點去看美學問題，要替美找自然科學的解釋，到了蘇格拉底才主要地從社會科學的觀點去看美學問題，要替美找社會科學的解釋。從《回憶錄》卷三第八章的資料看，他把美和效用聯繫起來看，美必定是有用的，衡量美的標準就是效用，有用就美，有害就醜。從效用出發，蘇格拉底見出美的相對性。所謂「相對」就是依存於效用，是有所對待的，例如「盾從防禦看是美的，矛則從射擊的敏捷和力量看是美的」。從此可見，同一件東西，對這個效用（例如防禦）來說是美的，對另一個效用（例如進攻）來說就不是美的。所以一件東西是美是醜，要看它的效用。效用好壞，又要看用者的立場。因此，美不能說是完全在事物本身，與人無關。阿斯木斯評論到蘇格拉底的這一觀點時，說過一段很精闢的話：

> 美不是事物的一種絕對屬性，不是只屬於事物，既不依存於它的用途，也不依存於它對其他事物關係的那種屬性。美不能離開目的性，即不能離開事物在顯得有價值時它所處的關係，不能離開事物對實現人願望它要達到的目的的適宜性。就這個意義說，「美」和「善」兩個概念是統一的；也就是從這個意義出發，蘇格拉底始終一貫地闡明了美的相對性。
>
> ——《古代思想家論藝術》的序論

此外，蘇格拉底對於藝術創造的看法也很值得注意。他早年繼他的父親操石匠的職業，以石匠的身分學過雕刻，所以對藝術創造活動有親切的體會。他接受了當時普遍流行的「藝術摹仿自然」的信條，但是他反對把「摹仿」了解爲「抄襲」。從《回憶錄》卷三第十章所記載的他和當時藝術家的兩次談話看，他主張畫家畫像，雕刻家雕像，都不應只描繪外貌細節，而應「現出生命」，「表現出心靈狀態」，使人看到就覺得「像是活的」；他還說藝術不應奴隸似地臨摹自然，而應在自然形體中選擇出一些要素，去構成一個極美的整體。因此，他認爲藝術家刻畫出來的人物可以比原來的眞人物更美。

六、結束語

在早期希臘，美學是自然哲學的一個組成部分。早期思想家們首先關心的是美的客觀現實基礎。畢達哥拉斯學派把美看成在數量比例上所見出的和諧，而和諧則起於對立的統一。從數量比例觀點出發，他們找出了一些美的形式因素，如完整（圓球形最美），比例對稱（「黃金分割」最美），節奏等等。數的概念經過絕對化，美彷彿就只在形式。赫拉克利特對於辯證觀點深入了一步，側重對立的鬥爭，因而見出美的發展過程與美的相對性。德謨克利特提出一種唯物主義的原子論和感性認識與理性認識統一的認識論。

蘇格拉底是早期希臘美學思想轉變的關鍵，他把注意的中心由自然界轉到社會，美學也轉變成爲社會科學的一個組成部分。他從社會觀點指出美的評價標準在於對於人的效用；根據效用標準，他見出美的相對性。從此美與善就密切聯繫在一起，而美學與倫理學和政治學也就密切聯繫在一起了。文藝的社會功用問題也從此突出地提到日程上來了。他對於古希臘的「藝術摹仿自然」的看法也比過去有深一層的理解，見到了藝術的理想化。

總之，在柏拉圖和亞理斯多德以前已有相當好的基礎。美學的主要問題大體明確了：那就是文藝的現實基礎和文藝的社會功用。柏拉圖和亞理斯多德所要解決的也正是這兩個主要問題。

第二章　柏拉圖

柏拉圖（西元前四二七—三四七）出身於雅典的貴族階級，父母兩系都可以溯源到雅典過去的國王或執政。他早年受過很好的教育，特別是在文學和數學方面。到了二十歲，他就跟蘇格拉底求學，學了八年（西元前四〇七—三九九），一直到蘇格拉底被當權的民主黨判處死刑爲止。老師死後，他和同門弟子們便離開雅典到另一個城邦墨伽拉，推年老的幽克立特（墨）爲首，繼續討論哲學。在這三年左右期內，他遊過埃及，在埃及學了天文學，考查了埃及的制度文物。到了西元前三九六年，他才回到雅典，開始寫他的對話。到了西元前三八八年他又離開雅典去遊義大利，應西西里島塞拉庫薩的國王的邀請去講學。他得罪了國王，據說曾被賣爲奴隸，由一個朋友贖回。這時他已四十歲，就回到雅典建立他的著名的學園，授徒講學，同時繼續寫他的對話，幾篇規模較大的對話如〈斐東〉、〈會飲〉、〈斐德若〉和〈理想國〉諸篇都是在學園時代前半期寫作的。他在學園裡講學四十一年，來學的不僅雅典人，還有許多其他城邦的人，亞理斯多德便是其中之一。在學園時代後半期他又兩度（西元前三六七和三六一）重遊塞拉庫薩，想實現他的政治理想，兩次都失望而回，回來仍舊講學寫對話，一直到八十一歲死時爲止。〈法律〉篇是他晚年的另一個理想國的綱領。

柏拉圖所寫的對話全部有四十篇左右，內容所涉及的問題很廣泛，主要的是政治、倫理教育以及當時爭辯劇烈的一般哲學上的問題。美學的問題是作爲這許多問題的一部分零星地附帶地出現於大部分對話中的。專門談美學問題的只有他早年寫作的〈大希庇阿斯〉一篇，此外涉及美學問題較多的有〈伊安〉、〈高吉阿斯〉、〈普羅塔哥拉斯〉、〈會飲〉、〈斐德若〉、〈理想國〉、〈斐利布斯〉、〈法律〉諸篇。

除掉《蘇格拉底的辯護》以外，柏拉圖的全部哲學著作都是用對話體寫成的。對話在文學體裁上屬於柏拉圖所說的「直接敘述」一類，在古希臘史詩和戲劇裡已是一個重要的組成部分。柏拉圖把它提出來作爲一種獨立的文學形式，運用於學術討論，並且把它結合到所謂「蘇格拉底式的辯證法」，這種辯證法是由畢達哥拉斯和赫拉克利特等人的矛盾統一的思想發展出來的①，其特點在於側重揭露矛盾。在互相討論的過程中，各方論點的毛病和困難都像剝繭抽絲似地逐層揭露出來，這樣把錯誤的見解逐層駁倒之後，就可引向比較正確的結論。在柏拉圖的手裡，對話體運用得特別靈活，向來不從抽象概念出發而從具體事例出發，生動鮮明，以淺喻深，由近及遠，去僞存眞，層層深入，使人不但看到思想的最後成就或結論，而且看到活的思想的辯證發展過程。柏拉圖樹立了這種對話體的典範，後來許多思想家都採用過這種形式，但是至今還沒有人能趕得上他。柏拉圖的對話是古希臘文學中一個卓越的貢獻。

但是柏拉圖的對話也給讀者帶來了一些困難。第一，在絕大多數對話中，蘇格拉底都是主角，柏拉圖自己在這些對話裡始終沒有出過場，我們很難斷定主要發言人蘇格拉底在多大程度上代表柏拉圖自己的看法。第二，這些對話裡充滿著所謂「蘇格拉底式的幽默」。他不僅時常裝傻瓜，說自己什麼都不懂，要向對方請教，而且有時摹仿詭辯學派的辯論方式來譏

① 參看《柏拉圖文藝對話集》，人民文學出版社一九六三年版，第三一三至三一五頁〈斐德若〉篇的題解：關於蘇格拉底式辯證法的說明。

諷他的論敵們，我們很難斷定哪些話是他的眞心話，哪些話是摹擬論敵的諷刺話。第三，有些對話並沒有作出最後的結論（如〈大希庇阿斯〉篇），有些對話所作的結論彼此有時矛盾（例如就文藝對現實關係的問題來說，〈理想國〉和〈會飲〉篇的結論彼此有矛盾）。不過儘管如此，把所有的對話擺在一起來看，柏拉圖對於文藝所提的問題以及他所作的結論都是很明確的。總的來說，他所要解決的還是早期希臘哲學家所留下來的兩個主要問題，第一是文藝對客觀現實的關係，其次是文藝對社會的功用。此外，他所常涉及的藝術創作的原動力的問題，即靈感問題，也是德謨克利特早就關心的一個問題。

但是柏拉圖是在新的歷史情況下來提出和解決這些問題的。他的文藝理論是和當時現實緊密結合在一起的。首先我們應該記起當時雅典社會的劇烈的變化，貴族黨與民主黨的階級鬥爭到了白熱化的程度，貴族黨失勢了，民主黨當權了，舊的傳統動搖了，新的風氣在開始建立了。柏拉圖是站在貴族階級反動立場上的。在學術思想上他和代表民主勢力的詭辯學派（許多對話中的論敵）處在勢不兩立的敵對地位。在他看來，古希臘文化在衰落，道德風氣在敗壞，而這種轉變首先要歸咎於詭辯學派所代表的民主勢力的興起，其次要歸咎於文藝的腐化的影響。他的親愛的老師在民主黨當權下，被法院以破壞宗教和毒害青年的罪狀判處死刑，這件事在他的思想感情上投下了一個濃密的陰影，更堅定了他的反民主的立場。他要按照他自己的理想，來糾正當時他所厭惡的社會風氣，在新的基礎上來建立足以維持貴族統治的政教制度和思想基礎。他的一切哲學理論的探討都是從這個基本動機出發的。他在中年和晚年先後擬定了兩個理想國的計畫，而且儘管遭到賣身爲奴的大禍，還兩度重遊塞拉庫薩，企圖實現他的政治理想。他對文藝方面兩大問題，也是從政治角度來提出和解決的。

其次，我們還須記起柏拉圖處在古希臘文化由文藝高峰轉到哲學高峰的時代。在前此幾百年中統治著古希臘精神文化的是古老的神話，荷馬的史詩，較晚起的悲劇、喜劇以及與詩歌密切聯繫的音樂。這些是古希臘教育的主要教材，在古希臘人中發生過深廣的影響，享受過無上的尊敬。詩人是公認的「教育家」、「第一批哲人」、「智慧的祖宗和創造者」。照古希臘文藝的光輝成就來看，這本是不足爲奇的。但是到了西元前五世紀，希臘文藝的鼎盛時代已逐漸過去。隨著民主勢力的開展，自由思想和自由辯論的風氣日漸興盛起來，古老的傳統和權威也就成爲辯論批判的對象，首先詭辯學家們就開始瓦解神話，認爲神是人爲著自然需要而假設的（見〈斐德若〉篇）。但是也有一部分詭辯學家們以誦詩、講詩和論詩爲業，他們之中有一種風氣，就是把古代文藝作品看作寓言，愛在它們裡面尋求隱藏著的深奧的眞理，來證明那些作品的價值。這是一種情況。另一種情況就是在柏拉圖時代，古希臘戲劇雖然已漸近尾聲，但仍然是古希臘公民的一個主要的消遣方式。從〈理想國〉卷三涉及當時戲劇的地方看，柏拉圖對它是非常不滿的，認爲它迎合群衆的低級趣味，傷風敗俗。在〈法律〉篇裡柏拉圖還造了一個字來表現劇場觀衆的勢力，叫做「劇場政體」（Theatrocracy），說它代替了古老的貴族政體（Aristocracy），對國家危害很大。根據這兩種情況，從他所要建立的「理想國」的角度，柏拉圖對荷馬以下的古希臘文藝遺產進行了全面的檢查，得出兩個結論，一個是文藝給人的不是眞理，一個是文藝對人發生傷風敗俗的影響。因此，他在〈理想國〉裡向詩人提出這兩大罪狀之後，就對他們下了逐客令。他認爲理想國的統治者和教育者應該是哲學家而不是詩人。過去一般資產階級學者把這場鬥爭描繪為「詩與哲學之爭」，說柏拉圖站在哲學的立場，要和詩爭統治權，其實這只是從表面現象看問題，忽略了上面所提到的柏拉圖在政治上的基本動機，就是要在新的基礎上建立足以維持貴族統治的政教制度和思想基礎。他理想中的哲學家正是他理想中的貴族階級的上層人物。所以這場鬥爭骨子裡還是政治鬥爭。他控訴荷馬以下詩人們的那兩大罪狀同時也是針對當時柏拉圖的政敵的——詩不表現真理的罪狀也針對著代表民主勢力的詭辯學者把詩當作寓言的論調，詩敗壞風俗的罪狀也針對著民主政權統制下的戲劇和一般文娛活動。

在攻擊詩人的兩大罪狀裡，柏拉圖從他的政治立場去解決文藝對現實的關係和文藝的社會功用那兩個基本問題。現在先就這兩個問題進一步說明柏拉圖的美學觀點。

一、文藝對現實世界的關係

對於文藝與現實的關係，柏拉圖的思想裡存在著深刻的矛盾，就是在〈理想國〉卷十裡，在控訴詩人時，他把所謂「理式」認為是感性客觀世界的根源，卻受不到感性客觀世界的影響；在〈會飲〉篇裡第俄提瑪啟示的部分，他卻承認要認識理式世界的最高的美，須從感性客觀世界中個別事物的美出發；因此他對藝術和美就有兩種互相矛盾的看法，一種看法是藝術只能摹仿幻相，見不到真理（理式），另一種看法是美的境界是理式世界中的最高境界，真正的詩人可以見到最高的真理，而這最高的真理也就是美。

先說他在〈理想國〉卷十裡的看法。在這裡他採取了早已在古希臘流行的摹仿說，那就是把客觀現實世界看作文藝的藍本，文藝是摹仿現實世界的。不過柏拉圖把這種摹仿說放在他的客觀唯心主義的基礎上，因而改變了它原來的樸素的唯物主義的涵義。依他看，我們所理解的客觀現實世界並不是眞實的世界，只有理式世界才是眞實的世界，而客觀現實世界只是理式世界的摹本。用他自己的實例來說，床有三種：第一是床之所以爲床的那個床的「理式」（Idea，不依存於人的意識的存在，所以只能譯爲「理式」，不能譯爲「觀念」或「理念」）；其次是木匠依床的理式所製造出來的個別的床；第三是畫家摹仿個別的床所畫的床。這三種床之中只有床的理式，即床之所以爲床的道理或規律，是永恆不變的，爲一切個別的床所自出，所以只有它才是眞實的。木匠製造個別的床，雖根據床的理式，卻只摹仿得床的理式的某些方面，受到時間、空間、材料、用途種種有限事物的限制。床與床不同，適合於某一張床的不一定適合於其他的床。這種床既沒有永恆性和普遍性，所以不是眞實的，只是一種「摹本」或「幻相」。至於畫家所畫的床雖根據木匠的床，他所摹仿的卻只是從某一角度看的床的外形，不是床的實體，所以更不眞實，只能算是「摹本的摹本」、「影子的影子」、「和眞實隔著三層」。②從此可知，柏拉圖心目中有三種世界：理式世界，感性的現實世界和藝術世界。藝術世界是由摹仿現實世界來的，現實世界又是摹仿理式世界來的，這後兩種世界同是感性的，都不能有獨立的存在，只有理式世界才有獨立的存在，永住不變，爲兩種較低級的世界所自出。換句話說，藝術世界依存於現實世界，現實世界依存於理

---

② 參看《柏拉圖文藝對話集》，第六七至七九頁。

式世界，而理式世界卻不依存於那兩種較低級的世界。這也就是說，感性世界依存於理性世界，而理性世界卻不依存於感性世界，理性世界是第一性的，感性世界是第二性的，藝術世界是第三性的，柏拉圖形而上學地使理性世界脫離感性世界而孤立化，絕對化了。這裡我們可以看出，柏拉圖的客觀唯心主義哲學系統是和他的形而上學的思想方法分不開的。

但是在〈會飲〉篇第俄提瑪的啓示裡，柏拉圖說明美感教育（其實也就是他所理解的哲學教育）的過程，卻提出與上文所說的相矛盾的一個看法。他說受美感教育的人「第一步應從只愛某一個美形體開始」，「第二步他就應學會了解此一形體或彼一形體的美與一切其他形體的美是貫通的。這就是要在許多個別美形體中見出形體美的形式」（這「形式」就是「概念」），再進一步他就要學會「把心靈的美看得比形體的美更可珍貴」。如此逐步前進，由「行爲和制度的美」，進到「各種學問知識」的美，最後達到理式世界的最高的美。「這種美是永恆的，無始無終，不生不滅，不增不減的。」③

從這個進程看，人們的認識畢竟以客觀現實世界中個別感性事物爲基礎，從許多個別感性事物中找出共同的概念，從局部事物的概念上升到全體事物的總的概念。這種由低到高，由感性到理性，由局部到全體的過程正是正確的認識過程。在這裡柏拉圖思想中具有辯證的因素，他的錯誤在於辯證不澈底，「過河拆橋」，把本是由綜合個別事物所得到的概念孤立化、絕對化，使它成爲永恆不變的「理式」。本來概念是一般，是現象的規律和內在本

---

③ 參看《柏拉圖文藝對話集》，第二七一至二七二頁。

質，的確比個別現象重要。柏拉圖把這「一般」絕對化了，認為只有它才是眞實的，沒有看到「一般之中有特殊，特殊之中有一般」一條基本的辯證的原則。這裡我們可以更清楚地看到，柏拉圖的形而上學的思想方法和他的客觀唯心主義哲學系統是分不開的。

同時我們還要認識到意識形態畢竟為它所自出的社會基礎服務。柏拉圖的「理式世界」正是宗教中「神的世界」的摹本，也正是政治中貴族統治的摹本。無論是在古代還是在近代，唯心哲學都是神權社會的影子。神權是統治階級麻痹被統治者的工具，過去的君主都是「天子」，高高在上，「代天行命」。柏拉圖要保衛正在沒落的雅典貴族統治，必然要保衛正在動搖的神權觀念。他強調理式的永恆普遍性，其實就是強調貴族政體（他認為這是體現理式的）的永恆普遍性，他攻擊荷馬和悲劇家們的理由之一就是他們把神寫得像人一樣壞，他說「要嚴格禁止神和神戰爭，神和神搏鬥，神謀害神之類故事」，而且制定了一條詩人必須遵守的法律：「神不是一切事物的因，只是好的事物的因」（〈理想國〉卷三），要保衛神權，就要有一套保衛神權的哲學。柏拉圖的「理式」正是神，他的客觀唯心主義正是保衛神權的哲學，也正是保衛貴族統治的哲學。

由於在認識論方面柏拉圖有這兩種互相矛盾的看法，一種以為理性世界是感性世界的根據，超感性世界而獨立，另一種以為要認識理性世界，卻必須根據感性世界而進行概括化，所以他對藝術摹仿的看法也是自相矛盾的。從表面看，他肯定藝術摹仿客觀世界，好像是肯定了藝術的客觀現實的基礎以及藝術的形象性。但是他否定了客觀現實世界的眞實性，否定了藝術能直接摹仿「理式」或眞實世界，這就否定了藝術的眞實性。他所了解的摹仿只是感性事物外貌的抄襲，當然見不出事物的內在本質。藝術家只是像照相師一樣把事物的影子攝進來，用不著什麼主觀方面的創造活動，這種看法顯然是一種極庸俗的自然主義的，反現實主義的看法。由於對於藝術摹仿有了這種庸俗的歪曲的看法，所以藝術和詩的地位就擺得很低。它只是「摹本的摹本」、「影子的影子」、「和眞理隔著三層」。但是柏拉圖心目中有兩種詩和詩人。在〈斐德若〉篇裡他把人分爲九等，在這九等之中第一等人是「愛智慧者，愛美者，詩神和愛神的頂禮者」，此外又還有所謂「詩人和其他摹仿的藝術家」，列在第六等，地位在醫卜星相之下。很顯然，柏拉圖在〈理想國〉裡所攻擊的詩人和藝術家是屬於「摹仿者」一類的，即第六等人，絕不是他在這裡所說的第一等人。這第一等人就是〈會飲〉篇裡所寫的達到「美感」教育的最高成就的人。

這裡就有一個重要的問題：這第一等人和第六等人的分別在哪裡呢，彼此有沒有關係？如果把這個問題弄清楚，我們也就可以看出柏拉圖的藝術概念和美的概念都建築在鄙視群衆，鄙視勞動實踐和鄙視感性世界的哲學基礎上。

第一，我們須記起古希臘人所了解的「藝術」（tekhne）和我們所了解的「藝術」不同。凡是可憑專門知識來學會的工作都叫做「藝術」，音樂、雕刻、圖畫、詩歌之類是「藝術」，手工業、農業、醫藥、騎射、烹調之類也還是「藝術」，我們只把「藝術」限於前一類事物，至於後一類事物我們則把它們叫做「手藝」、「技藝」或「技巧」。古希臘人卻不作這種分別。這個歷史事實說明了古希臘人離藝術起源時代不遠，還見出所謂「美的藝術」和「應用藝術」或手工藝的密切關係。但是還有一個歷史事實，就是在古希臘時代雕刻圖畫之類藝術，正和手工業和農業等等生產勞動一樣，都是由奴隸和勞苦的平民去做的，奴隸主貴族是不屑做這種事的。他們對「藝術」的鄙視，很像過去中國封建階級對於「匠」的鄙視。在古希臘，「藝術家」就是「手藝人」或「匠人」，地位是卑微的。笛爾斯在《古代技術》裡說過：「就連斐狄阿斯這樣卓越的雕刻大師在當時也只被看作一個手藝人。」④柏拉圖採取了當時一般奴隸主這樣輕視藝術技巧的態度，這一方面是由於他輕視奴隸和平民所從事的生產勞動，而技巧或技術一般是與生產勞動分不開的。另一方面也由於他痛恨詭辯學派，而詭辯學派中有許多人爲著教學的目的，愛談文藝和修辭學的技巧，並且寫了許多這一類的課本。柏拉圖對詭辯學派所談的技巧一碰到機會就大加諷刺。在他看，藝術創作的首要條件不是技巧而是靈感，沒有靈感，無論技巧怎樣熟練，也絕不能成爲大詩人。關於這一點，我們下文還要詳談，現在只說柏拉圖所說的第一等人，「愛智慧者，愛美者，詩神和愛神的頂禮者」，正是神靈憑附，得到靈感的人。他有意要拿這「第一等人」和普通的「詩人和其他摹仿的藝術家」對立，來降低這些「第六等人」的身分；而他所謂「愛智慧者，愛美者，詩神和愛神的頂禮者」正是柏拉圖理想中的「哲學家」，也就是貴族階級中的文化修養最高的代表，至於那「第六等人」，「詩人和其他摹仿的藝術家」則是運用技巧知識從事生產勞動的「手藝人」。所以柏拉圖對普通的「詩人和其他摹仿的藝術家」的輕視是有階級根源的。

---

④ 阿斯木斯的《古代思想家論藝術》的序論第九頁所引。

其次，特別値得注意的是柏拉圖心目中的「愛智慧者，愛美者，詩神和愛神的頂禮者」並無需創作藝術作品，而他們所「愛」的「美」也不是藝術美。柏拉圖在他的兩篇最成熟的對話裡——〈會飲〉篇和〈斐德若〉篇——都用輝煌燦爛的詞句描寫了這些「第一等人」所達到的最高境界：

> 這時他憑臨美的汪洋大海，凝神觀照，心中起無限欣喜，於是孕育無數量的優美崇高的思想語言，得到豐富的哲學收穫。如此精力彌滿之後，他終於一旦豁然貫通唯一的涵蓋一切的學問，以美爲物件的學問。
>
> ——〈會飲〉篇
>
> 那時隆重的入教典禮所揭開給我們看的那些景象是完整的，單純的，靜穆的，歡喜的，沉浸在最純潔的光輝之中讓我們凝視。
>
> ——〈斐德若〉篇

從此可知，人生的最高理想是對最高的永恆的「理式」或眞理「凝神觀照」，這種眞理才是最高的美，是一種不帶感性形象的美，凝神觀照時的「無限欣喜」便是最高的美感，柏拉圖把它叫做「神仙福分」。所謂「以美爲對象的學問」並不是我們所理解的美學，這裡「美」與「眞」同義，所以它就是哲學。這種思想有兩個要點，第一個要點是「凝神觀照」爲審美活動的極境，美到了最高境界只是認識的對象而不是實踐的對象，它也不產生於實踐活動。

這個看法正是馬克思在《關於費爾巴哈的提綱》裡所說的⑤從「直觀」去掌握現實而不是從「實踐」去掌握現實。在美學方面這種思想方法從古希臘起一直蔓延到馬克思主義興起為止，柏拉圖在這方面起了深遠的影響。他輕視實踐也還是和他輕視勞苦大衆的生產勞動分不開的。凝神觀照理式說的第二個要點是審美的對象不是藝術形象美而是抽象的道理。他對感性世界這樣輕視，正是要抬高他所號召的「理式」和「哲學」，結果是用哲學代替了藝術。這是他從最根本的認識論方面，即從藝術對現實關係方面，否定了藝術的崇高地位。在這方面，他對後來黑格爾的美學思想起了深刻影響。黑格爾不但也把藝術看得比哲學低，而且在辯證發展的頂端，也讓哲學吞併了藝術。

這裡就有一個問題，柏拉圖所說的第六等人即「詩人和其他摹仿的藝術家」們的作品能不能拿「美」字來形容呢？柏拉圖並不否定一般藝術美，而且在他早年寫的〈大希庇阿斯〉篇對話裡專門討論了藝術和其他感性事物的美。他逐一分析了一些流行的美的定義，例如「美就是有用的」，「美就是恰當的」，「美就是視覺和聽覺所生的快感」，「美就是有益的快感」等等，發現每一個定義在邏輯上都不圓滿，但是最後並沒有得到一個圓滿的結論。從後來的一些對話看，柏拉圖對於感性事物的美有三種不同的看法。第一種就是在〈大希庇阿斯〉篇已經提到的「效用」的看法，這其實是他的老師蘇格拉底的看法。就是從效用觀點，柏拉圖在〈理想國〉和〈法律〉篇裡權衡哪些種類藝術還可以留在理想國裡。第二種就

⑤《馬克思恩格斯選集》，第一卷，第一六頁。

是他在〈理想國〉裡所提出的摹仿的看法，藝術摹仿感性事物，感性事物又摹仿「理式」，而「理式」是美的最後的也是最高的根源，所以直接或間接摹仿「理式」的東西也就多少「分享」到理式的美。就藝術來說，它所得到的只是眞正的美的「影子的影子」，所以是微不足道的。第三種就是他在〈斐德若〉篇結合「靈魂輪迴」說所提出的一種神祕的看法，就是感性事物的美是由靈魂隱約「回憶」到未依附肉體以前在天上所見到的眞美。後兩個看法都把藝術美看作絕對美的影子。這兩種看法和「效用」觀點之間有深刻的矛盾。因爲效用觀點替美找到了社會基礎，而另外那兩種看法則設法在另一世界找美的基礎。這種矛盾是根本無法統一的。

柏拉圖把感性事物（藝術在內）的類，看成只是理式美的零星的、模糊的摹本。這種思想所隱含的意義是：美不能沾染感性形象，一沾染到感性形象，美就變成不完滿的，這是把形而上學的客觀唯心主義哲學推演到極端的一種結論。在這方面，黑格爾比柏拉圖就前進了一大步，他肯定了理念與感性形象統一之後才能有美。

就文藝與現實的關係來說，柏拉圖還有一個看法是値得一提的，那就是現實美高於藝術美，因爲現實美和「理式」的絕對美只隔一層，而藝術美和它就要隔「兩層」。在〈理想國〉卷十裡他質問荷馬說：

親愛的荷馬，如果像你所說的，談到品德，你並不是和眞理隔著兩層，不僅是影像製造者，不僅是我們所謂摹仿者，如果你和眞理只隔著一層，知道人在公私兩方面用什麼方法可以變好或變壞，我們就要請問你，你曾經替哪一國建立過一個較好的政府？……世間有哪一國稱呼你是它的立法者和恩人？

在柏拉圖看，斯巴達的立法者萊科勾和雅典的立法者梭倫才是偉大的詩人，而他們所制定的法律才是偉大的詩，荷馬儘管偉大，還比不上這些立法者。荷馬只歌頌英雄，柏拉圖譏笑他說，他對英雄不會有眞正的認識，否則「他會寧願做詩人所歌頌的英雄，不願做歌頌英雄的詩人」。他的這種思想到老未變，在〈法律〉篇卷七裡他假想有悲劇詩人要求入境獻技，他該這樣答覆他們：

> 高貴的異邦人，按照自己的能力，我們也是悲劇詩人，我們也創作了一部頂優美、頂高尚的悲劇。我們的城邦不是別的，它就是摹仿了最優美最高尚的生活，這就是我們所理解的眞正的悲劇。你們是詩人，我們也是詩人，是你們的同調者，也是你們的敵手。最高尚的劇本只有憑眞正的法律才能達到完善，我們的希望是這樣。

這就是說，建立一個城邦的法律比創作一部悲劇要美得多，高尚得多。這種思想當然有片面的眞理，但是柏拉圖也形而上學地把它絕對化了。如果有了實際生活便不要藝術，藝術不就成為多餘的無用的活動了嗎？

二、文藝的社會功用

柏拉圖攻擊詩，並非由於他不懂詩或是不愛詩，他對詩的深刻影響是有親身體會的。在《理想國》卷十裡責備荷馬的詩有毒素之後，還這樣道歉：

> 我的話不能不說，雖然我從小就對於荷馬養成了一種敬愛，說出來倒有些於心不安。荷馬的確是悲劇詩人的領袖，不過尊重人不應該勝於尊重眞理，我要說的話還是不能不說。

因爲他認識到詩和藝術的深刻影響，所以在制定理想國計畫時，便不能不嚴肅地對待這種影響。「理想國」有一個重大的任務，就是「保衛者」或統治者的教育，所以柏拉圖首先要解決的問題就是詩和藝術在這種教育裡應該占什麼地位。教育計畫要根據培養目標，培養目標既然是一種理想的「保衛城邦」的人，一種他所謂有「正義」的人，那就要問：怎樣才算是有「正義」的人或理想人？柏拉圖對於理想人的看法是和他對於理想國的看法分不開的。理想國的理想是「正義」，所謂「正義」就是城邦裡各個階級都站在他們所應站的崗位，應統治的統治，應服從的服從，形成一種和諧的有機整體。柏拉圖把理想國的公民分成三個等級，最高的是哲學家，其次是戰士，最低的是農工商。這後兩個等級都要聽命於哲學家，國家才能有「正義」。馬克思在《資本論》卷一裡對柏拉圖的這種等級劃分曾說過：「在柏拉圖的理想國中，分工是被說成是國家的構成原則，就這一點說，他的理想國只是埃及種姓制度在雅典的理想化。」[6]這就是說，柏拉圖要在雅典的情況下，把埃及的等級制加以改良，其目的當然仍在維護貴族統治。柏拉圖還把這種等級劃分應用到人身上去。人的性格中也有三個等級，相當於哲學家的是理智，相當於戰士的是意志，相當於農工商的是情欲。人的性格要達到「正義」，意志和情欲也就要受理智的統治，柏拉圖既然定了這樣的教育理想，他就追問：當時教育的主要途徑，荷馬史詩、悲劇或喜劇以及與詩歌相關的音樂能否促成這種教育理想的實現呢？能否培養成能「保衛」理想國的理想人呢？

他先就這些文藝作品的內容來仔細檢查了一番，發現荷馬和悲劇詩人們把神和英雄們描寫得和平常人一樣滿身是毛病，互相爭吵、欺騙、陷害；貪圖酒食享樂，既愛財，又怕死，遇到災禍就哀哭，甚至姦淫擄掠，無所不爲。在柏拉圖看，這樣的榜樣絕不能使青年人學會眞誠、勇敢、鎮靜、有節制，絕不能培養成理想國的「保衛者」。

柏拉圖談到這裡，還對文藝的影響作了一些心理的分析，他說：「摹仿詩人既然要討好群衆，顯然就不會費心思來摹仿人性中的理性的部分……他會看重容易激動情感和容易變動的性格，因爲它最便於摹仿。」這裡所說的「情感」指的特別是與悲劇相關的「感傷癖」和「哀憐癖」。感傷癖是「要儘量哭一場，哀訴一番」那種「自然傾向」。在劇中人物是感傷癖，在聽衆就是哀憐癖。這些自然傾向本來是應受理智節制的。悲劇性的文藝卻讓它儘量發洩，使聽衆暫圖一時快感，「拿旁人的災禍來滋養自己的哀憐癖」，以致臨到自己遇見災禍

---

⑥ 參看馬克思：《資本論》，第一卷，第四〇四至四〇五頁。

時就沒有堅忍的毅力去擔當。喜劇性的文藝則投合人類「本性中詼諧的欲念」，本來是你平時引以爲恥而不肯說的話，不肯做的事，到表演在喜劇裡，「你就不嫌它粗鄙，反而感到愉快」，這樣就不免使你「於無意中染到小丑的習氣」。此外，像性欲、忿恨之類的情欲也是如此。「它們都理應枯萎，而詩卻灌溉它們，滋養它們。」總之，從柏拉圖的政治教育觀點去看，荷馬史詩以及悲劇和喜劇的影響都是壞的，因爲它們既破壞古希臘宗教的敬神和崇拜英雄的中心信仰，又使人的性格中理智失去控制，讓情欲那些「低劣部分」得到不應有的放縱和滋養，因此就破壞了「正義」。

此外，柏拉圖還檢查了文藝摹仿方式對於人的性格的影響。依他的分析，文藝摹仿方式不外三種。頭一種是完全用直接敘述，如悲劇和喜劇；第二種是完全用間接敘述，「只有詩人在說話」，如頌歌；第三種是頭兩種方式的混合，如史詩和其他敘事詩。柏拉圖認爲第二種方式最好，最壞的是戲劇性的摹仿。他反對理想國的保衛者從事於戲劇摹仿或扮演。這有兩個理由，第一個理由是一個人不能同時把許多事做好，保衛者應該「專心致志地保衛國家的自由」，「不應該摹仿旁的事」；第二個理由是演戲者經常摹仿壞人壞事或是軟弱的人和軟弱的事，習慣成自然，他的純潔專一的性格就會受到傷害。

根據這種種考慮，柏拉圖在〈理想國〉卷三裡向詩人們下了這樣一道逐客令：

如果有一位聰明人有本領摹仿任何事物，喬扮任何形狀，如果他來到我們的城邦，提議向我們展覽他的身子和他的詩，我們要把他當作一位神奇而愉快的人物看待，向他鞠躬敬禮；但是我們也要告訴他：我們的城邦裡沒有像他這樣的一個人，法律也不准許有像他這樣的一個人，然後把他灑上香水，戴上毛冠，請他到旁的城邦去。至於我們的城邦裡，我們只要一種詩人和故事作者，沒有他那副悅人的本領而態度卻比他嚴肅，他們的作品須對於我們有益；須只摹仿好人的言語，並且遵守我們原來替保衛者們設計教育時所定的那些規範。

到寫〈理想國〉卷十時，他又把這禁令重申了一遍，說得更乾脆：

你心裡要有把握，除掉頌神的和讚美好人的詩歌以外，不准一切詩歌闖入國境。如果你讓步，准許甘言蜜語的抒情詩或史詩進來，你的國家的皇帝就是快感和痛感；而不是法律和古今公認的最好的道理了。

到他晚年設計第二理想國寫〈法律〉篇對話時，他又下了一道詞句較和緩而實質差別甚微的禁令。從這三道禁令我們可以看出柏拉圖要對當時文藝大加「清洗」的用心是非常堅決的。經過這樣大清洗之後，理想國裡還剩下什麼樣的文藝呢？主要的是歌頌神和英雄的頌詩，這種頌詩在內容上只准說好，不准說壞；在形式上要簡樸，而且像〈法律〉篇所規定的，應該像埃及建築雕刻那樣，固守幾種傳統的類型風格，代代相傳，「萬年不變」。〈理想國〉完全排斥了戲劇，〈法律〉篇略微放鬆了一點，劇本須經過官方審查，不能有傷風敗俗的內容，至於喜劇還規定只能由奴隸和雇傭的外國人來扮演。此外，柏拉圖還特別仔細地檢查了音樂。在當時流行的四種音樂之中，他反對音調哀婉的呂底亞式和音調柔緩文弱的伊俄尼亞式，只准保留音調簡單嚴肅的多里斯式和激昂的戰鬥意味強的佛律癸亞式。他的關於音樂的判決書不僅表現出他對於音樂的理想，也表現出他對於一般文藝的理想，值得把原文引在這裡：

> 我們准許保留的樂調要是這樣：它能很妥貼地摹仿一個勇敢人的聲調，這人在戰場和在一切危難境遇都英勇堅定，假如他失敗了，碰見身邊有死傷的人，或是遭遇到其他災禍，都抱定百折不撓的精神繼續奮鬥下去。此外我們還要保留另一種樂調，它須能摹仿一個人處在和平時期，做和平時期的自由事業……謹慎從事，成功不矜，失敗也還是處之泰然。這兩種樂調，一種是勇猛的，一種是溫和的；一種是逆境的聲音，一種是順境的聲音；一種表現勇敢，一種表現聰慧。我們都要保留下來。

總觀以上的敘述，在文藝對社會的功用問題上，柏拉圖的態度是非常明確的。他對於古希臘文藝遺產的否定，並不是由於他認識不到文藝的社會影響，而是正由於他認識到這種影響的深刻。在許多對話裡他時常回到文藝的問題，在〈理想國〉裡他花了全書四分之一的篇幅來反覆討論文藝，對於古希臘文藝名著，幾乎是逐章逐句地加以仔細檢查，假如他不看重文藝的社會功用，他就不會這樣認眞耐煩。他的基本態度可以用這樣幾句話來概括：文藝必須對人類社會有用，必須服務於政治，文藝的好壞必須首先從政治標準來衡量，如果從政治標準看，一件文藝作品的影響是壞的，那麼，無論它的藝術性多麼高，對人的引誘力多麼大，哪怕它的作者是古今崇敬的荷馬，也須毫不留情地把它清洗掉。柏拉圖在西方是第一個人明確地把政治教育效果定作文藝的評價標準，對盧梭和托爾斯泰的藝術觀點都起了一些影響。近代許多資產階級文藝理論家往往特別攻擊柏拉圖的這個政治第一的觀點，其實一切統治階級都是運用這個標準，不過不常明說而已。

三、文藝才能的來源——靈感說

除掉上述兩個主要的問題以外，柏拉圖在對話集裡還時常談到一個問題，就是文藝創作的才能是從哪裡來的？詩人憑藉什麼寫出他們的偉大的詩篇？他的答案是靈感說，但是對所謂靈感有兩種不同的解釋。

第一種解釋是神靈憑附到詩人或藝術家身上，使他處在迷狂狀態，把靈感輸送給他，暗中操縱著他去創作。這個解釋是在最早的一篇對話——〈伊安〉——裡提出來的。伊安是一個以誦詩爲職業的說書人，蘇格拉底追問他誦詩和做詩是否都要憑一種專門技藝知識。反覆討論所得的結論是：無論是荷馬或是伊安本人，儘管在歌詠戰爭，卻沒有軍事的專門知識；儘管在描寫鞋匠，卻沒有鞋匠的專門知識。至於詩歌本身是怎樣一種專門技藝，憑藉什麼知識，伊安始終說不出，當時修辭家們雖然也替詩定了一些規矩，但是學會這套規矩，還是不一定就能做詩，因此柏拉圖就斷定文藝創作並不憑藉什麼專門技藝知識而是憑靈感。他說，靈感就像磁石：

磁石不僅能吸引鐵環本身，而且把吸引力傳給那些鐵環，使它們也像磁石一樣，能吸引其他鐵環，有時你看到許多個鐵環互相吸引著，掛成一條長鎖鏈，這些全從一塊磁石得到懸在一起的力量。詩神就像這塊磁石，她首先給人靈感，得到這靈感的人們又把它遞傳給旁人，讓旁人接上他們，懸成一條鎖鏈。凡是高明的詩人，無論在史詩或抒情詩方面，都不是憑技藝來做成他們的優美的詩歌，而是因爲他們得到靈感，有神力憑附著。

因此，詩人是神的代言人，正像巫師是神的代言人一樣，詩歌在性質上也和占卜預言相同，都是神憑依人所發的詔令。神輸送給詩人的靈感，又由詩人輾轉輸送給無數的聽衆，正如磁石吸鐵一樣。這樣，柏拉圖就解釋了文藝何以能引起聽衆的欣賞以及文藝的深遠的感染力量。

靈感的第二種解釋是不朽的靈魂從前生帶來的回憶。這個解釋是在〈斐德若〉篇裡提出來的。依柏拉圖的神祕的觀點看。靈魂依附肉體，只是暫時現象，而且是罪孽的懲罰。依附了肉體，靈魂就彷彿蒙上一層障，失去它原來的眞純本色，認識眞善美的能力也就因此削弱。但是靈魂在本質上是努力向上的，脫離肉體之後（即死後），它還要飛升到天上神的世界，即眞純靈魂的世界。它飛升所達到的境界高低，就要看它努力的大小和修行的深淺。修行深，達到最高境界，它就能掃去一切塵障，如其本然地觀照眞實本體，即盡善盡美，永恆普遍的「理式」世界。這樣，到了它再度依附肉體，投到人世生活時，人世事物就使它依稀隱約地回憶到它未投生人世以前在最高境界所見到的景象，這就是從摹本回憶到它所根據的藍本（理式）。由摹本回憶到藍本時，它不但隱約見到「理式」世界的美的景象，而且還隱約追憶到生前觀照那美的景象時所起的高度喜悅，對這「理式」的影子（例如美人或美的藝術作品）欣喜若狂，油然起眷戀愛慕的情緒。這是一種「迷狂」狀態，其實也就是「靈感」的徵候。在這種迷狂狀態中，靈魂在像發酵似地滋生發育，向上奮發。愛情如此，文藝的創造和欣賞也是如此，哲學家對智慧的愛慕也是如此。所以柏拉圖的「第一等人」，「愛智慧者，愛美者，詩神和愛神的頂禮者」都是從這同一個根源來的。在柏拉圖的許多對話裡。特別是在〈斐德若〉篇和〈會飲〉篇裡，常拿詩和藝術與愛情相提並論，也就因爲無論是文藝還是愛情，都要達到靈魂見到眞美的影子時所發生的迷狂狀態。

唯心哲學都是和宗教上神的信仰分不開的。柏拉圖的靈感說的最後根據還是古希臘神話。按照古希臘神話，人的各種技藝如占卜、醫療、耕種、手工業等等都是由神發明，由神傳授的。每種技藝都有一個負專責的護神。詩歌和藝術的總的最高的護神是阿波羅，底下還有九個女神，叫做繆斯。柏拉圖說文藝須憑神力或靈感，正是肯定古希臘神話中的古老的傳說。至於靈魂輪迴說本是東方一些宗教中的信仰，大概是由埃及傳到古希臘的，除掉這個宗教的根源以外，柏拉圖的靈感說和迷狂說和上文已提到的貴族階級鄙視與生產勞動有關的技藝，以及蘇格拉底派學者鄙視詭辯學派高談技藝規矩兩個事實也是分不開的。

很顯然，靈感說基本上是神祕的反動的。它的反動性特別表現在它強調文藝的無理性。在〈伊安〉篇裡柏拉圖一再提到這一點：

> 酒神的女信徒們受酒神憑附，可以從河水中汲取乳蜜，這是她們**在神智清醒時所不能做的事**。抒情詩人的心靈也正像這樣。……不得到靈感，**不失去平常理智而陷入迷狂**，就沒有能力創造，就不能做詩或代神說話。
>
> 神對於詩人們像對於占卜家和預言家一樣，**奪去他們的平常理智**，用他們作代言人，正因爲要使聽衆知道，詩人並非借自己的力量**在無知無覺中**說出那些珍貴的詞句，而是由神憑附著來向人說話。（重點是引者加的）

這種拿文藝與理智相對立的反動觀點後來在西方發生過長遠的毒害影響，新柏拉圖派的普洛丁（二〇五—二七〇）結合柏拉圖的靈感說與東方宗教的一些觀念，又把藝術無理性說推進了一步，成爲中世紀基督教世界文藝思潮中的一個主要的流派。這種反理性的文藝思想到了資本主義末期就與消極的浪漫主義和頹廢主義結合在一起。康德的美不帶概念的形式主義的學說對這種發展也起了推波助瀾的作用。此後德國狂飆突進時代的天才說，尼采的「酒神精神」說，柏格森的直覺說和藝術的催眠狀態說，佛洛伊德的藝術起源於下意識說，克羅齊的直覺表現說以及沙特的存在主義，雖然出發點不同，推理的方式也不同，但是在反理性一點上，都和柏拉圖是一鼻孔出氣的。

柏拉圖在提出靈感說時卻也見出一些與文藝創作有關的重要問題，首先是理智在藝術中的作用問題。他也看到單憑理智不能創造文藝，文藝創造活動和抽象的邏輯思考有所不同，他的錯誤在於把理智和靈感完全對立起來，既形而上學地否定理智的作用，又對靈感加以不科學的解釋。這是和他把詩和哲學完全對立起來的那個基本出發點分不開的。其次是藝術才能與技藝修養的問題。他也看出單憑技藝知識不能創造文藝，詩人與詩匠是兩回事，他的錯誤也正在把天才和人力完全對立起來，既把天才和靈感等同起來，又形而上學地否定技藝訓練的作用。這是和他鄙視勞動人民和生產實踐的基本態度分不開的。不過在這問題上他又前後自相矛盾。在〈伊安〉篇裡他完全否定了技藝知識，而在〈斐德若〉篇裡他又說文學家要有三個條件：「第一是生來就有語文的天才，其次是知識，第三是訓練。」但是總的說來，他是輕視技藝訓練而片面地強調天才與靈感的。第三是藝術的感染力問題。他的磁石吸引鐵環的譬喻生動地說明了藝術的感染力既深且廣，而且起團結聽眾的作用，這個思想和托爾斯泰的感染說很有些類似，只是他把感染力的來源擺在靈感上而不擺在人民大眾的實踐生活以及作品內容的眞實性與藝術性上，這也說明了他對藝術本質的認識根本是錯誤的。

四、結束語

柏拉圖的一般哲學思想和美學思想都是從他要在雅典民主勢力上升時代竭力維護貴族統治的基本政治立場出發的。他的客觀唯心主義哲學就是一種借維護神權而維護貴族統治的哲學。他的永恆的「理式」就是神，所居的地位也正是高高在上的貴族地位。只有貴族階級中文化修養最高的人（「愛智慧者」）才有福分接近這種高不可攀的「理式」，只有根據這種理式，在人身上才能保證理智的絕對控制，意志和情欲的絕對服從；也只有根據這種理式，在國家裡才能保證哲學家和「保衛者們」的絕對統治，其他階級的絕對服從。這樣，才能達到理想人和理想國的目的，即柏拉圖所謂「正義」。從這個基本立場出發，柏拉圖鄙視理式世界以下的感性世界，鄙視與肉體有關的本能、情感和欲望。鄙視哲學家和「保衛者們」以外的勞苦大衆，鄙視哲學家的觀照以外的實踐活動以及和實踐活動有關的技藝。

從這個基本立場出發，柏拉圖對早期希臘思想家所留下來的美學上兩大主要問題提出了極明確的答案。

就文藝對現實世界的關係來說，他歪曲了古希臘流行的摹仿說，雖然肯定了文藝摹仿現實世界，卻否定了現實世界的眞實性，因而否定了文藝的眞實性，這也就是否定了文藝的認識作用。這是反現實主義的文藝思想。

就文藝的社會功用來說，柏拉圖明確地肯定了文藝要爲社會服務，要用政治標準來評價。他要文藝服務的當然是反動政治。在這問題上他也有兩個極不正確的看法。第一是他因爲要強調政治標準，就抹煞了藝術標準。其次他因爲要使理智處於絕對統治的地位，就不惜壓抑情感，因而他理想中的文藝不是起全面發展的作用，而是起畸形發展的作用，即摧殘情感去片面地發揚理智。

就文藝創作的原動力來說，柏拉圖的靈感說抹煞了文藝的社會源泉。只見出藝術的社會功用而沒有見出藝術的社會源泉就還不算眞正認識到文藝與社會生活的血肉關係。此外，他的迷狂說宣揚了反理性主義。這種反理性的文藝思想在長期爲基督教所利用以後，又爲頹廢主義種下了種子。

柏拉圖的兩個基本的文藝觀點，文藝不表現眞理和文藝起敗壞道德的作用，都遭到他的弟子亞理斯多德的批判，亞理斯多德在《詩學》裡說明了詩的眞實比歷史的眞實更帶有普遍性，符合可然律與必然律，而且詩起於人類的愛好摹仿（即學習）和愛好節奏與和諧的本能，對某些情緒可起淨化作用。從此西方美學思想便沿著柏拉圖和亞理斯多德的兩條對立的路線發展，柏拉圖路線是唯心主義的路線，亞理斯多德路線基本上是唯物主義的路線。如果從文藝創作方法的角度來看，在古代思想家中柏拉圖和朗吉弩斯所代表的主要是浪漫主義的傾向，亞理斯多德和賀拉斯所代表的主要是古典主義和現實主義的傾向。就古代文藝思想對後來的影響來說，也是浪漫主義者側重柏拉圖和朗吉弩斯，古典主義者和現實主義者側重亞理斯多德和賀拉斯。

對柏拉圖作出恰當的評價並不是一件易事，很有一部分人因爲柏拉圖是唯心主義的祖師和雅典貴族反動統治的維護者，就對他全盤否定，甚至說柏拉圖只能對反動派發生影響，對進步的人類來說，他是毫無可取的。但是在唯物主義的進步的思想家之中，也有持相反意見的，車爾尼雪夫斯基就是一個例子。這位俄國革命民主主義的美學家說，「柏拉圖的著作比亞理斯多德的具有更多的眞正偉大的思想」；對於摹仿說，「柏拉圖比亞理斯多德發揮得更深刻，更多面」；「柏拉圖所想的首先是：人應該是國家公民，……他並不是從學者或貴族的觀點，而是從社會和道德的觀點，來看科學和藝術」，⑦這裡把「貴族觀點」與「社會和道德觀點」看作兩回事，不承認柏拉圖從貴族觀點來看藝術，都是不正確的。但是車爾尼雪

⑦ 見車爾尼雪夫斯基的《美學論文選》，人民文學出版社一九五七年版，第一一九至一三九頁。

夫斯基對柏拉圖作出這樣高的評價，也不是毫無根據，它至少應該提醒我們對柏拉圖不能匆促地下片面的結論。這裡牽涉到文化遺產批判繼承問題。在歷史上像柏拉圖這樣反動的唯心主義的思想家多至不可勝數，他們是否就不可能在個別問題上有片面的正確的看法呢？如果沒有，他們早就應該被人忘去，對進步的人類不會發生絲毫有益的影響。關於這一點，下文還要談。如果有，我們就應該對具體問題作具體分析，把可能有的正確論點肯定下來，儘管它是片面的。

首先來檢查一下柏拉圖的影響。在西方相當長的一個時期內，柏拉圖的影響超過了亞理斯多德的。在亞力山大理亞和羅馬時代，很少有文藝理論家提到亞理斯多德，朗吉弩斯沒有提到他而對柏拉圖則推崇備至，連古典主義者賀拉斯也沒有提到亞理斯多德。亞理斯多德在中世紀因爲著作稿本喪失，提到他的人大半根據傳說，等到十三世紀他的部分著作才由阿拉伯文移譯爲拉丁文，此後他才逐漸發生影響。柏拉圖的學園維持到西元六世紀，他的傳統則一直沒有斷過。朗吉弩斯在《論崇高》裡顯然受到他的影響。通過普洛丁和新柏拉圖派，他的文藝思想壟斷了大部分中世紀。在中世紀柏拉圖的思想和基督教的神學結合起來。這確實可以說明它的思想較容易爲反動派所利用。但是歷史也證明他的思想對進步的人類並非絕對不曾發生有益的影響。在西方近代兩大文藝運動中，柏拉圖都起了不小的作用。一個是文藝復興運動。當時義大利人文主義者研究柏拉圖的風氣很盛，他們在十五世紀在義大利文化中心佛羅倫斯建立了一座柏拉圖學園，研究柏拉圖的思想，定期集會討論文藝問題和哲學問題，參加這種活動的有大藝術家米開朗基羅。在當時著名的詩論家之中，從斯卡里格到佛拉卡斯托羅，很少有人沒有受柏拉圖影響。這情形也並不限於義大利，法國人文主義者杜・伯勒在《法蘭西語言的辯護與提高》裡以及英國人文主義者錫德尼在《詩的辯護》裡都是柏拉圖的信徒。另一個是浪漫運動。在這個時期許多詩人和美學家都在不同程度上是柏拉圖主義者或新柏拉圖主義者，赫爾德、席勒和雪萊是其中最顯著的。歌德本來基本上是一位唯物主義者和現實主義者，但是在他的《關於文藝的格言和感想》裡，我們也發現有些段落簡直是從新柏拉圖主義者普洛丁的《九部書》中翻譯過來的。⑧此外，柏拉圖對啓蒙運動也並非毫無影響。當時英國研究美學的風氣是由新柏拉圖主義者夏夫茲博里開創的，他是法德兩國啓蒙運動領袖們所最推崇的一位英國思想家。美學中美善統一的思想是由夏夫茲博里從新柏拉圖主義派接受過來，又傳到大陸方面去的。

這裡所提到的柏拉圖的影響只是一個粗略的梗概，但已足說明過去進步的人類，曾不斷地發現柏拉圖的美學思想中有足資借鑒的地方。究竟足資借鑒的地方是些什麼呢？要回答這個問題，有必要先指出文化遺產批判繼承的歷史過程中一個發人深省的現象。每個時代都按當時的特殊需要去吸收過去文化遺產中有用的部分，把沒有用處的部分揚棄掉，因此所吸收的部分往往就不是原來的眞正的面貌，但也並不是和原來的眞正面貌毫無聯繫。例如柏拉圖在哲學上和美學上的中心思想都是「理式」，這是一個客觀唯心主義的概念，但是也正是這個概念對後來的影響最大。文藝復興時代大半把「理式」概念和亞理斯多德的「普遍性」概

⑧ 例如就頑石和雕像的比較來說明形式與材料的關係。

念結合起來或混同起來，從而論證典型的客觀性與美的普遍標準。浪漫運動時代大半把「理式」理解爲「理想」，康德、歌德、席勒乃至黑格爾所標榜的「理想」都來自柏拉圖，但是都是一般與特殊的統一，理性與感性的統一，並不像柏拉圖那樣把「理式」理解爲不依存於感性與特殊的一般。最高的理式是眞善美的統一，這是絕對不含感性內容的，但是後來論證現象世界眞與美統一或眞與善統一者也往往援柏拉圖爲護身符。再如柏拉圖的靈感說和迷狂說都建立在古希臘宗教迷信的基礎上；到了浪漫運動時代，它卻變成「天才」、「情感」和「想像」三大口號的來源，儘管當時人並不再相信阿波羅、繆斯和靈魂輪回說。

這裡只能舉這幾個突出的事例，足見批判繼承的實際情況是複雜的，柏拉圖產生過深遠的影響也並不是毫無內在原因的。美學史家們一方面要認識到柏拉圖的客觀唯心主義的反動性，另一方面也要追究他在西方既然起了那麼大的影響，他的思想中究竟是否還有什麼值得學習的，對於我們來說，這個工作還僅僅在開始。

第三章　亞理斯多德

一、亞理斯多德——歐洲美學思想的奠基人

在《論亞理斯多德的〈詩學〉》裡，車爾尼雪夫斯基說，「《詩學》是第一篇最重要的美學論文，也是迄至前世紀末葉一切美學概念的根據」，又說，「亞理斯多德是第一個以獨立體系闡明美學概念的人，他的概念竟雄霸了二千餘年」。①研究一下從古希臘到十九世紀的歐洲文藝思想發展史，我們就會明白車爾尼雪夫斯基的評價是毫不誇張的。最早的古希臘哲學家們如畢達哥拉斯學派和赫拉克利特等從自然科學的觀點去看美學問題，到了蘇格拉底和柏拉圖才轉而從社會科學觀點去看美學問題。亞理斯多德可以說是從自然科學的較發達的基礎上，達到了自然科學觀點和社會科學觀點的統一。他是以前希臘美學思想的集大成者，不但是蘇格拉底和柏拉圖的直接繼承者，而且也受到早期畢達哥拉斯學派以及唯物主義者赫拉克利特和德漠克利特的影響。在古希臘文藝已達到高峰而轉趨衰落的時代，他用科學的方法替古希臘文藝的輝煌成就作了精細的分析和扼要的總結，因而寫成了兩部有科學系統的有關美學思想的專著：《詩學》和《修辭學》。除了這兩部專著之外，他在他的許多著作例如《形而上學》（涉及藝術與科學，形式與材料，美的客觀基礎等問題）、《物理學》（涉及藝術與自然，藝術與形式）、《倫理學》（涉及藝術的創造性，藝術與認識，藝術家的修養等問題）、《政治學》（涉及藝術教育問題）等書中都談到一些重要的美學問題，提出他的獨到的見解。他的這些理論著作在後來歐洲文藝思想界具有「法典」的權威，是作為探討古

① 見車爾尼雪夫斯基的《美學論文選》，人民文學出版社一九五七年版，第一二四、一二九頁。

希臘文藝輝煌成就的鑰匙而一直發生著深刻影響的。

亞理斯多德是柏拉圖的高足弟子。拿他和柏拉圖來比較，他是既批判師說而又繼承師說的，就中批判的部分遠比繼承的部分更重要。亞理斯多德標誌著古希臘思想發展中的一個很大的轉捩點。這轉折的關鍵在於亞理斯多德首先是個自然科學家和邏輯學家，他放棄了過去的主觀的甚至是神祕的哲學思辨，對客觀世界進行冷靜的客觀的科學分析。這是一種方法上的轉變。亞理斯多德認識到方法對於科學研究的重要性，他寫成了歐洲第一部邏輯學（《論工具》）。在《詩學》和《修辭學》裡，他用的都是很謹嚴的邏輯方法，把所研究的對象和其他相關的對象區分出來，找出它們的同異，然後再就這對象本身由類到種地逐步分類，逐步找規律，下定義。例如他先把藝術和「理論科學」與「實踐科學」區別出來，找出它的特點在創造，然後再就藝術（包括工藝等）中分出我們所了解的美的藝術，即他所謂「摹仿的藝術」，找出它們的特點在「摹仿」，於是再用摹仿的「手段」或「媒介」，「對象」和「方式」作爲標準來區別詩和其他藝術以及詩本身各種（如史詩、悲劇、喜劇等）的特質和規律以及彼此之間的同異和關係。而在這種分析過程中，亞理斯多德經常地從古希臘文藝作品中舉例證，這就替文藝理論建立了科學分析的範例。

與此相關的是亞理斯多德把一些其他科學的觀點和方法應用到文藝理論領域裡，最顯著的是他從生物學裡帶來了有機整體的概念，從心理學裡帶來了藝術的心理根源和藝術對觀衆的心理影響兩個重要的觀點，從歷史學裡帶來了藝術種類的起源，發展與轉變的觀點。這些相關科學的觀點和方法的應用對亞理斯多德的許多文藝見解的形成是有重大影響的，在後來歐洲文藝理論領域裡有所謂「自然科學派」、「心理學派」和「歷史學派」。這些學派都要從亞理斯多德的《詩學》裡找出它們的祖先。

與方法相聯繫但比方法更基本的轉變是哲學觀點的轉變。在哲學思想上亞理斯多德表現出相當深刻的矛盾，但是拿柏拉圖來比較，亞理斯多德在由唯心主義到唯物主義的轉變過程中邁進了一大步，儘管這轉變還不澈底。首先應該指出的是他認識到普遍與特殊的辯證的統一，「理」即在「事」中，離「事」，無所謂「理」，這就推翻了柏拉圖的超感性世界的永恆的「理式」以及整個客觀唯心主義哲學的基礎。他肯定了我們所居住的這個世界就是眞實的世界，不是「理式」的影子或摹本。列寧在讀黑格爾哲學史筆記裡說：亞理斯多德對柏拉圖的「理式」的批判，就是對一般唯心主義本身的批判。他又說：亞理斯多德的唯心主義「在自然哲學裡往往＝唯物主義」。這個基本的唯物主義的原則應用到文藝上來，應有的結論是文藝所摹仿的對象既是眞實的，它本身也就應該是眞實的，這就肯定了文藝的理性和文藝的認識作用。

但是亞理斯多德向唯物主義的轉變終究是不澈底的，充滿矛盾的，動搖於唯物主義與唯心主義之間的。他的矛盾首先表現在他對事物成因的看法。依他看，一切事物的成因不外四種：材料因、形式因、創造因和最後因。用他自己的例子來說，房子這個事物首先必有材料因，即磚瓦土木等。這些材料只有造成房子的潛能，要從潛能轉到實現，它們必須具有一座房子的形式，即它的圖形或模樣，這就是房子的形式因。要材料具有形式，必須經過建築師的創造活動，建築師就是房子的創造因。此外，房子在由潛能趨向實現的過程中一直在趨向一個具體的內在的目的，即材料終於獲得形式，房子達到完成，這種目的就是房子的最後因。亞理斯多德所謂「材料」包含我們通常所說的「物質」以及「物質」以外一切可以造成一件事物的東西，例如詩所寫的人物行動和具體情境，都包括在內。就肯定物質第一性來說，這裡含有唯物主義的因素。但是亞理斯多德假定物質原來沒有形式而形式是後加的。材料是潛能（例如芽），經過發展達到實現，才有形式（例如樹）。就一方面說，這裡含有發展的觀念；就另一方面說，形式和內容是被割裂開來了，亞理斯多德沒有看到這二者的統一性，沒有看到既是物質就必具有形式，物質發展，形式也就隨之發展。此外，還須指出，在材料與形式二者之中亞理斯多德把形式看成是更基本的。這些都顯出他的唯心主義的傾向。「創造因」這個概念如果應用到物質世界，就須假定有個創造主，因此，亞理斯多德沒有放棄「神」的概念，神還是「形式的形式」。亞理斯多德所了解的「目的」也是指造物主（神）的目的；房子的目的並不指人的居住，而是指房子本身要達到房子形式的目的。他沒有看到推動事物發展的主要是它的內在規律或內因，卻認爲只有神這個外因才能賦予形式於物質，決定事物的目的（最後因）。這顯然也都還是唯心主義的。這種對事物成因的看法當然也要應用到文學和藝術。實際上亞理斯多德是把「自然」或「神」看作一個藝術家，把任何事物的形成都看成藝術創造，即使材料得到完整的形式，藝術本身也不過是如此。這種目的論對近代萊布尼茲和鮑姆嘉通等人所代表的理性主義的美學以及康德的美學都發生過深刻的影響。這種看法必然要影響到亞理斯多德關於藝術摹仿的看法，如果說藝術家摹仿自然，自然只是材料因。作品的形式是形式因，藝術家才是創造因，他的摹仿活動其實就是創造活動，他的摹仿自然就不是如柏拉圖所了解的，只抄襲自然的外形，而是摹仿自然那樣創造，那樣賦予形式於材料，或則說，按照事物的內在規律，由潛能發展到實現了。

其次，亞理斯多德的矛盾還表現在他對人類活動的看法以及根據這個看法而對全體科學所作的區分。他認為人類活動不外三種：認識或觀照，實踐行動，創造。在這三種之中他把認識或觀照看成是最高的，因為只有借這種活動，人才能面對最高眞理，才能顯出他的智慧，才能享受到最高的幸福。在這一點上亞理斯多德顯然露出他的貴族階級的人生觀和柏拉圖的唯心哲學思想的殘餘。柏拉圖也是認為人生最高幸福在觀照絕對眞實世界（見〈斐德若〉篇和〈會飲〉篇）。亞理斯多德所說的「實踐活動」指城邦公民所應盡的職責，也就是倫理和政治方面的活動。至於「創造」則是藝術活動，這裡「藝術」包括一切人工製作在內，不專指我們所了解的藝術。對這種廣義的「藝術」，亞理斯多德在《倫理學》裡下了這樣的定義：

藝術就是創造能力的一種狀況，其中包括眞正推理的過程。一切藝術的任務都在生產，這就是設法籌劃怎樣使一種可存在也可不存在的東西變為存在的，這東西的來源在於創造者而不在所創造的對象本身，因為藝術所管的既不是按照必然的道理既已存在的東西，也不是按照自然終須存在的東西——因為這兩類東西在它們本身裡就具有它們所以要存在的來源。創造和行動是兩回事，藝術必然是創造而不是行動。②

用簡單的話來說，一座房子（藝術）和一棵樹不同，一棵樹自然產生，自然存在，在它本身中就有必然產生和存在的道理，而房子卻是可以存在也可以不存在的，所以它本身沒有必然存在的道理，它的存在理由要溯源到建築師，在這個意義上它有些偶然性。這裡有一點基本上是唯物主義的，就是承認自然本身會有它必然存在的道理，但是這個正確的看法與「創造因」或「造物主」的概念是互相矛盾的。就藝術來說，亞理斯多德把創造者從整個社會歷史情境中孤立起來看，便以為藝術的形成完全靠個別的藝術家，而藝術本身便無必然產生和存在的道理，這也還是形而上學的唯心主義的看法，在人類活動區分的問題上，亞理斯多德的最基本的毛病當然還在把認識、實踐和創造看成三種分立的活動，既沒有看出認識與實踐的密切聯繫，也沒有看出所謂「創造」還是認識和實踐範圍以內的活動。亞理斯多德之所以作這樣的區分，一方面是要指出藝術與科學（認識或理論活動）的分別，另一方面是要指出藝術與倫理和政治（實踐活動）的分別。它們之中的分別確實是存在的，亞理斯多德沒有看出文藝是認識活動與實踐活動的統一，創造活動不是落在認識與實踐之外的。

就是根據人類活動的區分，亞理斯多德把科學分為三類來容納他自己的著作，即理論性的科學，包括「數學」、「物理學」和「形而上學」；實踐性的科學，包括「政治學」和

② 見《倫理學》，第六卷，第四節，根據牛津版的英譯。

「倫理學」；創造性的科學，包括「詩學」和「修辭學」。既然都叫「科學」，就有一個共同的任務：求知識。不過依亞理斯多德的理論與實踐分立的看法，理論性的科學只是爲知識而知識，另外兩種科學才有外在的目的，實踐性的科學知識要指導行動，創造性的科學知識要指導創造。從這種科學系統的安排，我們可以看出在亞理斯多德的心目中，涉及美學問題的「詩學」和「修辭學」在這個系統中所應占的地位和所應起的作用。他是把藝術放在知識基礎上的，藝術家不僅對所用的材料要有知識，而且還要對創造的規律有知識。這一點須在研究他對藝術與現實的關係之後，才可以更清楚地看出。

二、摹仿的藝術對現實的關係

亞理斯多德用「藝術」（Tekhne）這個名詞時還是用它的當時流行的意義，即一切製作，包括職業性的技術在內。至於我們現代所謂「美的藝術」如詩歌、音樂、圖畫、雕刻等，在亞理斯多德的著作中叫做「摹仿」（mimesis）或「摹仿的藝術」。從這個名稱上就可以看出他把「摹仿」看作這些藝術的共同功能。在表面上這還是柏拉圖的看法，但是在實質上亞理斯多德卻在「摹仿」這個名詞裡見到一種新的遠較深刻的意義。柏拉圖認爲藝術所摹仿的對象既不眞實，它既只摹仿這種虛幻的對象的外形，它本身就更不眞實，「和眞實隔著三層」，這種說法就構成他控訴詩人的兩大罪狀之一。亞理斯多德見到普遍與特殊的辯證的統一，放棄了柏拉圖的「理式」，肯定了現實世界的眞實性，因而也就肯定了摹仿它的藝術的眞實性，這一點我們在上文已經談到，但是還有更重要的一點：亞理斯多德不僅肯定藝術的眞實性，而且肯定藝術比現象世界更爲眞實，藝術所摹仿的絕不如柏拉圖所說的只是現實世界的外形（現象），而是現實世界所具有的必然性和普遍性即它的內在本質和規律，這個基本思想是貫串在《詩學》裡的一條紅線，是詩與藝術的最有力的辯護，是現實主義的一條基本原則，所以也是亞理所多德對於美學思想的一個最有價值的貢獻。但是這裡可以看出亞理斯多德的美學觀點與哲學觀點之間的矛盾，在哲學觀點中他忽略了，而在美學觀點中他卻承認了，現實世界按內在規律的發展。

關於詩的高度眞實性，亞理斯多德在《詩學》第九章裡拿詩和歷史作比較時說得最清楚：

> 詩人的職責不在描述已發生的事，而在描述可能發生的事，即按照可然律或必然律③是可能的事。詩人與歷史家的差別不在於詩人用韻文而歷史家用散文——希羅多德的歷史著作可以改寫成韻文，但仍舊會是一種歷史，不管它是韻文還是散文。眞正的差別在於歷史家描述已發生的事，而詩人卻描述可能發生的事，因此，詩比歷史是更哲學的，更嚴肅的：因爲詩所說的多半帶有普遍性，而歷史所說的則是個別的事。所謂普遍性是指某一類型的人，按照可然律或必然律，在某種場合會說些什麼話，做些什麼事——詩的目的就在此，儘管它在所寫的人物上安上姓名，

---

③ 可然律指在假定的前題或條件下可能發生某種結果，必然律指在已定的前提或條件下按照因果律必然發生某種結果。

> 至於所謂特殊的事就例如亞爾西巴德所做的事或所遭遇到的事。④

用簡單的話來說，歷史所寫的只是個別的已然的事，事的前後承續之間不一定見出必然性；詩所寫的雖然也是帶有姓名的個別人物，他們所說所行卻不僅是個別的，而是帶有普遍性的，合乎可然律或必然律的，因此詩比歷史顯出更高度的眞實性。亞理斯多德對於歷史的認識還局限於編年紀事，所以見不到歷史也應該揭示事物發展的規律，但是他比較詩與歷史的用意是明白的，就是詩不能只摹仿偶然性的現象而是要揭示現象的本質和規律，要在個別人物事蹟中見出必然性與普遍性，這就是普遍與特殊的統一。這正是「典型人物」的最精微的意義，也正是現實主義的最精微的意義。

亞理斯多德在《形而上學》裡還說過：

> 知識和理解屬於藝術較多，屬於經驗較少，我們以爲藝術家比只有經驗的人較明智……因爲藝術家知道原因而只有經驗的人不知道原因。只有經驗的人對於事物只知其然，而藝術家對於事物則知其所以然。

拿這幾句話和上引《詩學》裡的一段話參較，藝術應揭示事物本質與規律的意思就更明顯

---

④ 參照巴依瓦特（Bywater）和布喬爾（Butcher）兩種英譯本譯出，本文以下引文同。

了。

這個看法是由總結古希臘文藝經驗得來的。《詩學》第二十五章裡列舉三種不同的摹仿物件，其實也就是三種不同的創作方法：

像畫家和其他形象創造者一樣，詩人既然是一種摹仿者，他就必然在三種方式中選擇一種去摹仿事物，照事物的本來的樣子去摹仿，照事物爲人們所說所想的樣子去摹仿，或是照事物的應當有的樣子去摹仿。

這裡第一種就是簡單摹仿自然，第二種是指根據神話傳說，第三種就是上文所說的「按照可然律或必然律」是「可能發生的事」。在這三種方式之中亞理斯多德所認爲最好的是第三種，這可以從第二十五章後半段的話看出：

如果以對事實不忠實爲理由來批評詩人的描述，詩人就會這樣回答：這是照事物應當有的樣子描述的——正如索福克勒斯說他自已描繪人物是按照他們應該有的樣子，而歐里庇得斯描寫人物卻按照他們的本來的樣子。

在《詩學》裡索福克勒斯一直是亞理斯多德的理想的悲劇詩人，而歐里庇得斯卻是經常遭到他譴責的。從此可知，按照事物或人物應該有的樣子去描寫，這是亞理斯多德的理想的創作方法。

「按照事物應該有的樣子去描寫」，這句話可能有兩種解釋。一種是唯心主義的解釋，那就是藝術家憑主觀而對事物加以「理想化」，這個看法在西方文藝理論界有悠久的歷史，持這個看法的人大半都引亞理斯多德爲護身符。另一種是唯物主義的解釋，那就是承認這是理想化，而這個理想卻不單純是詩人的主觀產物而是按照事物的本質和規律來形成的。車爾尼雪夫斯基在《生活與美學》裡替美下過這樣的定義：

> 任何事物，我們在那裡面看得見依照我們的理解**應當如此**的生活，那就是美的。⑤

如果我們記得車爾尼雪夫斯基推崇《詩學》的話，這裡就不難看出亞理斯多德的影響，從作者的美學立場來看，他無疑地是按照唯物主義的解釋去理解「應當如此」的，「應當如此」就是「客觀本質規律」。

詩人所寫的應該是按照道理來講可能發生的事。但是古希臘文藝的寶庫——神話，所敘述的就是不可能發生的事。亞理斯多德所舉的三種創作方式中的第二種——「照事物爲人們所說所想的樣子去摹仿」——替神話留了一條出路，關於這一點，他在《詩學》第二十五章裡說：

⑤《生活與美學》，人民文學出版社一九五七年版，第六至七頁。

一般地說，寫不可能的事須在詩的要求，或更好的原則，或群眾信仰裡找到理由來辯護。從詩的要求來看，一種合情合理的不可能總比不合情理的可能較好。如果說宙克什斯所畫的人物是不可能的，我們就應該這樣回答：對，他們理應畫得比實在的更好，因爲藝術家應該對原物範本有所改進。

這裡「不可能的事」是指像神話所敘述的在事實上不可能發生的事。從此可知，亞理斯多德肯定了神話的虛幻性。但是他區別出「合情合理的（即於理可信的）不可能」和「不合情理的可能」，而認爲前者更符合詩的要求。所謂「不合情理的可能」是指偶然事故，雖可能發生，甚至已經發生了，但不符合規律，顯不出事物的內在聯繫。所謂「合情合理的不可能」是指假定某種情況是眞實的，在那種情況下某種人物做某種事和說某種話就是合情合理的，可以令人置信的。例如荷馬根據神話所寫的史詩在歷史事實上雖是不眞實的，而在他所假定的那種情況下，他的描寫卻是眞實的，「合情合理的」，「符合可然律或必然律」，見出事物的普遍性和必然性的。亞理斯多德自己在《詩學》第二十四章裡是這樣解釋的：

主要的是荷馬把說謊說得圓的藝術教給了其他詩人。祕訣在於一種似是而非的邏輯推理。如果假定A存在或發生，B就會存在或發生；人們因此就想到：如果B存在，A也就會存在——但是這是一種錯誤的推理，因此，如果A是不眞實的，而假定A是眞實的B就必眞實的時候，只把

B的眞實寫出就行了。因爲我們既然知道B是眞實的，就會錯誤地推想到A也是眞實的。⑥

這段話就是後來「藝術幻覺」說的起源，其中含有極深刻的意蘊。藝術的逼眞並不是畢肖現象的浮面的眞實，而是要揭示現象內部所含的普遍性與必然性，因此它的前提不妨是假設或虛構的。在歷史事實上是不可能的，但是在假定這前提下，如果所寫的都近情近理，令人看到就起逼眞的幻覺，這就已盡了藝術的能事。

必然性和普遍性是事物發展的邏輯，要在發展過程中才見得出，所以亞理斯多德提到人物性格時總是說「在行動中的人物」。人物也只有在行動中才見出典型性。如果把典型看作靜止面或是數量上的總結，那就不會眞正了解典型。就是在詩通過行動揭示人物事蹟的普遍性和必然性這個意義上，亞理斯多德斷定「詩比歷史是更哲學的，更嚴肅的」。詩所寫的現實是經過提煉的現實，是比帶有偶然性的現象世界更高一層的眞實。因此，藝術可以化自然醜爲藝術美，《詩學》第四章裡說：「事物本身原來使我們看到就起痛感的，在經過忠實描繪之後，在藝術作品中卻可以使我們看到就起快感，例如最討人嫌的動物和死屍的形象」。此外，藝術也可以使事物比原來形狀更美，《詩學》第十五章裡說悲劇詩人「應該仿效好的畫像家的榜樣，把人物原形的特點再現出來，一方面既逼眞，一方面又比他原來更美」。上面《詩學》第二十五章引文裡所提到的古希臘名畫家宙克什斯就曾把古希臘克羅通城邦裡最

⑥ 例如說「假定天下雨，地就會溼」，從此推論到「地溼了，天下了雨」，就是錯誤的推理。

美的美人召集在一起，把這許多美人的美點融會在一起，畫成他的名畫《海倫後》。這畫既有現實的根據，又遠比現實更美。⑦

亞理斯多德論詩與其他藝術，經常著重有機整體的觀念。這也是和他對文藝與現實關係的基本看法分不開的：形式上的有機整體其實就是內容上內在發展規律的反映。整體是部分的組合，組合所應根據的原則就是各部分之間的內在邏輯。亞理斯多德在《政治學》（134a）裡說過：

> 美與不美，藝術作品與現實事物，分別就在於在美的東西和藝術作品裡，原來零散的因素結合成爲一體。

零散的東西不免具有偶然性，彼此之間見不出必然的互相因依關係，結合成爲一體之後，偶然的就要拋開，剩下來的因素彼此之間就要見出必然的互相因依的關係，就像人體各部分一樣。在《詩學》第七章裡亞理斯多德替整體下了一個貌似平常而實在深刻的定義：

> 一個整體就是有頭有尾有中部的東西。頭本身不是必然地要從另一件東西來，而在它以後卻有另一件東西自然地跟著它來，尾是自然地跟著另一件東西來的，由於因果關係或是習慣的承續

---

⑦ 見羅馬作家西賽羅的《談創造》。

關係，尾之後就不再有什麼東西。中部是跟著一件東西來的，後面還有東西要跟著它來。所以一個結構好的情節不能隨意開頭或收尾，必須按照這裡所說的原則。

各部分緊密銜接，見出秩序，這就是各部分在整體裡不僅是不可少的因素，而且所站的位置也是不可移動的。這樣，一個整體裡一切都是必然的，合理的，沒有任何偶然的和不合理的東西夾雜在內。《詩學》第八章裡有一段話把這個意思說得很清楚：「一個完善的整體之中各部分須緊密結合起來，如果任何一部分被刪去或移動位置，就會拆散整體。因爲一件東西既然可有可無，就不是整體的眞正部分。」

這個有機整體觀念在亞理斯多德的美學思想裡是最基本的。就是根據這個觀念，他斷定悲劇是古希臘文藝中的最高形式，因爲它的結構比史詩更嚴密。也就是根據這個觀念，他斷定敘事詩和戲劇之中最重要的因素是情節結構而不是人物性格，因爲以情節爲綱，容易見出事蹟發展的必然性；以人物性格爲綱。或像歷史以時代爲綱，就難免有些偶然的不相關聯的因素。在《詩學》第二十三章裡他指出敘事詩與歷史的分別說：「它在結構上與歷史不同。歷史所寫出的必然不只是某一人情節，而是某一個時期，那個時期中對某個人或某些人所發生的事，儘管這些事彼此可以不聯貫。」詩的結構卻要是見出內在聯繫的單一完整的統一體。這正是《詩學》第八章所要求的「動作或情節的整一」。亞理斯多德只強調過動作的整一，後來新古典主義者加上時間與空間的整一，合成所謂「三一律」，他們把動作的整一看成每篇詩只能寫一個情節，不穿插附帶的情節，這是從形式上看整一，忽略了內容上的內在聯繫。不僅如此，亞理斯多德談戲劇中的合唱隊、音樂和語言等因素，也要求一切都要服從整體。談到音樂時，他把一曲樂調比作一個城邦，其中統治者和被統治者都要各稱其分，各得其所。⑧

在亞理斯多德的美學思想中，和諧的概念是建立在有機整體的概念上的：各部分的安排見出大小比例和秩序，形成融貫的整體，才能見出和諧。後來許多美學家（例如康德以及實驗美學派的費希納）把和諧、對稱、比例之類因素看成單純的形式因素，好像與內容無關。在這一點上亞理斯多德就比他們高明得多。他把這些因素看成與內在邏輯和有機整體聯繫在一起的，即由內容決定的。最能說明他的意思的是音樂，即他所認爲「最富於摹仿性的藝術」。在《問題》篇第十九章裡他提出這樣一個問題：「節奏與樂調不過是些聲音，爲什麼它們能表現道德品質而色香味卻不能呢？」他的答案是：「因爲節奏與樂調是些運動，而人的動作也是些運動。」這就是說，音樂的節奏與和諧（形式）之所以能反映人的道德品質（內容，見於動作），是因爲兩者同是運動。音樂的運動形式直接摹仿人的動作（包括內心情緒活動）的運動形式，例如高亢的音調直接摹仿激昂的心情，低沉的音調直接摹仿抑鬱的心情，不像其他藝術要繞一個彎從意義或表象上間接去摹仿，所以說音樂是最富於摹仿性的藝術。因爲音樂反映心情是最直接的，它打動心情也是最直接的，所以它的教育作用也比其他的藝術較深刻。從此可見，音樂的節奏與和諧不能單從形式去看，而是要與它所表現的道

---

⑧《政治學》1254a。

德品質或心情聯繫在一起來看的。亞理斯多德的這個內容形式統一的看法是深刻的，與形式主義相對立的。

關於文藝與現實關係方面，還有一點值得一提。亞理斯多德看文藝問題，主要的從科學出發，要求一切都有一個理性的解釋，所以拋開了過去的一些神祕觀念。最顯著的例子是他談悲劇不提命運，談藝術創造，他也放棄了柏拉圖所崇奉的靈感。關於命運概念，下文再談，現在只說「靈感」，這個名詞在《詩學》裡沒有出現過一次，只有在《修辭學》卷三裡談辭藻的選擇時他偶然提到「詩是一種靈感的東西」。但是從這句上下文看，他用這個名詞也不過像我們現在用它一樣，指創造活動中的思致煥發，沒有柏拉圖所了解的因神靈憑附而轉入迷狂狀態的意思。與此相反，亞理斯多德所要求於詩人的是清醒的理智。這在《詩學》第十七章裡說得很明白：

在構思情節和用恰當的語言把它表現出來之中，詩人應儘量把所寫的情景擺在眼前，把它看得活靈活現，恍如身歷其境。這樣他才會看出哪些才是妥當的，不至於把前後不一致的地方忽略過去。

從這番話以及從上述強調內在邏輯與有機整體的那些話看，我們可以說，亞理斯多德對於古希臘人所慣用的「摹仿」一詞理解得比柏拉圖遠較深刻：它不是被動地抄襲，而是要發揮詩人的創造性和主觀能動性，不是反映浮面的現象，而是揭示本質與內在聯繫，這種文藝思想基本上是符合現實主義的。

三、文藝的心理基礎和社會功用

在文藝功用問題上，亞理斯多德也比柏拉圖前進了一大步。分別在於倫理理想。依柏拉圖，理想的人格要能使理智處在絕對統治的地位，理智以外的一切心理功能例如本能、情感、欲望等等，都被視爲人性中「卑劣的部分」，都應該毫不留情地壓抑下去。文藝正是要投合人性中這些「卑劣的部分」來產生快感，所以對於人的影響是壞的。這顯然是摧殘人性中大部分的潛能來片面地伸張理智的看法。亞理斯多德的看法卻與此相反。他的理想的人格是全面和諧發展的人格。本能、情感、欲望之類心理功能既是人性中所固有的，就有要求滿足的權利；給它們以適當的滿足，對性格就會發生健康的影響。就是從這種倫理思想出發，他對詩和藝術進行辯護：文藝滿足人的一些自然要求，因而使人得到健康的發展，所以它對於社會是有益的。他在《詩學》第四章裡首先就替文藝找心理根源，這其實也就是替文藝找辯護的理由：

一般的說，詩的起源大概有兩個原因，每個原因都伏根於人類天性。首先摹仿就是人的一種自然傾向，從小孩時就顯出。人之所以不同於其他動物，就在於人在有生命的東西之中是最擅於摹仿的。人一開始學習，就通過摹仿。每個人都天然地從摹仿出來的東西得到快感。這一點可以從這樣一種經驗事實得到證明：事物本身原來使我們看到就起痛感的，在經過忠實描繪之後，在藝術作品中卻可以使我們看到就起快感，例如最討人嫌的動物和死屍的形象。原因就在於學習能使人得到最大的快感，這不僅對於哲學家是如此，對於一般人也是如此，儘管一般人在這方面的能力是比較薄弱些。因此，人們看到逼肖原物的形象而感到欣喜，就由於在看的時候，他們同時也在學習，在領會事物的意義，例如指著所描寫的人說：「那就是某某人。」如果一個人從來沒有見過原人或原物，他看到這種形象所得到的快感就不是由於摹仿，而是由於處理技巧、著色以及類似的原因，因爲不僅摹仿出於人類天性，和諧與節奏的感覺也是如此，詩的音律也是一種節奏。人們從這種天生資稟出發，經過逐步練習，逐步進展，就會終於由他們原來的「順口溜」發展成爲詩歌。

這裡亞理斯多德指出文藝的兩種心理根源：一種是摹仿本能，摹仿也是學習的一種方式，使人從客觀事物獲得知識，所以能產生快感；另一種是愛好節奏與和諧的天性，摹仿出來的東西如果見出節奏與和諧，也就能產生快感。第一種是有關內容的，把摹仿和學習聯繫起來，這也就肯定了文藝反映現實的認識作用。第二種是有關形式的，和諧與節奏即屬於上文所說的「處理技巧、著色以及類似的原因」。爲著分析方便，亞理斯多德把內容和形式分開來看，其實文藝是同時具有摹仿本能與節奏和諧的感覺兩種心理根源，內容與形式是分不開的。資產階級的學者有人認爲亞理斯多德在這裡承認單純形式因素的獨立存在，那是錯誤的。

歐洲文藝界有一個長久爭辯的問題：文藝的目的是什麼？快感、教益，還是快感兼教益？三種答案都各有很多的擁護者。柏拉圖是片面強調教益而力圖扼殺快感的。亞理斯多德是最早的一個替快感辯護的哲學家。從《詩學》裡許多提到快感的地方看，人們容易猜想亞理斯多德好像肯定文藝目的就專在產生快感，事實上有許多資產階級學者就採取這樣的看法。例如《詩學》的英譯者布喬爾（Biitcher）就說：「亞理斯多德對於詩的評斷都根據審美的和邏輯的理由，並不直接考慮到倫理的目的或傾向。」「他是第一個設法把美學理論和倫理理論分開的人。他一貫地主張詩的目的就是一種文雅的快感。」⑨阿特鏗斯（Atkins）也說：「亞理斯多德像是把美感的目的和道德的目的分開，認爲前者是基本的，後者是附帶的。」「代替這一切（指作者先已提到的「根據現實標準和道德標準所作的破壞性的短見的批評」——引者），亞理斯多德提供了一些更合理更有效的方法，特別指出審美的標準是唯一的標準，文學判斷的眞正基礎就在於藝術的要求和標準。」「他的判斷完全根據審美的理由。」⑩

事實是否果眞如此呢？資產階級學者們的根據是《詩學》第二十五章裡所說的這樣一句話：「正確性在詩裡和在政治裡不相同，正如它在詩裡和在任何其他藝術裡不相同一樣」（布喬爾在他的英譯裡把「正確性」譯成「正確的標準」）。其實亞理斯多德在這裡至多不過說藝術標準和政治標準（包括倫理標準）不完全是一回事，並沒有說二者不可統一或互相

⑨《亞理斯多德的詩與藝術的理論》，一九三二年倫敦版，第二二五、二三八頁。

⑩《古代文藝批評史》，一九三四年劍橋版，第一卷，第八一、一一二至一一三頁。

排斥。作爲一個邏輯學者，他要在不同事物中找出不同所在，以便見出每種事物的特質，他要在詩和政治之中見出分別。正如他要在詩和其他藝術之中見出分別一樣。他指出了悲劇和史詩的不同，但是這並不曾妨礙他肯定悲劇和史詩的基本一致性。同理，他指出了藝術標準和政治標準的不同，但是這也不能就使人得出二者互不相容的結論。

我們近代人一提到藝術就聯想到「美」或「審美」的字眼。其實「審美」這個字眼在希臘文裡就不存在⑪，「美」字在《詩學》裡只見過幾次（例如第七章「美在於體積大小和秩序」），至於與「善」字同義的「好」字則在《詩學》裡經常出現。在《修辭學》裡他替「美」所下的定義是把它作爲一種善：「美是一種善，其所以引起快感，「正因爲它善。」⑫這就足以說明亞理斯多德對於詩的評斷是否「都根據審美的和邏輯的理由，並不直接考慮到倫理的目的或傾向」，如布喬爾所說的。亞理斯多德給「人」下的定義是「政治的動物」⑬，關於文藝的討論占他的《政治學》的很大一部分篇幅。這是理所當然的。作爲「政治的動物」，人就不能離開政治和道德觀點來考慮文藝問題。近代資產階級學者對於亞理斯多德加以曲解，一方面是替「爲文藝而文藝」的口號找護身符，一方面也由於他們的形而上學的思想方法，把「審美的」、「邏輯的」、「道德的」等範疇截然分開；而亞理斯多德考慮文

⑪「審美」（Aesthetic）的這個詞雖源於古希臘文的Aesthetikos，但原義只是「感覺」。
⑫《修辭學》1366。
⑬《政治學》1253a。

藝問題，一般是把這些範疇融會在一起來想的，我們最好引亞理斯多德在《詩學》第十三章對於他所最看重的悲劇情節結構所說的一段話，來說明他對文藝的辯證的看法：

如上所述，在最完美的悲劇裡，情節結構不應該是簡單直截的而應該是複雜曲折的；並且它所摹仿的行動必須是能引起哀憐和恐懼的——這是悲劇摹仿的特徵。因此，有三種情節結構應該避免。一，不應讓一個好人由福轉到禍；二，也不應讓一個壞人由禍轉到福。因爲第一種結構不能引起哀憐和恐懼，只能引起反感；第二種結構是最不合悲劇性質的，悲劇應具的條件它絲毫沒有，它既不能滿足我們的道德感（原文是「人的情感」——引者），又不能引起哀憐和恐懼；三，悲劇的情節結構也不應該是一個窮凶極惡的人從福落到禍，因爲這雖然能滿足我們的道德感，卻不能引起哀憐和恐懼——不應遭殃而遭殃，才能引起哀憐；遭殃的人和我們自己類似，才能引起恐懼；所以這第三種情節既不是可哀憐的，也不是可恐懼的；四，剩下就只有這樣一種中等人：在道德品質和正義上並不是好到極點，但是他的遭殃並不是由於罪惡，而是由於某種過失或弱點。

接著他討論悲劇情節的轉變只應有由福轉禍一種，悲劇的結局應該是悲慘的。他讚揚歐里庇得斯爲「最富於悲劇性的詩人」，就因爲在他的悲劇裡結局都是最悲慘的。此外，還有一種用雙重情節的悲劇：

例如《奧德賽》就用了善有善報、惡有惡報的雙重情節。由於觀眾的弱點，這種結構才被人看成是最好的；詩人要迎合觀眾，也就這樣寫，但是這樣產生的快感卻不是悲劇的快感。這種結構較宜於用在喜劇裡。在喜劇裡最大的仇人，例如俄瑞斯特斯和埃基斯徒斯，在終場時可以變成好朋友，沒有誰殺人，也沒有誰被殺。

從這番話看，亞理斯多德分析悲劇情節結構，無寧說是首先是從道德方面來考慮問題。悲劇主角應該是好人而不是壞人；情節的轉變不應當引起反感而應滿足道德感；由於要引起哀憐和恐懼，悲劇人物在道德品質上應該「和我們自己類似」。這裡當然也有邏輯的考慮。一切安排都應該是合理的。亞理斯多德明白地說過：「在所寫的情節之中不應有任何不近情理的東西。」⑭悲劇的特徵在於摹仿引起哀憐和恐懼，所以善有善報、惡有惡報的情節在邏輯上就不宜於悲劇而只宜於喜劇。一般的說，一件藝術作品如果既合道德標準（亦即政治標準），又合邏輯標準（亦即現實標準），在亞理斯多德看來，它就已符合藝術標準了，上文四種情節結構的分析可以為證，但也有雖符合道德標準而不符合邏輯標準的事例，如上文所說的善有善報、惡有惡報的雙重情節，不符合悲劇的定義，這同時也就不符合藝術標準。一般觀眾喜歡這類「圓滿收場」，亞理斯多德指責這是「弱點」。在這種情況之下，就要強調藝術標準和邏輯標準，但是他是否就因此放棄了道德標準呢？這個問題不但涉及亞理斯多德

⑭《詩學》，第十五章。

對於悲劇的基本看法，而且也涉及他對於一般文藝的基本看法，須在這裡弄清楚。

要弄清這個問題，我們須進一步研究亞理斯多德的兩個極重要的關於悲劇的理論：一個是悲劇主角的「過失」⑮說，一個是哀憐和恐懼的「淨化」說。

先談「過失」說。悲劇的情節一般是好人由福轉禍，結局一般是悲劇的。這種情節和結局，如果單從道德觀點來看，是不易說得通的。古希臘人自己的看法以及後來西方學者對於古希臘悲劇的看法，都是歸咎於命運。人們說，古希臘悲劇所寫的是人與命運的衝突，而近代戲劇所寫的則是人與人的衝突，或是同一個人身上兩種勢力的衝突。亞理斯多德要求一切合理，在《詩學》裡從來不提古希臘人所常提的「命運」二字，並且明白地譴責古希臘戲劇所常用的「機械降神」（Deus ex Machlna），即遇到無法解決的情境就請神來解決的辦法。他怎樣來解釋好人由福轉禍的情節呢？他的解釋表面上好像是自相矛盾的。一方面他要求禍不完全由自取，他說，「不應遭殃而遭殃，才能引起哀憐」，另一方面他又要求禍有幾分由自取，他說，悲劇主角的遭殃並不由於罪惡而是由於某種過失或弱點，所以「在道德品質和正義上並不是好到極點」，也就是說，「和我們自己類似」，才能引起我們怕因小錯而得大禍的恐懼。把這兩點合在一起來看，亞理斯多德像是採取了折衷的辦法來說明悲劇的合理。其實這正是他的辯證處。只有這種辯證的看法才能說明哀憐（須禍不由自取）和恐懼（須小過失引起大災禍），因此，才能說明亞理斯多德所了解的悲劇。他要求悲劇主角的性

---

⑮ 巴依瓦特的英譯作「判斷的錯誤」。

格有「和我們自己類似」之處，意義是極深刻的。只有這樣，悲劇主角才能教我們同情，也只有這樣，悲劇作品才能成爲社會的財富。這種考慮單是「道德的」呢？單是「邏輯的」呢？還單是「審美的」呢？應該說，它是這三種考慮的辯證的統一。

次談「淨化」說。《詩學》第六章悲劇定義中最後一句話是悲劇「激起哀憐和恐懼，從而導致這些情緒的淨化」。這裡所提的「淨化」（katharsis）是歷來研究亞理斯多德的學者們長久爭辯不休的一個問題。他們提出各種不同的解釋。有人說「淨化」是藉重複激發而減輕這些情緒的力量，從而導致心境的平靜；有人說「淨化」是消除這些情緒中的壞的因素，好像把它們洗乾淨，從而發生健康的道德影響；也有人說「淨化」是以毒攻毒，以假想情節所引起的哀憐和恐懼來醫療心理上常有的哀憐和恐懼。這些說法都有一個共同點，就是都認爲悲劇的淨化作用對觀衆可以發生心理健康的影響。

「淨化」的眞正解釋要在《政治學》卷八裡去找，在這裡亞理斯多德討論音樂的功用也提到「淨化」，但不是單提「淨化」，原文是這樣：

音樂應該學習，並不只是爲著某一個目的，而是同時爲著幾個目的，那就是：1.教育；2.淨化（關於「淨化」這一詞的意義，我們在這裡只約略提及，將來在《詩學》裡還要詳細說明）⑯；

---

⑯《詩學》已殘缺，現存的《詩學》沒有關於「淨化」的詳細解釋。「淨化」有譯作「陶冶」的，不妥，因為「陶冶」就是「教育」，亞理斯多德明明把「教育」放在「淨化」之上。

3.精神享受，也就是緊張勞動後的安靜和休息。從此可知，各種和諧的樂調雖然各有用處，但是特殊的目的，宜用特殊的樂調。要達到教育的目的，就應選用倫理的樂調；但是在集會中聽旁人演奏時，我們就宜聽行動的樂調和激昂的樂調。因為像哀憐和恐懼或是狂熱之類情緒雖然只在一部分人心裡是很強烈的，一般人也多少有一些，有些人受宗教狂熱支配時，一聽到宗教的樂調，就卷入迷狂狀態，隨後就安靜下來，彷彿受到了一種治療和淨化，這種情形當然也適用於受哀憐恐懼以及其他類似情緒影響的人，某些人特別容易受某種情緒的影響，他們也可以在不同程度上受到音樂的激動，受到淨化，因而心裡感到一種輕鬆舒暢的快感。因此，具有淨化作用的歌曲可以產生一種無害的快感。⑰

從此可知，這裡所說的「淨化」和《詩學》裡所說的「淨化」原是一回事。柏拉圖也提到過古代希臘人用宗教的音樂來醫療精神上的狂熱症，並且拿這種治療來比保姆把嬰兒抱在懷裡搖盪來使他入睡的辦法。⑱他所指的也正是「淨化」這個治療方式。從亞理斯多德和柏拉圖所舉的「淨化」的例子來看，可知「淨化」的要義在於通過音樂或其他藝術，使某種過分強烈的情緒因宣洩而達到平靜，因此恢復和保持住心理的健康。在《詩學》裡提到的是悲劇淨化哀憐和恐懼兩種情緒，在《政治學》裡提到的是宗教的音樂淨化過度的熱情，這裡同時

---

⑰ 根據糾維特（Jowett）的英譯。

⑱《法律篇》，第七卷。

還明白指出受「其他情緒影響的人」也都可以受到淨化。從此可見藝術的種類性質不同，所激發的情緒不同，所生的「淨化」也就不同。總之，人受到淨化之後，就會「感到一種舒暢的鬆弛」，得到一種「無害的快感」。亞理斯多德的這種「淨化」說正是針對著柏拉圖對詩人的控訴。柏拉圖說，情緒以及附帶的快感都是人性中「卑劣的部分」，本應該壓抑下去而詩卻「滋養」它們，所以不應留在理想國裡。亞理斯多德替詩人申辯說：詩對情緒起淨化作用，有益於聽衆的心理健康，也就有益於社會，淨化所產生的快感是「無害」的。

從此可知，亞理斯多德反對悲劇用善惡報應的「圓滿收場」而力持悲劇情節的轉變應須由福轉禍，收場定要悲慘，並不單純地從文藝標準出發，他的「淨化」說實在也帶有社會的道德的考慮，正如他的「過失」說一樣。他對悲劇的想法是深刻的，但是也有它的局限性。悲劇的主要的道德作用絕不在情緒的淨化，而在通過尖銳的矛盾鬥爭場面，認識到人生世相的深刻方面。亞理斯多德雖然引用過赫拉克利特的和諧起於矛盾鬥爭的統一那個重要的學說，卻沒有把它應用來解釋悲劇，這就是他的局限處。直等到黑格爾用矛盾衝突來解釋悲劇，悲劇的眞正特質才算揭露了出來。

回到關於音樂淨化的引文，亞理斯多德在談音樂歌曲的功用時，把教育的功用擺在第一位。只是這個簡單的事實就足以粉碎資產階級學者認爲亞理斯多德只顧審美標準的謬論。

對於一般美學原理來說，亞理斯多德的淨化說裡還有一點値得特別注意。他認爲不同種類不同性質的文藝激發不同的情緒，產生不同的淨化作用和不同的快感。例如悲劇所產生的快感只是哀憐和恐懼兩種情緒淨化後的那種特殊的快感，亞理斯多德屢次把它叫「悲劇的快感」，並且指出它是悲劇所特有的，至於寫善惡報應所生的快感以及寫滑稽性格所生的快感就只宜於喜劇而不宜於悲劇。這種快感其實就涉及一般美學家所說的「美感」。歷來美學家談到「美感」，大半把它看作在一切審美事例中都相同的一種通套的快感。這是脫離產生美感的具體情境來看美感，把美感加以抽象化和套板化。亞理斯多德的看法則是：產生美感的東西不同，所產生的美感也就不同。還不僅此，情緒淨化的快感只是美感來源之一，他還提到摹仿中認識事物所生的快感以及節奏與和諧所產生的快感。這幾種快感在不同的文藝作品中分量配合不同，總的效果——即美感——也就不一致。這是一種帶有辯證意味的看法，可惜歷來美學家沒有給以足夠的重視。

亞理斯多德也是心理學的祖宗，無論是在《詩學》裡還是在《修辭學》裡，他隨時隨地都在進行心理的分析，特別是考慮重要問題，都從觀眾心理著眼。上文所介紹的「淨化」說，「過失」說，關於悲劇情節的看法以及關於美感的看法，都足以說明這一點。此外，《詩學》裡還有一段專門討論美，另一段專門討論喜劇，附帶地提到醜，也都是心理分析的範例。這兩段雖都是斷簡零篇，對美學思想的發展史卻很重要，所以應該在這裡介紹一下。

關於美的一段是在第七章：

> 一個有生命的東西或是任何由各部分組成的整體，如果要顯得美，就不僅要在各部分的安排上見出一種秩序，而且還須有一定的體積大小，因爲美就在於體積大小和秩序。一個大小的動物不能美，因爲小到無須轉睛去看時，就無法把它看清楚；一個太大的東西，例如一千里長的動

物，也不能美，因為一眼看不到邊，就看不出它的統一和完整。同理，戲劇的情節也應有一定的長度，最好是可以讓記憶力把它作為整體來掌握。

這裡指出了美的客觀標準，同時也指出了這種客觀標準與人的認識能力的密切聯繫。事物如果要顯得美，一方面要靠它本身的特質，一方面也要靠觀衆的認識能力。

關於喜劇和醜的一段在《詩學》第五章：

> 喜劇的摹仿對象是比一般人較差的人物。所謂「較差」，並非指一般意義的「壞」，而是指具有醜的一種形式，即可笑性（或滑稽）。可笑的東西是一種對旁人無傷，不致引起痛感的醜陋或乖訛。例如喜劇面具雖是又怪又醜，但不致引起痛感。

這裡有三點值得注意，第一點是把「醜」作為一個審美範疇提出，喜劇裡不但摹仿的物件醜（人物），而且摹仿的成品（面具）也醜。這種醜的存在卻不妨礙人把喜劇作為藝術來欣賞。這事實就引起一些頗難解決的美學問題：醜能否化為美，醜在藝術中是否可以有地位？醜是否可以作為審美的物件？醜與美的關係究竟如何？這些問題在後來美學中是經常爭論的，這裡當然不能詳談，只略提「醜」這個審美範疇提出的重要性。其次，「可笑的東西是一種對旁人無傷，不致引起痛感的醜陋或乖訛」這句定義是深刻的。後來許多關於喜劇和滑稽的理論都可以在這句話裡找到萌芽（例如康德的乖訛說、柏格蓀的機械動作說等）。第三，悲劇定義中著重行動情節，喜劇定義中卻著重人物性格的醜陋乖訛，這種分別是正確的、重要的，一般戲劇作品都可以證明。

四、亞理斯多德的美學觀點的階級性

亞理斯多德從社會觀點看文藝，往往不免流露一些他的貴族階級的意識形態。最明顯的例子是他所定的悲劇主角的條件之一就是「享有盛名的境遇很好的人，例如伊底帕斯、提厄斯特斯以及出身於這樣家族的名人」⑲。這就是說，只有上層貴族階級的人物才可以當悲劇主角。這個思想長久地統治著西方戲劇界。對於過去社會來說，它未始沒有片面的眞理，因爲統治階級人物有較多的機會去發出社會影響重大的行動。但是在社會主義社會裡，不平凡的事往往是平凡的人所做出來的，所以亞理斯多德的規律就不能適用於近代戲劇小說或電影。

其次，亞理斯多德在《政治學》裡所設計的文藝教育，也像在柏拉圖的〈理想國〉裡一樣，只以統治階級的青年爲對象。他特別著重音樂，但是主張兒童只應學會欣賞音樂，卻不應自己去演奏，來供旁人娛樂。兒童也應學圖畫，但是目的不在當畫師，只在培養對美的形象的欣賞力以及藝術品收藏家的鑒別力，他認爲涉及工匠技藝和勞動，便會降低貴族文化人的身分。他說得很明白：「我們的教育計畫排除關於音樂演奏的職業性的訓練以及一切具有

---

⑲《詩學》，第一三章。

職業性的課程」[20]，從此可知，亞理斯多德和柏拉圖一樣，對於職業性的技藝以及把文藝作爲職業性的活動，都是極端輕視的。

第三，最根本的還是亞理斯多德對文藝所採取的觀點完全是靜觀的觀點。我們在上文已介紹過他對人類活動的區分以及他把認識或觀照看成人生的最高幸福。他不但把認識的活動和實踐的活動完全分開，而且認爲實踐活動希求達到外在的目的，遠不如認識活動那樣沒有外在的目的，「無所爲而爲」，在平靜中欣賞它自身所產生的樂趣。因此，他談到文藝，也想把它看成只關觀照的認識活動，不把它作爲一種實踐活動，古希臘人的最高幸福理想是神的生活，而神的活動，據亞理斯多德看，是寂靜的，不帶動態的。[21]人應該像神一樣，從靜觀默想中得到最高的快樂，藝術也應該表現出神的莊嚴靜穆，才眞達到最高的風格。這就是一般批評家們所常說的「古典的靜穆」。這種靜穆理想正是古希臘文藝理論與實踐都偏重靜觀的結果，同時也是奴隸主的生活理想的反映。所以亞理斯多德在倫理和藝術兩方面部採取了靜觀的觀點，是有歷史根源與階級根源的。蘇聯美學史家阿斯木斯特別強調亞理斯多德的這一個弱點，認爲他把創造和欣賞都看成「被動的反映」，而他所定的一些審美的規範也只是「消費者」的規範，「只關心到要遵照它們才能達到美感欣賞或觀照的那一類的規

⑳《政治學》，第七章。

㉑《形而上學》10746。

則」㉒，除掉「被動的反映」一點以外，這話是說得很透闢的。不過側重靜觀是過去西方美學思想中一個普遍的長久存在的弱點，直到馬克思在《費爾巴哈論綱》裡指出靜觀觀點與實踐觀點的分別和關係之後，實踐觀點才逐漸在美學界占上風。

五、結束語

亞理斯多德處在古希臘哲學、文藝以及一般文化都已發展到可以做總結的時代，而他在哲學方面特別是在邏輯學和自然科學方面，都有足夠的修養來做這種總結。他的《詩學》和《修辭學》都是西方最早的具有科學系統性的有關美學的著作。由於他一方面總結了古希臘文藝的最高成就，一方面建立了一些規範性的理論，所以他在西方文藝思想界發生了長久的深刻的影響。

他的基本哲學觀點是徘徊於唯心主義與唯物主義之間的，但是對於文藝與現實關係問題，他的看法卻基本上是唯物主義的、現實主義的，由於他放棄了柏拉圖的客觀唯心主義的「理式」，認識到普遍與特殊的統一，這就使他能批判柏拉圖的文藝「和眞實隔著三層」的謬論，肯定了文藝的客觀眞實性。還不僅此，他還批判了柏拉圖的摹仿只是抄襲表面現象的看法，認爲摹仿應揭示事物發展的普遍性和必然性，詩的靈魂在它的內在邏輯，要表現出某種人物在某種情境所言所行，都是必然的，合理的，具有普遍性的。這就替典型說打下了基

㉒ 見阿斯木斯的《古代思想家論藝術》序論。

礎。從普遍性與必然性兩個概念出發，他又建立了藝術有機整體的概念。事物的內在邏輯本身就要求有機整體的形式來表現，這是內容與形式統一原則中的一個最基本的意義。根據有機整體的概念，他斷定了悲劇是古希臘詩的最高形式，在悲劇裡情節結構是最基本的要素，人物性格只有在見諸行動即表現在情節結構裡才有意義，而且情節結構要單一而完整（即三一律中的動作的整一）。由於他要求一切有科學的解釋，他也放棄了古希臘人所深信的命運觀以及柏拉圖所主張的靈感說。

就文藝的社會功用問題來說，他經常是把這問題和文藝的心理根源與心理影響問題擺在一起來考慮的。他認爲摹仿是學習的基礎，是人類生來就有的自然傾向，愛好節奏和諧之類美的形式也是人類生來就有的自然傾向。自然傾向就是生機，它要求宣洩，要求滿足，否則心理健康就會受到影響，因此，文藝激發情緒，產生快感，並不是什麼壞事，像柏拉圖所說的。總之，他肯定了文藝的要求是一種自然的要求，因此，也就有它的存在理由以及它的社會功用。他雖然指出文藝標準不同於政治標準（包括倫理標準），但卻不認爲評判文藝只靠文藝標準就行，如一般資產階級文藝理論者所主張的。恰恰相反，他總是把美和善、文藝和道德，聯繫在一起來考慮問題的。最典型的例證是他的悲劇「淨化」說和悲劇主角「過失」說。他認識到文藝能發生深刻的教育作用，所以在《政治學》裡定出了詳細的文藝教育計畫。

亞理斯多德的文藝思想，由於受到赫拉克利特的影響，不但有些唯物主義因素，而且有些自發的樸素辯證法的因素，這主要表現於下列各點：1.詩的眞理是普遍與特殊的統一，這不但已建立了典型說，而且也已隱含黑格爾的「美是理念的感性顯現」那個定義：2.藝術反映現實，但須經過理想化，「照事物應當有的樣子去摹仿」，主觀理想應與客觀規律符合，這裡已見出「主觀與客觀的統一」；3.藝術是有機的整體，部分與全體密切聯繫，才產生和諧；4.在人物性格的塑造中，藝術的考慮與倫理的考慮須統一，不應像柏拉圖那樣片面地從政治觀點看藝術，這裡已隱含政治標準與藝術標準的統一；5.文藝的功用首先在對客觀事物的認識，其次在形式和諧所引起的美感；情節的內在邏輯要求布局有頭有尾有中部；這裡已隱含內容與形式統一而內容起決定作用的原則。

在某些問題上，特別是在主張上層統治人物才能做悲劇主角，輕視技藝和文藝職業以及把靜觀懸為文藝的最高理想等方面，他反映出當時奴隸主階級的意識形態，因而暴露出他的歷史局限性。

第四章

亞力山大理亞和羅馬時代：賀拉斯、朗吉弩斯和普洛丁

古希臘的政治經濟到了西元前四世紀，由於奴隸制的生產關係已不能適應當時生產力發展的水準，開始遇到危機。政治中心由雅典移到北方的馬其頓，馬其頓的國王亞力山大（西元前三五六—三二二）在不到十年之中，憑軍事力量，開創了一個橫跨歐非亞三洲的龐大帝國。但是這個帝國統治之下的許多民族既是僅憑軍事力量統一起來的，內部組織鬆散，所以亞力山大一死，它立即四分五裂。從此西方政治中心就逐漸由希臘移到羅馬。羅馬鼎盛是從西元前一世紀開始的，前此約莫三百年中，古希臘文化還經過一個「同化希臘的」或亞力山大理亞的階段。亞力山大理亞是埃及的一座名城，是由亞力山大部下統治非洲的將軍托雷密所建立的。這個地方在西元前三世紀左右，繼腓尼基亞成爲地中海沿岸各民族的商業中心，工商業的繁榮引起了文化的繁榮。托雷密在此建立了一座當時規模最大的圖書館和一座帶有科學研究機構性質的博物館。這就從古希臘吸引來大批學者，包括亞理斯多德的許多門徒，托雷密本人就是亞理斯多德的一個門徒。他們成立了一些學派，開創了一種經院式的學術風氣，他們對於科學和哲學的研究在當時西方發生了廣泛的影響。羅馬之接受希臘文化，在很大程度上是通過亞力山大理亞的媒介。

亞力山大理亞的文化終究是西方文化進入長期低潮的開始。個人與城邦集體統一的那種古希臘盛世的政治情況已經一去不返，個人已從社會分裂開來，進行一些獨立的分散的活動。亞力山大理亞的學者們就大半是些脫離現實的關在書齋裡辛勤鑽研的學究，不像柏拉圖和早期詭辯學派那樣積極參加政治鬥爭。他們的視野很窄狹，也沒有偉大的社會理想和社會力量來鼓動他們的思想，因此這個階段沒有成就突出的偉大人物。

統治這個時期乃至羅馬時期的哲學思想主要有三派：伊壁鳩魯派、斯多噶派和懷疑派，都起源於西元前四世紀和三世紀。伊壁鳩魯派在三派之中是最進步的。他們繼承德漠克利特的原子論的傳統，相信物質是現實世界的基礎，感覺經驗是認識的基礎。在倫理方面，他們認爲人生最高的目的在快感，而快感據說就是「不受身體方面的痛苦和精神方面的憂慮」。他們雖然否認快感就是感官享樂，但是一般把伊壁鳩魯主義加以庸俗化的人總是把它的人生理想了解爲感官享樂。這種人生理想畢竟帶有頹廢意味，因爲它特別側重個人主義和恬淡靜穆的生活。斯多噶派在早期繼承赫拉克利特的傳統，本來有些唯物的和辯證的傾向，但是到後期卻轉變爲反動的唯心主義的，宣揚命定主義和禁欲主義，認爲人生最高理想是靜觀默想，絲毫不動情感，絲毫沒有欲望。這裡頹廢色彩是很顯著的。懷疑派以庇雍（西元前三六五—二七五左右）爲代表，宣揚事物不可知論，因此，他們認爲對事物最好不下判斷，不置可否，這樣才可以保持心境的平靜安寧，寂然不動。値得注意的是這三派在人生觀方面是彼此很接近的，他們都反對情感的激動，都提倡個人心境的安寧靜穆。他們對於用實踐行動來改變世界都缺乏信念，都把最高理想擺在清靜無爲，無憂無慮上面。這顯然反映出奴隸社會的開始瓦解和西方古代文化的開始衰頽。

衰頽跡象在文藝理論和美學思想方面也表現得很清楚。亞力山大理亞學者們既沒有一種昌盛的新的文藝創作實踐做基礎，又沒有一種結合現實生活的有強大生命力的哲學思想做基礎，所以他們對於文藝的研究，已由文藝對現實的關係和文藝的社會影響之類根本問題轉到形式技巧的分析。他們的產品主要的是些修辭學論著，縱然偶爾涉及詩學，也還是從修辭學的角度來看詩學問題。有人把亞理斯多德死後五六百年的時期（包括羅馬時期）叫做「修辭學的時期」，這是很有見地的。這時期修辭學論著確實是如雨後春筍，多至不可勝數，他們的功績在於奠定了修辭學和語法學的基礎，鑄造了這兩門科學中的一些術語，提出了一些分類標準。他們對於古典作品的分析和比較文學的研究也樹立了一些典範。在他們作品中披沙揀金，往往也可以找出一些有理論價值的見解，例如斯多噶派修辭學家指出語言與思想的統一，斐羅斯屈拉特（西元三世紀）在傳統的「摹仿」概念之外，提出了「想像」一個概念，認爲「想像」比「摹仿」是「更明智的匠人」，「摹仿造出它所見過的，想像則造出它所沒有見到而只根據現實比擬來假設的」。①不過總的來說，亞力山大理亞學派修辭學大半偏重形式技巧，理論性不強，比較繁瑣枯燥。

羅馬時期的文藝理論和美學思想大半都受到亞力山大理亞學派的影響，所以也染到這派風氣中的一些缺點和毛病。在羅馬時期，開始了長久統治西方的崇拜古典的風氣。無論在創作方面還是在理論方面，羅馬人都把古希臘的成就看作不可逾越的高峰，古希臘人強調藝術摹仿自然，羅馬人也接受了這個現實主義的基本原則，卻更強調「摹仿古人」，羅馬詩人們大半都從摹仿希臘古典入手，例如維吉爾（西元前七〇—一九）在史詩方面摹仿荷馬，在田園詩方面摹仿希阿克利特。文藝理論家們也大半寸步不離亞理斯多德，到晚期又逐漸轉向柏拉圖。

---

① 參看本編第二十章（二）。

趁此須略談一下古典主義。這在羅馬時代就已開始形成，它廣泛流行於文藝復興時代（文藝復興的本義就是「古典學術的復興」），演變爲十七八世紀的新古典主義。這個古典主義何以在羅馬時期形成呢？這裡主要的原因是政治的。第一，羅馬文藝的鼎盛時期是在西元前一世紀奧古斯都時代，這時羅馬人通過長期侵略戰爭，已把一個共和政體的城邦變成一個軍事統治的龐大帝國，久已開始的生產力的發展與落後的奴隸生產關係之間的矛盾更加尖銳化，民族間、階級間以及統治階級內部的鬥爭都日趨劇烈，大規模的區域暴動和奴隸起義經常發生，所以羅馬統治階級的最艱巨的任務是維持政權。這就迫使他們傾全力於軍事、交通、貿易、政治、法律、稅收以及農業、水利、建築之類實際工作。因此，羅馬文化的突出成就也主要在這些方面。他們沒有餘力，也沒有需要，在哲學和文藝方面獨自開闢一個新天地，由於羅馬和古希臘同是奴隸社會，基礎大致相同，意識形態不妨一致，所以羅馬接受古希臘古典遺產是順理成章的事。此外，在羅馬本土以及羅馬所統治的許多地區，希臘語是廣泛流行的，文化教育也主要是古希臘的。利用原已存在的統一的文化作爲從思想上統一被征服的各民族的統治工具，這從政治角度來看，對於維持羅馬帝國的政權是有利的。也正是爲了這個緣故，羅馬帝國後來接受了基督教。

羅馬文藝作爲古希臘文藝的繼承來看，不免是「取法乎上，僅得其中」。它的發展很符合一般文化由成熟轉到衰頽時所常現出的規律，原始的旺盛的生命力和深刻的內容已不存在，人們所醉心的是藝術形式的完美乃至於纖巧。古希臘文藝落到羅馬人手裡，「文雅化」了，「精緻化」了，但是也膚淺化了，甚至於公式化了，羅馬的拉丁古典主義與其說近於古希臘，無寧說更近於亞力山大理亞。在文藝理論與美學思想方面情形也大致如此。

在亞力山大理亞和羅馬時期，我們在無數文藝理論家和修辭學家之中，只選了賀拉斯、朗吉弩斯和普洛丁三人爲代表。賀拉斯是拉丁古典理想的奠定者，對文藝復興和新古典主義時代起過深刻的影響。朗吉弩斯的《論崇高》彌補了亞理斯多德的《詩學》的一個缺陷，把文藝的情感效果生動地表現出來，流露了一些浪漫主義的傾向，普洛丁在三人之中算是自有一個哲學系統的，他是新柏拉圖主義的開山祖，中世紀基督教神祕主義美學思想的主要來源，形成古代與中世紀美學思想的橋梁。

一、賀拉斯

賀拉斯（Horatius，西元前六五—西元八）生在羅馬文學的黃金時代，即所謂奧古斯都時代，與維吉爾和瓦留斯兩位大詩人同時。他自己也是一個有才能的諷刺詩人和抒情詩人。他的《論詩藝》本是給羅馬貴族庇梭父子論詩的一封詩體信。據說這是根據古希臘學者尼阿托雷密的一部論詩的著作寫的。其中創見不多，但代表當時流行的一些文藝信條。內容分三部分，第一部分泛論詩的題材、布局、風格、語言和音律以及其他技巧問題，第二部分討論詩的種類，主要講戲劇體詩，特別是悲劇；第三部分討論詩人的天才和藝術以及批評和修改的重要性。這三部分的思想層次往往很零亂，儘管作者再三強調詩文要講究層次布局。就性質來說，這篇作品與其說是理論的探討，不如說是創作的方劑。

在泛論裡賀拉斯沒有深入討論文藝本質問題，大體上接受了傳統的藝術摹仿自然的觀點。他勸詩人「向生活和習俗裡去找眞正的範本，並且從那裡吸收忠實於生活的語言」。在「摹仿」之外，他提出了一個新的概念——「創造」。創造可以憑想像虛構，但是「爲引起娛樂而作的虛構須緊密接近事物的眞相」。「如果爲追求變化多采而改動自然中本是融貫整一的題材，那就會像在樹林裡畫條海豚，在海浪裡畫條野豬，令人感到不自然。」因此，「好作品的源泉在於正確的思辨。」總的來說，賀拉斯的文藝觀基本上是符合現實主義的。

但是這也只是膚淺的現實主義。這表現在他對於人物性格的看法。有人以爲賀拉斯是典型性格說的主要提倡者，其實他所了解的「典型」只是定型和類型，定型是傳統人物的傳統寫照，他說：

> 寫劇本如果再用「遠近馳名的」阿基里斯，你就得把他寫成一個暴躁，殘忍的兇猛的人物，不承認一切法律，法律彷彿不是爲他而設的，他要憑武力解決一切……

所以要把他寫成這樣，是因爲荷馬在《伊利亞德》史詩裡是這樣寫的。這好比中國舊戲寫曹操，一向都把他寫成老奸巨滑，這已經成了定型，後來的作家就不敢翻案。這種定型說是和崇拜古典的觀點一致的，只能說是一個極端保守的觀點，與我們所理解的揭示人物本質的典型性格並不是一回事。

關於類型，賀拉斯舉不同年齡的人物爲例，說幼年、青年、中年和老年各有一種共同的性格，例如「老年人一般多煩惱，因爲他們總是貪得無厭，掙來的錢只知儲蓄，捨不得享受；同時他處理一切事務總是沒精打采，遲疑不定，縮手縮腳，不敢抱大希望。貪生怕死，動不動就生氣，老是頌揚過去，一開口就是『當我年輕的時候』，對青年後進總愛批評責備」。他勸告作者說，「如果你想觀衆靜聽終場，鼓掌叫好，你就必須根據每個年齡的特徵，把隨著年齡變化的性格寫得妥貼得體」，「不要把老年人寫成青年人，也不要把小孩子寫成老年人」。從此可見，賀拉斯所說的是同類人物的共性，是一種由概括化得來的抽象品，是數量上的總結而不是共性與個性統一的有血有肉的典型性格。如果我們回想一下亞理斯多德在《詩學》第九章裡關於詩的普遍性所說的話，就不難看出賀拉斯在典型問題上不是前進了而是倒退了。亞理斯多德在《修辭學》卷二第十二到十六節裡爲著說明修辭家須了解聽衆性格時，也曾經就人的年齡和境遇，分成若干類型，但是著眼在文詞對觀衆的效果，而不在文學所要反映的人物性格的典型。賀拉斯關於三種年齡的類型的說法可能受到亞理斯多德的影響。這種類型說是與「普遍的人性」一個概念密切聯繫的，過去古典主義派所理解的「典型」大半就是這種類型。這也是「典型」的意義之一，但也只是一個膚淺的片面的意義，它容易導致公式化和概念化。

在詩的功用問題上，賀拉斯的看法對後來人的影響比較大。前此存在著文藝應不應該以產生快感爲目的的問題。我們記得，柏拉圖只看重詩的教育功用，把「滋養快感」看作詩的一大罪狀。亞理斯多德才承認詩產生快感是合乎自然的，同時也承認詩的教育功用乃至於保健功用。賀拉斯認爲詩有教益和娛樂的兩重功用，本來他也沒有說出什麼新的東西，不過他的話說得比前人簡潔而明確：

詩人的目的在給人教益，或供人娛樂，或是把愉快的和有益的東西結合在一起。

這就成了一個公式，後來文藝復興和新古典主義時代的文藝理論家們反覆地援引過，討論過。在另一段裡，賀拉斯還強調詩對開發文化的作用，舉例證說，奧浮斯②「使森林裡的野蠻部落放棄殘殺的粗野的生活」，此外還有些古代詩人「劃定人與國的界限和神與凡的界限，建立城廓，防止姦淫，替夫婦定出禮法，把法律刻在木板上」，歌頌英雄，鼓舞鬥志，以及「用詩篇來傳達神旨，給人指出生活的道路」。從文藝復興時代起，西方不斷地出現所謂「詩的辯護」，大體上都是摹仿這段話的口吻。

《論詩藝》對後來發生影響最大的在於古典主義的建立。賀拉斯勸告庇梭父子說：

你們須勤學希臘典範，日夜不輟。

這句勸告成爲新古典主義運動中一個鮮明的口號，布瓦洛、波普等人都應聲複述過，這句口號強調古典文化的繼承，原有它的積極的一方面，但是不建立在批判的基礎上，繼承就必流於保守。這表現在賀拉斯所建立的一系列的教條上。首先是文藝選材的問題。賀拉斯雖然承認選材可以「謹遵傳統」，即沿用舊題材，也可以獨創，即運用新題材，但是在這兩種辦法

---

② 希臘傳說中的古詩人。

之中，沿用舊題材是比較穩妥的。他說得很明確：

> 用自己獨創的方式去運用日常生活的題材，這是一件難事，所以你與其採用過去無人知曉，無人歌唱過的題材，倒不如從《伊利亞德》史詩裡借用題材，來改編成爲劇本。

這句勸告是歐洲劇作者長期遵守的。只消把法國十七世紀高乃依和拉辛的悲劇題材作一個統計，便可看出絕大部分都是古希臘羅馬的舊題材。莎士比亞的悲劇也大半取材於歷史或前人作品。到了啓蒙運動，狄德羅和萊辛對嚴肅喜劇或市民劇的提倡多少改變了這個沿用舊題材的風氣，但是也並沒有完全把它廢去，歌德的《浮士德》和《伊菲革涅亞》都可以爲證。

其次關於處理題材的方式，賀拉斯的看法也基本上是保守的。上文已經提到，沿用古典作品中的人物，還必須遵照古人所寫的那種定型。連詩的格律，賀拉斯也主張拉丁詩應沿用古希臘詩的格律，儘管這兩種語言在音調上有很大的分別。他說，「國王和將領的事蹟和戰爭的悲慘應該用什麼格律去寫，荷馬已經樹立了典範」。但是在詩的語言問題上，賀拉斯的觀點卻是進步的。他承認詞彙在不斷地新陳代謝，「人手製造出來的東西都必終於消逝，語言的美妙更難萬古長青。許多久已過時的字還會復活，現在大家都稱讚的字將來也會消亡。這一切都取決於習慣，習慣才是語言的裁判、法則和規律」。因此，賀拉斯不反對詩人運用日常生活中的詞彙，甚至不反對鑄造新字來表示新事物。他把新字叫做「帶有時代烙印的字」。

賀拉斯強調摹仿古典，但也反對生搬硬套，或者「逐句逐字的翻譯」。沿用舊題材，也並不妨礙反映新生活，他稱讚拉丁詩人說：

> 我們本國詩人試用過各種體裁，特別可引以為榮的是他們並不墨守古希臘陳規，能在悲劇和喜劇裡歌頌我們自己民族的事蹟。

這就是承認舊瓶可以裝新酒。

古典主義者都號召向古典文學作品學習，究竟古典文學的理想是什麼呢？或則說，根據古典主義者的看法，詩所必不可少的品質是什麼呢？賀拉斯的回答是「合式」（decorum）或「妥貼得體」。「合式」這個概念是貫串在《論詩藝》裡的一條紅線。根據這個概念，一切都要做到恰如其分，叫人感到它完美，沒有什麼不妥當處。這主要是對於藝術形式技巧的要求。亞理斯多德在《詩學》和《修辭學》裡已一再涉及這個概念，但是並沒有過分強調。到了羅馬時代，「合式」就發展成為文藝中涵蓋一切的美德。

「合式」這個概念首先要求文藝作品首尾融貫一致，成為有機整體。有機整體也是亞理斯多德在《詩學》裡特別強調的，不過他是專就作品的內在邏輯和結構來說的。賀拉斯進一步把整體概念推廣到人物性格方面：

> 如果你把前人沒有用過的題材搬上舞臺，敢於創造新人物，就必須使他在收場時和初出場時

一樣，前後完全一致。

這話說得很含混，如果指人物不能有發展和轉變，那就是不正確的：如果指人物的發展要依內在的必然性，那就當然是正確的。

整體概念與和諧概念是密切聯繫的。《論詩藝》一開始就用了一個譬喻，說明一部作品不能「把不相協調的形象胡亂拼湊在一起」，說這種作品就好比一幅畫在馬頭上安上人頭，上身是美女，下身卻拖著一條又黑又醜的魚尾巴。因此，他就定下一條規則：「不管你寫什麼，總要使它單純，始終一致」。

賀拉斯還把和諧整體的要求推廣到風格方面。他反對爲著炫耀，在作品中插進一些色彩特別鮮豔的與上下文不協調的詞藻。他把這種賣弄詞采的段落取了一個有名的綽號——「大紅補釘」。

根據「合式」的概念，賀拉斯替戲劇制定了一些「法則」，例如每個劇本「應該包括五幕，不多也不少」；每場裡「不宜有第四個角色出來說話」；醜惡兇殺的情節只宜通過口頭敘述，不宜在臺上表演；悲劇和喜劇各有合式的語言和格律，不能亂用；語言要適合人物的性別、年齡、職業和社會地位之類。這些「法則」大半來自當時戲劇實踐，原來各有理由，不過賀拉斯有把它們定成死板規律的傾向，這對於後來西方戲劇的發展有時成了一種束縛。

「合式」牽涉到文藝標準問題，合什麼「式」呢？這「式」是由誰定的呢？它是否一成不變呢？古典主義者大半都是普遍人性論者。他們相信人性中都有理性，無論就創作還是就欣賞來說，理性都是判斷好壞的標準，賀拉斯所要求的「合情合理」、「一致性」和「正確的思辨」其實都假定普遍永恆的理性。我們知道，「思辨」與「判斷」是意識形態方面的事，總不免要牽涉到思辨者與判斷者的主觀因素、歷史背景和階級立場，絕對普遍永恆的理性和「式」都是不存在的，賀拉斯的「合式」概念畢竟還是奴隸主階級意識的表現，合式其實主要是合有教養的奴隸主的「式」。當時文化日漸發達，下層階級已開始參與文藝活動，他們的趣味和要求（他們的「式」）已開始發生影響；在賀拉斯看，這不免破壞「合式」的準則。在短短的四百幾十行的《論詩藝》裡，他對此一再深致慨歎，一則說，「試想一些沒有教養的鄉下人出來度節日，和城裡貴族們混在一起，你能指望他們有什麼文藝趣味呢？」再則罵新近的戲劇「滿口淫詞穢語，只會博得買炒栗炒豆吃的人們的讚賞，凡是有馬有家族有財產的人就會起反感」。這些話都足證明賀拉斯的「合式」的理想是和羅馬貴族的生活理想分不開的。

當時羅馬貴族的生活理想也在改變，工商業的繁榮使過去的土地貴族變成工商業貴族，金錢的盤算和追求對文藝發生不利的影響，賀拉斯對此也深致感慨：

> 從前希臘人只一心一意追求榮譽，詩神才把天才和完美的表達能力賜給他們。我們羅馬人從小就長期學打算盤，學會秤斤較兩……既然這樣利慾薰心，我們怎麼能希望寫出好詩歌，值得塗上松脂，放在柏木錦匣裡珍藏起來呢？

這段話不但說明了「對於錢袋的依賴」不利於文藝發展，在奴隸社會已然；也說明了羅馬文藝在它的鼎盛時期就已開始呈現衰頹的跡象了。

《論詩藝》大部分是對有志從事文藝創作者談經驗教訓，賀拉斯要求藝術的正確完美，但也看到「過分小心，怕遭風險，那只好在地上爬著走」，「連荷馬也有時打盹」；在天資與人力的關係上，他認爲「沒有天資而專靠學習，或是只有天資而沒有訓練，都沒有用處，這兩個因素必須結合在一起，相輔相成」；他警告詩人，「凡庸得不到寬恕，神、人和書賈都不會寬恕詩人的凡庸」，但是詩人也要量力，「哪些是你的肩膀無力擔負的，應經過長久的考驗」；他提醒詩人要懂得「修詞立其誠」的道理，「你如果要我哭，你自己就得首先感到悲傷」；他特別勸告詩人多修改，不要急忙發表；要虛心對待批評，這一系列的忠告都是有益的，往往帶有辯證意味的，儘管大半都是些老生常談。

《論詩藝》對於西方文藝影響之大，僅次於亞理斯多德的《詩學》，有時甚至還超過了它。這對於許多讀《論詩藝》而感覺它平凡枯燥的人不免引起疑問：賀拉斯的成功祕訣究竟在哪裡呢？這主要在於他奠定了古典主義的理想。他雖然有些保守，他的基本觀點卻是現實主義的。他把他所理解的古典作品中最好的品質和經驗教訓總結出來，用最簡潔而雋永的語言把他的總結銘刻在四百幾十行的「短詩」裡，替後來歐洲文藝指出一條調子雖不高而卻平易近人、通達可行的道路。這並不是一件可輕視的工作，他的成功並不是僥倖的。

二、朗吉弩斯

《論詩藝》以外，羅馬時代的文藝理論著作對後代影響最大的就是《論崇高》。它的作者是誰，寫於哪個世紀，現在還很難斷定，過去一般學者都認爲這部書的作者就是西元三世紀雅典修辭學家，做過敘利亞的帕爾米拉的韌諾比亞王后顧問的卡蘇斯・朗吉弩斯（Casius Longinus, 213-273）。這個看法到了十九世紀就引起異議。有一些學者舉了一些例證，說《論崇高》的作者不是三世紀的朗吉弩斯，而是一世紀的另一位朗吉弩斯或修辭學家達奧尼蘇斯。但是這些論證還不能說是充分的。書中引到希伯來的《舊約》，可能不屬於基督教在羅馬尚遭禁止和迫害的西元一世紀。它比賀拉斯的《論詩藝》較晚，作者不是羅馬人而是古希臘人，這些都是可以確定的。這部書埋沒了很久，到了文藝復興時代，才由義大利學者勞鮑特里把它印行出來，一六七四年法國新古典主義者布瓦洛把它譯成法文，以後就引起了廣泛的注意。

《論崇高》，或則較恰當地說，「論崇高風格」，是一封寫給一位羅馬貴族的信。前此有一位開什琉斯曾寫過一篇討論崇高風格的著作，朗吉弩斯對這部著作不滿意，所以提出他自己的研究結果。因爲長久埋沒，《論崇高》已經有些殘缺。作者的意圖是找出崇高風格的因素。依他看，這有五種（他的提綱在第八章），即「掌握偉大思想的能力」，「強烈深厚的熱情」，「修辭格的妥當運用」，「高尚的文詞」和「把前四種聯繫成爲整體的」「莊嚴而生動的布局」。前兩種因素要靠自然或天資，後三種要靠藝術或人力。這五種因素有一個「共同基礎」，那就是「運用語言的能力」。全書就是按照這五種崇高風格的來源順序討論的。在分析中作者從古希臘羅馬以及其他民族的古典作品中引例論證。所以這部書主要屬於修辭學範圍。

要了解這部論著的地位和重要性，我們最好拿它和《論詩藝》作一比較，看哪些論點是和《論詩藝》基本一致的，哪些論點是《論詩藝》所沒有的，因而能見出它的獨創性的。首先，朗吉弩斯和賀拉斯一樣，也是一個古典主義者。《論崇高》的主要任務就在指出古希臘羅馬古典作品的「崇高」品質，引導讀者去向古典學習。不過他和賀拉斯在對古典的態度上畢竟有所不同。賀拉斯談到摹仿古典時所側重的是從古典作品中所抽繹出來的「法則」和教條，朗吉弩斯則強調具體作品對於文藝趣味的培養。他主張讀者從具體作品中體會古人的思想的高超，情感的深刻以及表現手段的精妙。長期地這樣沉浸在古典作品裡，就會受到古人的精神氣魄的潛移默化，或則說，「得到靈感」，「在狂熱中不知不覺地分得古人的偉大」（見第十三章）。他還強調學習古人不應滿足於古人的成就而應和古人「競賽」，爭取超過他們：

> 這些偉大的人物（上文提到荷馬——引者）昂然挺立在我們面前，作爲我們競賽的對象，就會把我們的心靈提到理想的高度。
>
> ——第十三章

這是一個新的提法。從此可見，作者認識到繼承和發揚光大是分不開的。

古典主義者大半有一個共同信念，認爲經得起各階層讀者在長時期裡的考驗，能持久行遠，才算是眞正好的作品或「古典」。這就是普遍永恆標準或絕對標準說的實質。朗吉弩斯是一個最早的明確地提出這種看法的人：

> 一篇作品只有在能博得一切時代中一切人的喜愛時，才算得眞正崇高。如果在職業，生活習慣、理想和年齡各方面都各不相同的人們對於一部作品都異口同聲地說好，這許多不同的人的意見一致，就有力地證明他們所讚賞的那篇作品確實是好的。
>
> ——第七章

絕對標準說的哲學基礎就是普遍人性論。就正確的一面來說，它肯定了標準的存在以及人民性的重要；就錯誤的一面來說，它忽視了歷史發展觀點和階級觀點。

在文藝與現實的關係上，古典主義者大半深信文藝要有現實生活做基礎。他們不排斥虛構，但是虛構也要「緊密接近事物的眞相」，要「合情合理」，這道理賀拉斯提到過，朗吉弩斯也說：「作家的想像只有在能產生眞實感時才算運用得最好。」（第十五章）眞實是同時就客觀和主觀兩方面說的，一方面要忠實於客觀現實，一方面也要如實表現作者的靈魂和人格。古典主義者往往把人格的修養看作文藝修養的基礎。賀拉斯曾經提到過一個人只要自己懂得做人的道理，他就會「萬無一失地知道怎樣正確地處理人物性格」，朗吉弩斯也認爲「偉大的語言只有偉大的人才說得出」，「崇高風格是偉大心靈的回聲」（第九章）。

在自然與藝術（即天資與人力）的關係上，賀拉斯和朗吉弩斯都持兩點論。在兩點之中人們往往過分強調自然而看輕藝術，即一般學習和方法技巧的訓練。朗吉弩斯在第二章裡就批判了「天才是天生的，不是學來的」那個流行的觀點，強調「偉大的東西既要有鞭策，也要有約束」，憑天資的作品也要「受技巧規則的約束」，而技巧規則是學來的。這個看法與古典主義者所重視的「理性」和「節制」分不開的。理性和節制表現於「法則」。作爲自然事物的規律，法則是必須遵守的，作爲僵化的公式教條（像在有些新古典主義者手裡那樣），法則也可以在片面要求「正確」的幌子下，成爲創造才能的束縛。朗吉弩斯認識到這種流弊，所以在指出法則的重要性的同時，他也指出天才更爲重要，「藝術應該做自然的助手」，「沒有錯誤，不過可免指責，偉大的才能才引起驚讚」，「始終一致的正確只靠藝術就能辦到，而突出的崇高風格，儘管不是通體一致的，卻來自心靈的偉大」（均見三十六章）。當時流行的「亞力山大理亞的風格」以及羅馬「白銀時代」的文藝作品③，毛病都正在形式技巧的完美超過了前代，卻見不出偉大的精神氣魄。朗吉弩斯的這番話是切中時弊的。

在方法技巧上，古典主義的基本信條是文藝作品在結構方面必須是完整的有機體。我們見過亞理斯多德和賀拉斯都非常重視這一點。朗吉弩斯在分析作品時雖大半只引片段的章句

③「亞力山大理亞的風格」指晚期古希臘風格，技巧成熟，但缺乏有生命的內容。「白銀時代」是繼「黃金時代」即奧古斯都時代來的。

作證，但認爲崇高風格的五大來源之一就是布局，而布局還特別重要，因爲它把其餘四個來源組織成爲整體。他說：

> 文章要靠布局才能達到高度的雄偉，正如人體要靠四肢五官的配合才能顯得美。整體中任何一部分如果割裂開來孤立地看，是沒有什麼引人注意的，但是把所有各部分綜合在一起，就形成一個完美的整體。
>
> ——第四十章

從此可見，他和一般古典主義者一樣，認爲完滿一致的整體就是和諧，也就是美。

以上所說的朗吉弩斯和賀拉斯的一些基本的共同點，說明了當時一些古典主義的共同傳統和共同理想，但是朗吉弩斯和賀拉斯的分歧還更顯著，這說明他的獨創性和風氣的轉變——這可以說是從現實主義傾向到浪漫主義傾向的轉變。賀拉斯雖然也提到文藝的情感效果，但是他的文藝思想的基調卻是側重傳統法則和理智判斷的。他提出了文藝的兩重功用：教益和娛樂。當時修辭學家又特別對散文提出了「說服」一個功用。朗吉弩斯不滿意這種傳統看法，對文藝提出了更高的要求：

> 不平凡的文章對聽眾所產生的效果不是**說服**而是**狂喜**，奇特的文章永遠比只有**說服力**或是只

能供**娛樂**的東西具有更大**感動力**。

——第一章

這裡所說的「狂喜」（希臘文Εϊχδταις，英譯Ecstasy）是指聽眾在深受感動時那種驚心動魄，情感白熱化，精神高度振奮，幾乎失去自我控制的心理狀態。這比「娛樂」或「樂趣」要遠較深刻和強烈。他所要求於文藝的不是平淡無奇，溫湯熱的東西，而是偉大的思想，深厚的感情，崇高的風格；是氣魄和力量，是狂飆閃電似的效果：

崇高風格到了緊要關頭，像劍一樣突然脫鞘而出，像閃電一樣把所碰到的一切劈得粉碎，這就把作者的全副力量在一閃耀之中完全顯現出來。

——第一章

這種對強烈效果的要求，像一條紅線貫串在《論崇高》全書裡。這首先表現在對具體作品的分析和比較上。有名的第九章對《伊利亞德》和《奧德賽》兩部史詩的比較就是一個很好的例證。朗吉弩斯指出《伊利亞德》充滿著戲劇性的動作和衝突，深摯的情感，眞實而生動的形象和始終一致的崇高風格，而《奧德賽》卻缺乏這些優點。因此，他斷定後一部是荷馬老年的作品，說它「好比落日，雖然還是一樣偉大，而強烈的光輝卻已不存在了」。他還指出《伊利亞德》是戲劇性的，把生動的情節直接擺在眼前，而《奧德賽》則「把重點擺在人物性格的描繪上」；他認爲這種嘮叨的敘述是「由於熱情的衰退」，是「老年人的特別標誌」。從此可見，他把動作或情節看得比人物性格更重要，是和亞理斯多德一致的。不過亞理斯多德側重動作，是因爲以動作爲綱，容易見出內在邏輯和達到結構整一；朗吉弩斯側重動作，是因爲最能打動強烈情感的是動作的直接表演而不是人物性格的間接描繪。

他對古希臘大演說家德漠斯特尼斯和羅馬大演說家西賽羅作比較，也得出類似的結論：前者比後者偉大，因爲前者「具有烈火般的氣魄」，「以他的力量、氣魄、速度、深度和強度，像迅雷疾電一樣，燃燒一切，粉碎一切」，而「西賽羅卻像一片燎原的大火，四方八面地燃燒」，這就是說，廣度有餘，速度、深度和強度都不足。從他所舉的許多例子看，朗吉弩斯很看重「眞實而生動的形象」。對形象的重視在當時還是少見的。

朗吉弩斯的看法往往是辯證的，他雖然把情感抬得極高，卻也並不抹煞理智，這在第三十九章所作的音樂與文學的比較中可以見出。他認爲音樂的和諧只藉本身無意義的聲音造成一種節奏的運動，「迫使聽衆跟著這節奏運動，使自己和樂音相應」。因此，它的「極大的迷人力量」「不是由人的心思產生出來的」，即不是通過理智而只通過感官的。文學則較高一層，「它的和諧不只是由聲音而是由文字意義組成的，而文字對於人是自然的，不僅能打動聽覺，而且能打動整個的心靈」；「通過由文詞建築起來的巨構，作者能把我們的心靈完全控制住，使我們心醉神迷地受到文章所寫出的那種崇高、莊嚴、雄偉以及其他一切品質的潛移默化」，總之，文學比音樂具有更大的感動力，因爲它不僅訴諸感官和情感，尤其重要的是通過文字意義而訴諸理智。這個看法對美學有很重要的意義：它涉及藝術只關感性還是也關理性的問題。朗吉弩斯認爲音樂只關感性而語文藝術更關理性。近代西方象徵主義起來之後，有所謂「純詩」運動，要求詩和音樂一樣，直接用聲音打動聽衆，用不著假道於意義，這是近代感性主義與形式主義猖獗的結果，與朗吉弩斯的看法是背道而馳的。

朗吉弩斯對美學的更重要的貢獻還在於把「崇高」作爲一個審美範疇提出，在這個問題上過去的意見不一致。一派以爲朗吉弩斯所說的「崇高」與後來美學家博克和康德等人所說的「崇高」是一回事，同是一個審美範疇；另一派以爲《論崇高》的希臘原文（περξ γψσμs）譯成拉丁文字的「崇高」（De Sublimate）是譯錯了，朗吉弩斯所討論的是文章風格的雄偉或優異，與美學家們所說的「崇高」並不是一回事。我們認爲第一派意見是正確的，理由有二：第一，沒有理由可以斷定文章風格的雄偉就不能產生審美的「崇高」效果；近代美學家討論崇高，從文學作品中舉例證，也是常見的事。其次，即使把崇高限於自然景物和人的偉大品質和事蹟（這是不正確的），這些對象如果在文學作品中得到眞實的反映，並不會因此就失去原有的崇高。朗吉弩斯在第九章裡所引的《舊約．創世記》中「上帝說要有光，於是就有了光」那個著名的例子，其中所表現的也正是形象方面的崇高。第十章所討論的荷馬描寫大風暴的一段詩也是如此。第三十五章中有一段更能說明問題：

> 大自然把人放到宇宙這個生命大會場裡，讓他不僅來觀賞這全部宇宙壯觀，而且還熱烈地參加其中的競賽，它就不是把人當作一種卑微的動物；從生命一開始，大自然就向我們人類心靈裡灌注進去一種不可克服的永恆的愛，即對於凡是眞正偉大的，比我們自己更神聖的東西的愛。因

此，這整個宇宙還不夠滿足人的觀賞和思索的要求，人往往還要遊心騁思於八極之外。一個人如果四方八面把生命諦視一番，看出一切事物中凡是不平凡的、偉大的和優美的都巍然高聳著，他就會馬上體會到我們人是爲什麼生在世間的。因此，彷彿是按照一種自然規律，我們所讚賞的不是小溪小澗，儘管溪澗也很明媚而且有用，而是尼羅河、多瑙河、萊茵河，尤其是海洋。

很顯然，這段對人類尊嚴的歌頌中所描寫的一些「不平凡的、偉大的」事物正是美學家所謂「崇高」的物件，其中有康德所說的「數量的」（大河和海洋）和「力量的」（人的尊嚴）兩種崇高，並且指出「崇高」的特徵是偉大和不平凡，「崇高」的效果是提高人的情緒和自尊感。這裡面已經就有康德的解釋崇高的學說的萌芽了。趁便指出，這段話也是古典主義者所崇奉的「人道主義」的最早的一段文獻。

從以上的敘述和比較看，朗吉弩斯在一些古典主義的基本信條上（例如古典的典範作用，自然與藝術的關係，創造與虛構的關係，理智與判斷力的重要性，文藝作品的整一性等），和賀拉斯是一致的。但是他畢竟比賀拉斯前進了一大步，嚴肅的題材，深刻的思想感情，崇高的風格，這三者必須統一起來，這個古典主義的基本信條到了朗吉弩斯手裡更加明確化了。文藝的強烈效果，普遍的標準以及作爲一個審美範疇的崇高也都是首次明確地提出來的，朗吉弩斯的理論和批評實踐都標誌著風氣的轉變；文藝動力的重點由理智轉到情感，學習古典的重點由規範法則轉到精神實質的潛移默化，文藝批評的重點由抽象理論的探討轉到具體作品的分析和比較，文藝創作方法的重點由賀拉斯的平易清淺的現實主義傾向轉到要求精神氣魄宏偉的浪漫主義傾向。英國詩人屈萊頓認爲朗吉弩斯是「亞理斯多德以後最大的古希臘批評家」，這個估價不是過分的。

三、普洛丁

普洛丁（**Plotinus, 205-270**）是新柏拉圖學派的領袖，亞力山大理亞學派古希臘哲學家的殿軍，中世紀宗教神祕主義的始祖，是站在古代與中世紀交界線上的一個思想家。他生在埃及，在亞力山大理亞從阿牟尼烏斯求學。傳說阿牟尼烏斯原是一個基督教徒，因爲基督教會仇視他所熱愛的藝術和科學，後來脫離了基督教。從此可以推測到普洛丁可能對基督教有些接觸。他還隨羅馬遠征軍到過波斯，用意是在學習印度和波斯的哲學。所以從思想來源看，普洛丁是把柏拉圖的客觀唯心主義，基督教的神學觀念和東方神祕主義的思想熔冶於一爐的。他所處的時代，西元三世紀，是羅馬奴隸社會由於腐朽透頂而日漸瓦解的時代。羅馬統治階級的生活方式達到了驕奢淫逸的頂點，一般人姑圖現世享樂，而在這享樂生活中也反映出對現實前途的絕望。普洛丁的思想有濃厚的否定現實、悲觀禁欲和在對神靈的信仰中找安慰的色彩，可能也受到斯多葛學派禁欲主義思想的影響。他在羅馬講學二十多年，一直到死。他的思想頗投合當時沒落的奴隸主貴族的要求，所以聲望影響都很大。他留下的著作有五十四卷之多，經過他的門徒編輯，統名爲《九部書》（*Enneads*），其中第一部第六卷有一篇專門討論美學的論文，其他部分也往往涉及美學問題。

在哲學系統上，普洛丁把柏拉圖的「最高理式」看作神或「太一」。這是宇宙一切之源。這種渾然太一的神超越一切存在和思想，本身是純粹精神，也就是最高的眞善美三位一體。普洛丁用「放射」說來說明神如何創造出世界。神好像是太陽，把祂的光「放射」出來，放射愈遠，光就變得愈弱。神最早放射出來的是只有理智才能達到的「理」或宇宙的原則大法（相當於柏拉圖的理式）；接著就放射出「世界精神」或「世界心靈」，這世界心靈又放射出（具體體現於）個別心靈；最後神才放射出感官所接觸的物質世界。神本是無物質的，但是在放射過程中每一步都比前一步降低本質或退化，終於碰到無形式的物質的障礙，所以個別靈魂才和物質（肉體）結合起來。物質是和神或太一相對立的，它是雜多體，也是罪孽的根源。神所放射的各級存在（理、世界心靈、個別心靈）都有回歸到神的傾向，只有物質不能回歸到神。個別靈魂的最後來源是神，神是個別靈魂的家，個別靈魂由於肉體的障礙，一方面脫離了家，一方面又思念家，渴望回到神的懷抱。與神契合為一體。要做到這一點，靈魂就要努力解脫肉體的束縛，憑清修靜觀，苦行默想，達到宗教的心醉神迷狀態才行。在這種迷狂狀態中，靈魂才能憑神原來放射給它的智力或直覺本領，達到所謂「靈見」。見到神的絕對善和絕對美，這就彷彿是回到了家，與神達到某種程度的契合。就是因為這個緣故，人才有美的愛好。

普洛丁承認物質世界裡有美，但是他的美學思想的全部意圖都在證明物質世界的美不在物質本身而在反映神的光輝。當時流行的關於物體美的學說是西賽羅的形式主義的看法，認為美在各部分與全體的比例對稱和悅目的顏色。普洛丁反駁這種學說，認為單純的東西如太陽的光和樂調中每一個音雖沒有比例對稱的關係，仍然使人覺得美，而且文章、事業、法律、學術等等的美不能說有什麼比例對稱，足見美不在物體形式上的比例對稱（《論美》第一章）。他自己的解釋還是神的「放射」說亦即物的「分享」說，可以總結爲以下幾個要點：

1. 物體美不在物質本身而在物體分享到神所「放射」的理式或理性（《論美》第二章）。這理式也就是眞實，「眞實就是美，與眞實對立的就是醜」（《論美》第六章）。

2. 物體美表現在它的整一性上。理式本身是整一的，「等到它結合到一件東西上面，把那件東西各部分加以組織安排，化爲一種凝聚的整體，在這過程中就創造出整一性。事物受到理式的灌注，就不但全體美，各部分也美。美的整體中不可能有醜的組成部分。醜就是「物質還沒有完全由理式賦予形式，因而還沒有由一種形式或理性統轄著的東西」（《論美》第二章）。

3. 神或理式就是眞善美的統一體，所以「美也就是善」。「醜就是原始的惡」，所謂「原始」指物質未經理式灌注以前的狀況（《論美》第六章）。

4. 物體美「主要是通過視覺來接受的，就文詞和各種音樂來說，美也可以通過聽覺來接受」（《論美》第一章）。但是物體美也要心靈憑理性來判斷（《論美》第二章）。理性就是「一種爲審美而特設的功能」，「這種功能本身進行評判，也許是用它本有的理式作爲標準，就像用尺衡量直線一樣」（《論美》第三章）。

5. 美不能離開心靈，心靈對於美之所以有強烈的愛，是由於心靈接近眞實界（神、理式）：美既有眞實性，能顯出理式，所以心靈和美的事物有「親屬的關係」，一見到它們，「就欣喜若狂地歡迎它們」（《論美》第二章）。眞實界也可以比作心靈的老家，心靈由於受到物質的污染，才離了家，但是既是心靈，它就還思念家。它要想回家，就得經過「淨化」，洗清物質的污染，「變成無形體的」，拒絕塵世的感官的美，這樣才能回到「我們的故鄉或我們所自來的處所。我們的父親就住在那裡」；這樣才能達到「與神契合爲一體」的願望，見到最高的美。要見到這最高的美，也不能靠肉眼而要靠心眼，要靠「收心內視」（《論美》第七、八、九章）。總之，「心靈由理性而美，其他事物——例如行動和事業——之所以美，都是由於心靈在那些事物上印上它自己的形式。使物體能稱爲美的也是心靈。作爲一種神聖的東西，作爲美的一部分，心靈使自己所接觸到而且統轄住的一切東西部變成美的——美到它們所能達到的限度」（《論美》第六章）。「心靈本身如果不美，也就看不見美」（《論美》第九章）。

6. 美有等級之分，感官接觸的物體美是最低級的；其次是「事業、行動、風度、學術和品德」的美，這些都是「從感覺上升到較高的領域」．物體和一般事物之所以美，「並非由於它們的本質而是由於分享；也有些事物是由於它們的本質而美，例如品德」。在這些之上，還有一種「先於這一切」即涵蓋這一切的美，那就是與眞善合一，脫去一切物質負累的純粹理式的美。這不能靠感官而要靠純粹的心靈或理性去觀照（《論美》第三章）。

7. 關於藝術美，它也不在物質而在藝術家的心靈所賦予的理式。拿頑石與雕像爲例來說，「雕的如果是人，就不是某某個人，而是各種人的美的綜合體。這塊已由藝術按照一種理式的美而賦予形式的石頭之所以美，並不能因爲它是一塊石頭（否則那塊未經藝術點染的頑石也就應該一樣美），而是由於藝術所賦予的理式。這理式原來並不在石頭材料裡，而在未被灌注到頑石裡之前，就已存在於構思的心靈裡」（《九部書》第五部，第八卷，第一章）。這就是說，藝術美是理想化的結果。普洛丁又說：「藝術並不只是摹仿由肉眼可見的東西，而是要回溯到自然所由造成的道理；藝術中還有許多東西是由藝術自己獨創的，彌補事物原來缺陷的，因爲藝術本身就是美的來源，例如菲迪亞斯雕刻天神宙斯，並不是按照什麼肉眼可見的藍本，而是按照他對於宙斯如果屑於顯現給凡眼看時理應具有什麼形象的體會」（《九部書》第四部，第十八章）。在這一點上，普洛丁放棄了柏拉圖的藝術被動地抄襲自然的看法。但是在藍本與摹仿的優劣上，他和柏拉圖的看法仍是一致的。他認爲自然美比它們反映的理式美較減色，藝術作品美也不能完全體現藝術家的理想美（《九部書》第五部，第八卷，第一章）。

普洛丁的美學觀點大體如上所述。他是在奴隸社會日漸瓦解，基督教開始在西方流行的歷史情況下，來發展柏拉圖的美學思想的。他所發展的是柏拉圖思想中最反動的部分。第一是片面地抬高精神而否定物質。物質生來就醜，心靈用理式克服物質的醜，才能有美。美的高低就要看心靈克服物質的程度大小這個看法多少影響了黑格爾的美學觀點。其次是片面地抬高理性而否定感官。要拒絕感官所接受的美才能上升到最高的純粹理式的美，因爲感官最易受物質的引誘和污染，第三是抬高對神的觀照而否定社會實踐。按照普洛丁的看法，精神和理性彷彿都不是在社會實踐的經驗中形成的，而是與生俱來的，由神「放射」給人的。這些反動觀點的實質就是有神論和禁欲主義的辯護和宣揚。它反映出奴隸社會沒落時期思想家們對社會現實生活的絕望，幻想在另一世界找到樂園。這就是說，普洛丁的新柏拉圖主義與它同時在西方開始流行的基督教，在基本思想上以及在社會根源上都是相同的。所以在中世紀基督教統治的約莫一千年之中，美學思想流派中占統治地位的就是新柏拉圖主義。聖·奧古斯丁和聖·托馬斯的美學思想在很大程度上都是新柏拉圖主義的發展。

普洛丁的新柏拉圖主義帶有很濃厚的神祕主義，這不僅表現在神「放射」出世間一切的觀點上，不僅表現在他對柏拉圖的「迷狂」說與靈感說的發揮上，而且還表現在他所強調的理性或智力上。這不是根據經驗事實去推理的能力，也不是生活經驗所培養成的洞察力，而是神所賜予的一種先天的先經驗的神祕的直覺力。它不但不是通常人憑通常理智所能了解的，而且尋常理智對於它甚至是一種障礙。所以普洛丁的關於「理性」的強調實質上恰是反理性主義。這種反理性主義的思想對後來一般視文藝活動爲一種神祕力量所支配的美學觀點也不斷地在發生影響。

在藝術觀點方面，就把理式看作一切美的來源說，普洛丁還是繼承柏拉圖的客觀唯心主義；就把藝術看作藝術家憑心靈中的理式賦予形式於物質或材料來說，普洛丁已有轉到主觀唯心主義的傾向。主觀唯心主義本是近代資產階級個人主義的產品，但是普洛丁的思想裡已略露萌芽，在古代他也是處在城邦集體生活瓦解，個人主義開始出現之後。就藝術賦予形式於物質這個看法來說，康德的先驗範疇說和克羅齊的直覺說，也多少受了普洛丁的影響。但是普洛丁對近代美學思想發展的影響是複雜的。在英國乃至於歐洲大陸上在啓蒙運動時代的美學思想發展中，夏夫茲博里所起的啓發作用很大，而他就是新柏拉圖派代表人物，德國啓蒙運動領袖溫克爾曼也是新柏拉圖主義的信徒。在浪漫運動中普洛丁的新柏拉圖主義也是一股潛流，歌德、席勒和許萊格爾等思想家也偶爾受到它的影響，特別是關於眞善美統一，藝術賦形式於物質以及藝術創造須有內在理想的看法。

第五章
中世紀：奧古斯丁、托馬斯·阿奎那①和但丁

① 原作托馬斯·阿奎那，今統一改為托馬斯·阿奎那——編者。

普洛丁是古希臘羅馬古典文藝思想的殿軍，他死之後，從第四世紀到十三世紀這一千年左右漫長的時期中，歐洲文藝思想和美學思想實際上處於停滯狀態，如果說還有些活動，那也只是把普洛丁所建立的新柏拉圖主義附會到基督教的神學上去，一直到但丁，這種停滯的局面才開始轉變。爲著約略說明這種停滯的原因，首先須回顧一下中世紀幾件重大的文化史實。

一、奴隸社會的解體與封建制度的奠定

奴隸社會在羅馬帝國表面上還很強盛的時代，就已開始現出衰頽的跡象。衰頽的原因在於羅馬統治階級的殘酷的剝削和鎭壓，引起了被統治的人民的日益強烈的痛恨和反抗，羅馬對外侵略戰爭以及統治階級內部爭權奪利的內戰頻年不絕，這就削弱了兵力和財力，阻止了生產的發展，加深了人民的痛苦。從第三世紀起，歐洲就在發生民族大遷徙，即過去歷史家所說的「蠻族的入侵」。北歐一些新興民族（主要是條頓民族）以及壓迫這些民族的匈奴大舉進犯歐洲南部，陸續侵占相當於近代的德、法、義、英、西班牙和東歐的一些區域。爲了統治和防禦的方便，羅馬帝國在三九五年就正式分裂爲二。西羅馬帝國都羅馬，東羅馬帝國都拜占庭（君士坦丁）。此後北歐各族南侵的聲勢就日益浩大，羅馬曾經一度被攻破，到了四七六年西羅馬帝國便亡在條頓族一個部落領袖奧多莎手裡。這些入侵的「蠻族」在侵占一個地方之後，往往由酋長統治，把掠奪的土地分賜給功臣和隨從部落，被征服的居民則淪爲農奴，因此就逐漸形成了封建制度，「蠻族」就在羅馬帝國裡成立了一些封建政體的國家。

這個過程從「蠻族」入侵開始，到了八〇〇年左右查理大帝時代就已大致完成。

二、基督教的傳播和基督教會對歐洲的封建統治

基督教發源於住在巴勒斯坦的希伯來民族，是對於希伯來舊教（猶太教）的一種改革。巴勒斯坦是羅馬帝國統治下的一省。地瘠民貧，受剝削特別沉重，基督教的創始人（傳說是耶穌）宣揚在終會到來的天國裡，人們一律平等和互相友愛，反對家庭制度、私產制度和世俗政權，本來帶有反抗羅馬帝國的意味。這是一種窮苦人的宗教，代表當時被壓迫被奴役的人民的希望。它之所以能在羅馬帝國裡得到迅速而廣泛的傳播，就因爲它在廣大人民群眾中有深廣的心理基礎。在基督教開始傳播的頭三百年裡，它不斷地遭到羅馬政權的殘酷的迫害和鎮壓，有時只能在地下活動，但是它的傳播並不因此停頓，反而蔓延得更深更廣，深入到羅馬帝國的每一個角落。從三世紀以後，羅馬政權開始改變政策，以利用代替鎮壓，到了第四世紀，就把基督教正式定爲國教，並且下令禁止其他的宗教信仰，羅馬政權想利用基督教的廣泛的群眾基礎，來牢籠複雜的被統治的多民族，使他們有一種思想信仰上的統一，便於維持羅馬政權，宗教本是一種精神上的麻醉劑，麻痺人民的鬥爭意志，使他們安分守己，這對於維持羅馬政權是有利的。

從三九五年東西羅馬帝國分立之後，基督教會也就逐漸分成東西兩教會。東教會叫做「正教」，西教會叫做「天主教」。跟中世紀歐洲政局和文化特別有關的是西教會。從四七六年西羅馬帝國滅亡之後，在幾百年之中，羅馬教皇就由天主教會的首領變成同時是世

俗政權的首領。天主教會對於封建制度的奠定起了很大的作用。它本身變成極大的封建地主，擁有全歐土地的四分之一到三分之一。教會的官階也是按封建等級制來分的。爲著維持羅馬教廷的封建統治，教會還製造出「神權說」，作爲封建制度的理論基礎。據說世俗政權是由上帝授予的（上帝是最高的封建主），教皇是上帝在塵世間的代理人，代上帝把政權以及政權所統轄的土地人民授予國王，國王以下各等級的權益也是這樣由上一層遞授予下一層，一直到最下層的農奴，國王加冕應由羅馬教皇主持，這就是「封」。受封的國王就變成教皇的隸屬或佃戶（vassal）。八〇〇年查理大帝受教皇的「封」，就標誌著封建制度的正式奠定，「神聖羅馬帝國」的開始以及宗教與封建政權的聯盟。但是「神聖羅馬帝國」的成立也標誌著近代國家的興起（查理大帝所統轄的疆域就是近代法德等國的搖籃）以及世俗政權的重新抬頭。此後數百年的歷史便成爲教廷與世俗政權之間勾結和衝突的歷史。到了十一世紀十字軍東征以後，工商業日漸發達；人民的力量日漸抬頭，反封建反教會的鬥爭日益尖銳，到了文藝復興時代，近代資產階級起來了，封建和教會的勢力才日漸削弱。

三、中世紀文化的落後，教會對文藝的仇視

中世紀的經濟窮困，生產落後，政治腐敗，戰爭頻繁，以及社會動盪不寧的情況都是不利於文化發展的。當時統治一切的教會對於世俗文化是極端仇視的。凡是教會認爲是違反自己的教義和利益的思想和行動，都受到「異端」的罪名和殘酷的鎮壓。對於一般人民，教會所採取的是愚民政策，不讓他們有受教育的機會。中世紀在很長時期裡，僅有的學校是寺院

中訓練僧侶的學校（後來的巴黎、牛津等大學都是由僧侶學校發展出來的），這也就是說，僧侶是唯一的受教育的階層，一切有關文化的事都由僧侶壟斷。許多聲名煊赫的國王和貴族騎士都是文盲，其他可想而知。當時唯一的通用的官方語言是拉丁文，聖經是用拉丁文本爲官方定本，禮拜儀式和宣講教義都用拉丁文進行，而拉丁文也是僧侶階級的專利品，普通人民所說的地方語是受鄙視的。

天主教會要扼殺世俗文化教育，因爲它認識到世俗文化教育在當時只能是根深柢固的古希臘羅馬古典的文化教育，而這種古典文化教育和基督教所宣揚的教義是不共戴天的。基督教的基本教義是神權中心與來世主義。現世據說就是孽海，一切罪孽的根源在肉體的要求或邪欲。服從邪欲，靈魂就會墮落，就會遠離上帝的道路而遭到上帝的嚴懲。所以人應當抑肉伸靈，拋棄現世的一切歡樂和享受，刻苦修行，以期獲得上帝的保佑，到來世可登天國，和上帝在一起同享永恆的幸福。來世主義是與禁欲主義分不開的；現世的禁欲是爲著來世的享樂。「歸到神的懷抱」是人生的終極目的。這就是基督教的基本教義。這種教義是在古希臘羅馬古典文化長期扎根的地區裡傳播開來的，它一開始就把自己作爲古典文化的鮮明的對立面而提出，就和古典文化所代表的理想進行頑強的鬥爭。古典文化代表哪些理想呢？古典文化是建築在人本主義和現世主義的基礎上的。「人是一切事物的權衡」，古希臘羅馬雖然也信神，但是他們的多神教還是根據人的生活和人的需要來建立的。他們理想中「最高的善」是現世的幸福，並不把希望寄託在來世。他們要求靈與肉的平衡發展和多方面的自由活動，如體育鍛鍊、學術探討和文娛活動等等。就是這種人本主義和現世主義的古典文化，基督教要把它連根拔掉，代之以它自己的神權主義和來世主義，在基督教會看，人當滿足於對上帝和基督教義的信仰，只有這個才是眞理。此外一切知識欲都是無用的，有罪的，應當一律壓制下去，否則人們就會落到「邪教」的圈套裡，這就等於把靈魂交給魔鬼，就是爲了防止「邪教」的復辟，基督教會才想盡一切方法，去禁止世俗文化教育的活動。當然，這背後的根本理由還在鞏固神權，即教會的封建統治的思想基礎。

基督教會仇視一般文化教育活動，特別是文學和藝術。假如反對文學和藝術的論調也算是文藝理論，基督教會也就有一套文藝理論。基督教會攻擊文藝的理由和柏拉圖所提出的大致相同，就是文藝是虛構，是說謊，給人的不是眞理：並且挑撥情欲。傷風敗俗、早期基督教神父特爾屠良（Tertullianus, 160-230）說得很清楚：「眞理的主宰痛恨一切虛僞，把一切不眞實的或僞造的東西都看作邪淫。」所謂「不眞實的或僞造的東西」指的正是文藝。他認爲聖經和神父們的講道錄才「不是藝術的勾當而是大道至理」。人們有這個就夠了，無用外求。就文藝的道德影響來說，基督教會除掉重複柏拉圖所提的題材淫蕩、褻瀆神聖、傷風敗俗以外，還有它的特別的理由。文藝是感官的享受，所滿足的還是一種肉體的要求，所以本身就是種罪孽：它打動情感，也妨礙基督教所要求的心地平靜、凝神默想和默禱。聖．奧古斯丁在《懺悔錄》裡追述他早年酷愛荷馬和維吉爾的史詩中一些描寫愛情的部分，痛自追悔，彷彿這就是犯了滔天罪行。從此可知，當時虔誠的基督教徒是從心坎裡厭惡世俗文藝的。

基督教會史裡有幾次鎭壓文藝活動的運動，例如在第四世紀，希阿多什（Theodosius）

大帝在羅馬帝國東部發動了一次聲勢浩大的鎮壓「邪教」的運動，把境內所有的古希臘羅馬的廟宇建築以及雕刻圖畫等文物遺跡都毀滅掉，另一個鎮壓文藝運動是破壞偶像運動。從宗教宣傳觀點出發，基督教會也想利用文藝來爲宗教服務，但總是把它嚴格局限在宗教範圍之內，例如圖畫雕刻的題材總不出聖經故事的範圍，音樂和詩歌只限於對上帝的頌讚。有些神父對這樣利用文藝來宣傳宗教，也表示懷疑和反對。在第六世紀，法國馬賽區的主教下令銷毀他的教區裡所有的聖像。這事鬧到教皇格列高里（Gregory）那裡，教皇爲神像辯護，說讀書人可以從文字理解教義，不識字的廣大群衆只能從圖像去理解教義，不能把崇拜聖母、耶穌和聖徒們的圖像看作一般的偶像崇拜，由於這位教皇的影響，宗教性的文藝在西教會裡才得維持下去。在東教會裡問題不是這樣容易解決了的。「銷毀偶像運動」進行了一百餘年之久（726—842）。在七五四年君士坦丁宗教會議裡曾正式通過決議說：「基督在他的光榮化的人身中，雖然不是無形體的，卻提升到超越感性事物的一切局限和缺陷，所以絕不能通過人的藝術，按照一般人身的類比，用形象把基督表現出來」，因此，決議最後宣布，凡是用圖形去表現基督和聖徒的人一律開除教籍。這個決議到九世紀中葉以後才失效，以上這些事例都充分說明基督教會對文藝的仇視和摧殘。

四、聖·奧古斯丁和聖·托馬斯的美學思想

儘管基督教對文藝是仇視的，它所傳播的區域是古希臘羅馬古典文化植根很深的區域，而且它本身也還要利用文藝爲宗教服務，它就不能不有一套文藝理論和美學思想，來抵制古

典的，「邪教」的文藝理論和美學思想，並且爲它所利用的宗教性的文藝作辯護。當時所謂「經院派」學者都屬僧侶階級，對一切問題都是從宗教的角度去看，所以把一切學問都看成神學中的個別部門，美學也是如此。在這方面，他們對於古希臘羅馬的「邪教」思想畢竟有所繼承，那就是把普洛丁的新柏拉圖主義附會到基督教的神學上去。從聖．奧古斯丁到聖．托馬斯，中世紀歐洲有一股始終一貫的美學思潮，就是把美看成上帝的一種屬性，上帝代替了柏拉圖的「理式」，上帝就是最高的美，是一切感性事物（包括自然和藝術）的美的最後根源。通過感性事物的美，人可以觀照或體會到上帝的美。從有限美見出無限美，有限美只是到無限美的階梯，它本身並沒有獨立的價值。在美的自然事物與藝術作品之中，經院派學者一般是看重前者而鄙視後者，因爲前者是神所創造的而後者只是人所創造的。「人造的」就含有「虛構的」、「不眞實的」意味。虔誠的教徒們要「從上帝的作品中去讚美上帝」。因此，中世紀的美學並不以文藝爲主要對象。這是中世紀美學的總的情況，現在就兩個主要代表的美學思想分述如下：

1. 聖．奧古斯丁

聖．奧古斯丁（Augustine, 354-430）在還未皈依基督教以前，對古希臘羅馬古典文學有相當深刻的研究，當過文學和修辭學教師，並且還寫過一部美學專著，題爲《論美與適合》，手稿在當時就已失傳。皈依基督教後，他一方面鑽研基督教經典，一方面仍繼續研究他早年所愛好的柏拉圖。他的美學言論大半見於他的神學著作和《懺悔錄》。

聖．奧古斯丁給一般美所下的定義是「整一」或「和諧」，給物體美所下的定義是「各部分的適當比例，再加上一種悅目的顏色」。前一個定義來自亞理斯多德，後一個定義來自西賽羅，在字面上都只涉及形式。但是這些側重形式的老定義在聖・奧古斯丁的思想裡是和中世紀神學結合在一起的。無論在自然中還是在藝術中，使人感到愉快的那種整一或和諧並非對象本身的一種屬性，而是上帝在對象上面所打下的烙印。上帝本身就是整一，他把自己的性質印到他所創造的事物上去，使它儘量反映出他自己的整一。有限事物是可分裂的，雜多的，在努力反映上帝的整一時，就只能在雜多中見出整一，這就是和諧。和諧之所以美，就因爲它代表有限事物所能達到的最近於上帝的那種整一。但是由於與雜多混合，比起上帝的整一，它究竟還是不純粹不完善的。從此可見，聖・奧古斯丁關於無限美（最高美，絕對美）與有限美（感性事物的美，相對美）的分別的看法基本上還是柏拉圖的看法（感性事物的美只是理式美的影子）。

通過柏拉圖，聖・奧古斯丁還接受了畢達哥拉斯學派神祕主義的影響，把數加以絕對化和神祕化。現實世界彷彿是由上帝按照數學原則創造出來的，所以才顯出整一、和諧與秩序。他說：「數始於一，數以等同和類似而美，數與秩序不可分。」人體的勻稱，動物四肢的平衡，乃至地水風火的體積和運動都由數在統轄著。美的基本要素也就是數，因爲它就是整一。他又說，「理智轉向眼所見境，轉向天和地，見出這世界中悅目的是美，在美裡見出圖形，在圖形裡見出尺度，在尺度裡見出數」。這種從數量關係上找美的想法，上承畢達哥拉斯學派的黃金分割說，下開達文西、米開朗基羅以及霍嘉茲諸藝術大師對於美的線形所求出的數量公式，以及費希納和實驗美學派對於美的形象所進行的試驗和測量，在美學發展中一直是很有影響的。它的基本出發點是形式主義。

聖．奧古斯丁還提出醜的問題。有限世界在本質上雖是雜多的，卻具有上帝所賦予的整一或和諧。醜的事物（包括罪惡在內）在這和諧整體裡占什麼地位呢？聖．奧古斯丁認爲美雖有絕對的而醜卻沒有絕對的。醜都是相對的，孤立地看是醜，但在整體中卻由反稱而烘托出整體的美，有如造型藝術中陰陽向背所產生的反稱效果。這就是說，醜是形成美的一種因素。因此，醜在美學中不是一種消極的而是一種積極的範疇。聖．奧古斯丁還指出一個人能否從差異部分的統一中見出和諧，要看他的資稟和修養何如。要有合拍的心靈，才能認識到整體的和諧；否則只見到各個孤立的不同的部分，見不出整體及其和諧，就覺得某些部分醜，甚至全體都醜。聖．奧古斯丁打過這樣的比喻：

在我們看來，宇宙中萬事萬物彷彿是混亂的。這正如我們如果站在一座房子的拐角，像一座雕像一樣，就看不出這整座房子的美。再如一個士兵也不懂得全軍的部署；在一首詩裡，一個富於生命和情感的音節也見不出全詩的美，儘管這音節本身有助於造成全詩的美。

在和諧的整體中，醜的部分有助於造成和諧或美，也是如此；單從醜的局部看，就看不出美而只看出醜。這裡醜在整體美裡是作爲被克服而納到統一體裡的一個對立面來了解的。在運用「寓雜多於整一」的原則來解釋醜時，聖．奧古斯丁表現出一些樸素的辯證思想，同時，這裡也可以見出他維護反動的封建統治的企圖，把醜惡的東西說成美好的東西所賴以形成的條件，教人接受它而不去消除它。後來理性派哲學家萊布尼茲和沃爾夫等也有類似的想法，並且認爲醜惡烘托出美好，是上帝那位鐘錶匠的明智的安排。

2. 聖．托馬斯．阿奎那

聖．托馬斯（St. Tbomas Aquinas, 1226-1274）是基督教會公認的中世紀最大的一位神學家。他的美學思想散見於他的《神學大全》。他的基本出發點是和聖．奧古斯丁一致的，也是把普洛丁的新柏拉圖主義附會到神學上去，不過他同時也接受了亞理斯多德的影響。

我們最好把《神學大全》中有關美學的幾段關鍵性的言論譯出，然後從這些言論中分析出他的美學觀點：②

> 美有三個因素。第一是一種完整或完美，凡是不完整的東西就是醜的；其次是適當的比例或和諧；第三是鮮明，所以著色鮮明的東西是公認爲美的。
>
> 人體美在於四肢五官的端正勻稱，再加上鮮明的色澤。
>
> 美與善是不可分割的，因爲二者都以形式爲基礎，因此，人們通常把善的東西也稱讚爲美的。但是美與善畢竟有區別，因爲善涉及欲念，是人都對它起欲念的對象，所以善是作爲一種目的來看待的：所謂欲念就是迫向某目的衝動，美卻只涉及認識功能，因爲凡是一眼見到就使人愉快的東西才叫做美的。所以美在於適當的比例。感官之所以喜愛比例適當的事物，是由於這種事

② 這些段落是從《神學大全》各章中選出的，並不是一氣連貫的。

物在比例適當這一點上類似感官本身。感覺是一種對應，每種認識能力也都是如此。認識須通過吸收，而所吸收進來的是形式，所以嚴格地說，美屬於形式因的範疇。③

美與善一致，但是仍有區別．因爲善是「一切事物都對它起欲念的對象」，從這個定義可以看出：善應使欲念得到滿足。但是根據美的定義，見到美或認識到美，這見或認識本身就可以使人滿足。因此，與美關係最密切的感官是視覺和聽覺，都是與認識關係最密切的爲理智服務的感官。我們只說景象美或聲音美，卻不把美這個形容詞加在其他感官（例如味覺和嗅覺）的對象上去。從此可見，美向我們的認識功能所提供的是一種見出秩序的東西，一種在善之外和善之上的東西，總之，凡是只爲滿足欲念的東西叫做善，凡是單憑認識到就立刻使人愉快的東西就叫做美。

這幾段話裡有幾點值得特別注意：

第一，「凡是一眼見到就使人愉快的東西才叫做美的」。這個定義指出美是通過感官來接受的，美的東西是感性的，美感活動是直接的，不假思索的，也就是說，只涉及形式而不涉及內容意義的。這種強調美的感性和直接性的觀點在後來康德和克羅齊的主觀唯心主義美學裡得到進一步的發展。它就是美只關形式不沾概念說與藝術即直覺說的萌芽。

第二，在指出美與善一致的同時，聖．托馬斯又指出美與善畢竟有分別，這分別就在於

③「形式」在經院派的術語裡有時指形式所由造成的道理。「形式因」是亞理斯多德所用的名詞，見第三章。

善是欲念的對象，欲念所追求的目的不是立即可以達到的；美是認識的對象，一認識到，就立刻使美感得到滿足。對於對象並不起欲念，這也就是說，美沒有什麼外在的間接的實用的目的。這樣把美與善的區分歸結爲帶不帶欲念和有沒有外在目的的區分，對後來唯心主義美學的發展也很有影響。這就是康德的「審美判斷的二律背反」說的萌芽，康德也認爲美不關欲念，無外在目的。

第三，聖·托馬斯在各種感官之中只承認視覺和聽覺爲審美的感官，其理由有二：第一，視覺與聽覺「與認識關係最密切」，是「爲理智服務的」，而審美首先是認識活動。其他感官如味覺嗅覺等所得到的快感等則主要是欲念的滿足，生理方面的動物性的反應。其次，「美屬於形式因的範疇」，形式只能通過視覺和聽覺去察覺。這種看法的重要性有兩點：它是尋找美感與一般快感的分別的一個最早的嘗試；而且確定視覺和聽覺爲專門的審美感官，這對後來美學的發展也起了一些影響，例如達文西認爲視覺更高於聽覺，因此斷定繪畫（通過視覺）更高於詩歌音樂（通過聽覺），萊辛根據視覺和聽覺的分別來確定繪畫與詩歌的界限。

第四，最突出的是聖·托馬斯的形式主義的觀點幾乎與聖·奧古斯丁的完全一致。他所指出的美的三個因素：完整、和諧與鮮明都是形式的因素，所以他說「美屬於形式因的範疇」。中世紀經院派學者們談到美，大半都認爲美只在形式上，很少有人結合到內容意義來討論美。在這一點上康德在《美的分析》中也是與中世紀經院派學者一致的。此外，康德的在美感中「各種官能和諧地發揮作用」的說法在聖·托馬斯的美學觀點裡也已有萌芽。「感官喜愛比例適當的事物，是由於這種事物在比例適當這一點上類似感官本身」，這就是說，美的事物和感官本身相應，所以合拍。

第五，在美的三個因素之中，完整與和諧是從古希臘以來美學家們一向就著重的，聖·托馬斯結合到西賽羅和聖·奧古斯丁所提到的顏色，另提出「鮮明」一個概念（他用了許多同義詞，如「光輝」、「光芒」、「照耀」、「閃爍」之類）。在運用這個概念中他把美歸結爲神的特性。他給「鮮明」所下的定義是：

> 一件東西（藝術品或自然事物）的形式放射出光輝來，使它的完美和秩序的全部豐富性都呈現於心靈。

這種光輝是從哪裡來的呢？按照基督教的教義，上帝是「活的光輝」，世間美的事物的光輝就是這種「活的光輝」的反映，所以人從事物的有限美可以隱約窺見上帝的絕對美。

聖·托馬斯集中世紀基督教神學的大成，也是經院派哲學的殿軍，上承新柏拉圖派的神祕主義，下啓康德的主觀唯心主義的和形式主義的美學。他的重要性是不可忽視的。他的美學思想正如他的政治思想一樣，以維護天主教會的反動的封建統治爲主要目的，所以在帝國主義時代，它仍然可利用來作爲維護法西斯統治的思想武器。以馬里坦（Maritain）的《藝術與經院哲學》一書爲代表的新托馬斯主義美學在法義美英等國還有相當廣大的市場，便是一個明證。

五、中世紀民間文藝對封建制度與教會統治的反抗

儘管基督教會仇視文藝，竭力阻止人民從事文藝活動，人民對文藝的自然要求畢竟是阻止不住的。中世紀在藝術上最大的成就要算建築，主要的是散布在歐洲各國的大教寺。這些建築由早期的羅馬式發展成爲十一世紀以後的哥德式，達到了西方建築的高峰。隨著大教寺建築的發展，一些相關的藝術如雕刻、壁畫、版畫、著色玻璃、嵌鑲圖案等也都逐漸繁榮起來，爲文藝復興時代的光輝燦爛的藝術打下了基礎。這些藝術雖然仍是爲宗教服務的，卻是當時勞動人民的藝術天才和辛勤勞動的成果。當時各門藝術家都是基爾特或職業行會的成員，是用工人的身分參加各種藝術創作的。他們對宗教並不存多大的幻想，所以他們的作品在精神和風格上能超越宗教所限定的範圍，表現出對現世美好事物的愛好。例如許多聖母畫像的傑作之所以能動人，與其說是由於宗教的涵義，毋寧說是由於充分表現出女性美，事實上它們大半是用塵世間活的美人爲藍本的。

在文學方面，中世紀民間世俗文學也呈現出一種繁榮的局面，體裁多種，形式千變萬化，例如傳奇體敘事詩、抒情民歌、敘事民歌、寓言、短篇故事、諷刺小品、宗教劇、諧劇、詩和散文雜糅的抒情故事、隱語、諧談等等，眞是美不勝收。民間世俗文學的作者大半是沒有文化教育的普通人民，不知道有古希臘史詩和悲劇，也不知道有亞理斯多德和賀拉斯，所以他們不受古典傳統中陳腐規則的束縛，在作品中能自由表現自己的思想情感。這些民間作品的共同特色在於情感的眞摯，想像的豐富（有時不免離奇）和形式的自由（有時不免缺乏比例和諧）。在十八世紀後期，文藝界對於新古典主義的清規戒律和矯揉造作的風格

感到厭倦，掀起了一個反抗運動，叫做浪漫運動。這個浪漫運動就是回頭向中世紀民間文藝學習的運動，要求情感和想像的自由表現的運動，「浪漫」這個詞本身就是從中世紀傳奇故事詩（roman）來的。顧名思義，浪漫主義就是中世紀傳奇故事詩所表現的精神和風格，十九世紀初期歐洲各國文藝都受到這種精神和風格的深刻影響。「浪漫」這個詞在近代歐洲拉丁系統語言裡又是「小說」這種新體裁的稱號，小說是近代文學的主要形式，也是從中世紀傳奇故事詩發展出來的。同時我們還須記得，中世紀官方語言是拉丁文，這是各國基督教會中通用的語言，但是當時民間文學大半用本地方言創作的，由口頭流傳的，所以它是西方近代各國民族文學的起源。從此可知，中世紀民間文藝對近代歐洲文學影響之大，正不亞於古希臘羅馬古典文藝。

民間文藝創作在中世紀雖然很繁榮，但是民間詩人和藝術家大半是勞動群衆，被剝奪了受文化教育的機會，而且全部精力都耗在生產實踐活動，沒有足夠的條件去進行文藝理論的探討。不過這並不等於說，他們對於文藝就沒有明確的看法。這種看法在他們的作品中就流露出來了。他們對封建制度和基督教會提出了強烈的抗議，對統治階級的腐敗和愚蠢進行了尖銳的諷刺，對勞動人民的英勇和智慧進行了熱情的表揚，表現出對現世生活的重視以及對美好事物的愛好，和基督教會所宣揚的來世主義和禁欲主義處於明顯的對立。例如英國羅賓漢系統的民歌，德國《列那狐的故事》，法國傳奇故事《特里斯丹和綺瑟》和《奧卡遜和尼柯萊特》等等都是富於反抗性和現世性的。姑舉奧卡遜的故事（十二世紀詩和散文雜糅的愛情故事）爲例。他篤愛一個回教徒的女俘（當時基督教和回教是死敵）尼柯萊特。按照教會的規矩，他如果不放棄尼柯萊特，就要下地獄。他宣告他寧可下地獄的決定說：「到那裡去的有金有銀，有披貂戴翎的，也有琴師，行吟詩人和國王。我決定和他們結伴，只要我能和我的密友尼柯萊特在一起。」這在中世紀是一個新鮮的勇敢的呼聲，它和天主教會所宣揚的一套是完全對立的。這呼聲標誌著風氣的轉變，揭示出文藝復興的曙光了。

六、但丁的文藝思想

但丁（Dante, 1265-1321）比聖·托馬斯遲生四十歲，是在聖·托馬斯所發揚的經院派的神學籠罩一切的學術氣氛中生長起來的；同時他又是義大利文藝復興運動的先驅，近代第一位最大的詩人④。所以他是中世紀與近代交界線上的人物，他的文藝思想最適宜於用來說明由中世紀到文藝復興的轉變，這也就是由封建社會到資產階級社會的轉變。

但丁生在佛羅倫斯，這在當時義大利是一個工商業發達最早的城市，資產階級已開始露頭角。資產階級在和教會的封建統治進行鬥爭之中，是站在代表近代國家的世俗政權一邊的。當時有兩大政黨，擁護教會統治的教皇黨和擁護世俗政權的皇帝黨。這兩黨的鬥爭在佛羅倫斯特別激烈。教皇黨最後雖取得勝利，但本身又分裂爲黑白兩派。在這兩派紛爭中，但丁被教皇迫令終身流放境外。所以在政治立場上他是反對教皇的。在《神曲》裡但丁把這位

---

④ 恩格斯說但丁是「中世紀的最後一位詩人，同時又是新時代的最初一位詩人」（《馬克思恩格斯選集》，第一章，第二四九頁）。

教皇打下第八層地獄。但丁寄希望於世俗政權，從他的《論君主》一書中也可以見出。但是由於他是兩個時代交界線上的人物，就不免有交界線上的人物所常有的矛盾。他在思想上有一半是近代人，也有一半還是中世紀的人。就拿《神曲》爲例來說，這部傑作的主題是靈魂的進修歷程，看遍地獄中的罪孽和懲罰，到淨界得到淨化，終於升入天堂，凝神觀照那個極樂世界的莊嚴優美，這些畢竟還是基督教的神學的形象化。但是這部大詩裡有很多東西是基督教會不會點頭稱讚的。基督教會中許多上層領導人物如教皇、大主教等等都被他打下地獄了。但丁的地獄和淨界的嚮導是羅馬大詩人維吉爾，天堂的嚮導是他幼年所鍾情而後來嫁給別人的一位美麗的女子貝雅特麗齊。這豈不是「邪教」與「肉欲」的結合？憑「邪教」和「肉慾」作嚮導就登了天堂，但丁要置神父於何地呢？《神曲》很明顯地表現出新舊兩個時代思想的矛盾，而其中主導的方面也顯然是新生的東西，即對個性解放的要求與對現世生活的肯定。但丁在流放時期接觸到各階層的人民與上節所說的民間歌頌愛情的詩歌和行吟詩人的作品。正是這些民間文學鼓舞了他大膽地放棄拉丁文而用近代義大利語言，去寫近代第一部偉大的民族詩，去創造一種既非戲劇又非史詩的新形式，去運用教會所斥爲「邪教」和「褻瀆神聖」的題材。

1. 詩為寓言說

但丁的文藝理論主要地見於兩部著作：給斯卡拉族的康．格朗德（Can Grande della Scala）呈獻《神曲》的《天堂》部分的一封信和《論俗語》。在給康．格朗德的信裡他說明《神曲》的意圖，特別強調這部詩的寓言的意義：

爲著把我們所要說的話弄清楚。就要知道這部作品的意義不是單純的，無寧說，它有許多意義。第一種意義是單從字面上來的，第二種意義是從文字所指的事物來的：前一種叫做字面的意義，後一種叫做寓言的、精神哲學的或祕奧的意義。爲著說明這種處理方式，最好用這幾句詩爲例：「以色列出了埃及，雅各家離開說異言之民。那時猶大爲主的聖所，以色列爲他所治理的國度。」⑤如果單從字面看，這幾句詩告訴我們的是在摩西時代，以色列族人出埃及：如果從寓言看，所指的就是基督爲人類贖罪：如果從精神哲學的意義看，所指的就是靈魂從罪孽的苦惱，轉到享受上帝保佑的幸福；如果從祕奧的意義看，所指的就是篤信上帝的靈魂從罪惡的束縛中解放出來，達到永恆光榮的自由。這些神祕的意義雖有不同的名稱，可以總稱爲寓言，因爲它們都不同於字面的或歷史的意義。

從這段引文看，但丁的文藝思想顯然還帶有中世紀經院派神學的神祕氣息和煩瑣方法。但是這段引文並不因此而失其重要性，它可以幫助我們了解中世紀關於文藝的一個普遍的看法。這就是認爲一切文藝表現和事物形象都是象徵性或寓言性的，背後都隱藏著一種祕奧的意義。聖・托馬斯把光輝作爲神的象徵，就是一個例子。中世紀文藝作品中象徵或寓言的意味也特別濃厚，這是與宗教神祕主義分不開的。例如在造型藝術之中，牧羊人象徵基督或傳教士，羊象徵基督教徒，三角形象徵神的三身一體，蛇象徵惡魔之類。天主教神學家們把聖經

⑤《舊約・詩篇》，第一一四篇，用「官話譯本」。

的《舊約》（本來主要是希伯來民族史）看作預示基督降臨的寓言。經院派學者們甚至把古希臘神話解釋成基督教義中某些概念的象徵，例如勝利神變成基督教的天使，愛神變成基督教的博愛。但丁所說的詩的四種意義也並不是他的獨創，而是中世紀長期以來普遍流行的概念。六世紀羅馬教皇格列高里就認爲聖經有字面的、寓言的和哲理的三種意義。第四種意義，即祕奧的意義，也是在但丁以前就有人加上去的。這四種意義的區分是煩瑣的，穿鑿附會的，實際上像但丁所指出的，字面的意義以外都可以叫做寓言的意義。寓言或象徵是中世紀文藝創作與理論的一個指導原則。就但丁的這一段話看，中世紀文藝創作者所用的思維可以說是寓言思維。寓言思維是一種低級的形象思維，因爲感性形象與理性內容本來是分裂開來而勉強拼湊在一起，感性形象還不一定就能很鮮明地把理性內容顯現出，所以它還帶有神祕色彩。黑格爾把東方原始藝術稱爲象徵型，把基督教時代藝術稱爲浪漫型，其實就中世紀這個階段來說，說基督教的藝術屬於象徵型，也許更符合實際些。

但丁說明他寫《神曲》的用意說：

……從寓言來看全詩，主題就是人憑自由意志去行善行惡，理應受到公道的獎懲。

後來流行的「詩的公道」說（即善惡報應說）在此已初次露面了。但丁認爲《神曲》是隸屬於哲學的，但是它所隸屬的哲學是「屬於道德活動或倫理那個範疇的，因爲全詩和其中各部分都不是爲思辨而設的，而是爲可能的行動而設的，如果某些章節的討論方式是思辨的方式，目的卻不在思辨而在實際行動」。認為詩的目的在影響人的實際行動，這個提法是新的、深刻的，比起賀拉斯的教益說更為明確。但丁的實際生活鬥爭使他明白了文藝的最終目的還是在於實踐。但丁雖然相信詩的公道，詩屬於倫理哲學，詩的目的在於實際行動，卻沒有把美和善看作一回事。他主張文藝在內容上要善，在形式上要美。他在《筵席》裡說：

> 每一部作品中的善與美是彼此不同，各自分立的。作品的善在於思想，美在於詞章雕飾。善與美都是可喜的。這首歌的善應該特別能引起快感，……這首歌的善是不易了解的，我看一般人難免更多地注意到它的美，很少注意到它的善。

這番話把內容和形式對立起來，彷彿美有相當的獨立性，但丁的用意是要強調內容的重要，認為內容的善應該引起更大的美感。深怕讀者只看到他的《筵席》中歌的美，看不見它的善。

2. 論俗語

但丁的最重要的理論著作是《論俗語》。

他所謂「俗語」是指與教會所用的官方語言，即拉丁語相對立的各區域的地方語言。但丁以前的文人學者寫作品或論文，一律都用拉丁文，這當然只有壟斷文化的僧侶階級才能看懂，就連《論俗語》這部著作本身，因為是學術性論文，也還是用拉丁文寫的。從十一世紀以後，歐洲各地方近代語言逐漸興起來了，大部分民間文學如傳奇故事、抒情民歌、敘事民歌等都開始用各地方民間語言創作（多數還是口頭的）。至於用近代語言寫像《神曲》那樣的嚴肅的宏偉的詩篇，但丁還是一個首創者。《論俗語》不但是但丁對自己的創作實踐的辯護，也不但是要解決運用近代語言寫詩所引起的問題，分析各地方近代語言的優點和缺點，作出理論性的總結，用以指導一般文藝創作的實踐；而且還應該看作他想實現統一義大利和建立義大利民族語言的政治理想中一個重要環節。但丁所面臨的問題頗類似我們在五四時代初用白話寫詩文時所面臨的問題：白話（相當於但丁的「俗語」）是否比文言（相當於教會流行的拉丁語）更適宜於表達思想情感呢？白話應如何提煉，才更適合於用來寫文學作品呢？這裡第一個問題我們早就解決了，事實證明：只有用白話，才能使文學接近現實生活和接近群眾，至於第二個問題，我們還在摸索中，還不能說是解決了，特別是就詩歌來說。因此，但丁的《論俗語》還值得我們參考。

但丁首先指出「俗語」與「文言」的分別，並且肯定了「俗語」的優越性：

> 我們所說的俗語，就是嬰兒在開始能辨別字音時，從周圍的人們所聽慣了的語言，說得更簡單一點，也就是我們絲毫不通過規律，從保姆那裡所摹仿來的語言。此外我們還有第二種語言，就是羅馬人所稱的「文言」⑥。這第二種語言古希臘人有，其他一些民族也有，但不是所有的民

⑥ 原文是grammatica，按字面看是「語法」，實際上就是「文言」，即不是從聽和說學來的，而是從語法規律學來的。對於當時歐洲人民來說，拉丁語已成為這「第二種語言」。

族都有。只有少數人才熟悉這第二種語言，因爲要掌握它，就要花很多時間對它進行辛苦的學習。在這兩種語言之中，俗語更高尚，因爲人類開始運用的就是它；因爲全世界人都喜歡用它，儘管各地方的語言和詞彙各不相同：因爲俗語對於我們是自然的，而文言卻應該看成是矯揉造作的。

這樣抬高「俗語」，就是要文學更接近自然和接近人民，作爲義大利人，但丁最關心的當然是義大利的「俗語」。但是義大利在當時既不是一個統一的國家，也沒有一種統一的民族語言，在義大利半島上各地區有各地區的「俗語」。在這許多種「俗語」之中用哪一種作爲標準呢？但丁把理想中的標準語叫做「光輝的俗語」。他逐一檢查了義大利各地區的「俗語」，認爲沒有哪一種（連最占優勢的中西部塔斯康語⑦在內）夠上標準，但是每一種都或多或少地含有標準因素；「在實際上義大利的光輝的俗語屬於所有的義大利城市，但是在表面上卻不屬於任何一個城市」。這就是說，標準語畢竟是理想的，它要藉綜合各地區俗語的優點才能形成。所以要形成這種理想的「光輝的俗語」，就要把各地區的俗語「放在篩子裡去篩」，把不合標準的因素篩去，把合標準的留下。這裡我們應該緊記在心，但丁所考慮的是詩的語言，而且他心目中的詩是像他自己的《神曲》那樣具有嚴肅內容和崇高風格的詩，所以他主張經過篩而留下來的應該是「宏偉的字」。「只有宏偉的字才配在崇高風格裡運

⑦ 但丁自己的佛羅倫斯語屬於這一系統。

用」。在下面一段話裡他說明了經過「篩」的過程，哪些應該去掉，哪些應該留下：

有些字是孩子氣的，有些字是女子氣的，有些字是男子氣的。在男子氣的字之中有些是鄉村性的，有些是城市性的，在城市性的字之中，有些是經過梳理的，有些是油滑的，有些是粗毛短髮的，有些是亂髮蓬鬆的。在這幾類的字之中，經過梳理的和粗毛短髮的兩類就是我們所說的宏壯的字。……所以你應該小心謹愼地把字篩過，把最好的字收集在一起。如果你考慮到光輝的俗語——上文已經說過，這是用俗語寫崇高風格的詩時所必須採用的——你就必須只讓最高尚的字留在篩子裡。……所以你得注意，只讓城市性的字之中經過梳理的和粗毛短髮的兩種字留下，這兩種的字才是最高尚的，才是光輝的俗語中的組成部分。

這段話需要兩點說明，第一，依但丁自己的解釋，他「篩」字的標準完全看字的聲音，例如「經過梳理的字」是「三音節或三音節左右的字，不帶氣音，不帶銳音和昂低音，不帶雙Z音或雙X音，不要兩個流音配搭在一起，不要在閉止音之後緊接上流音——這種字好像帶一種甜味脫出說話人的口唇，例如Amore、donne、Saluta等」；至於「粗毛短髮的字」則是一般不可缺少的單音節字，如前置詞、代名詞、驚歎詞之類，以及爲配搭三音節字而造成和諧的片語的多音節字，但丁舉的例子之中有十一音節的長字。義大利語言的音樂性本來很強，而但丁作爲詩人，更特別重視字的音樂性，他說：「詩不是別的，只是按照音樂的道理去安排成的詞章虛構」。因此，他認爲詩是不可翻譯的，「人都知道，凡是按照音樂規律來調配成和諧體的作品都不能從一種語言譯成另一種語言，而不致完全破壞它的優美與和諧」。⑧但丁這樣強調詩的語言的音樂性，是否有些形式主義呢？和近代純詩派不同，他認爲音和義是不可分割的，因爲詩要有最好的思想，所以也需要最好的語言。他說：「語言對於思想是一種工具，正如一匹馬對於一個軍人一樣，最好的馬才適合最好的軍人，最好的語言也才適合最好的思想」。

其次，但丁所要求的詩的語言是經過篩瀝的「光輝的俗語」。並不像英國浪漫派詩人華滋華斯（Wordsworth）在《抒情民歌序》裡所要求的「村俗的語言」或「人們眞正用來說話的語言」。他並不認爲詩歌是「自然流露的語言」；相反地，他說：「詩和特宜於詩的語言是一種煞費匠心的辛苦的工作。」，他主張詩歌應該以從保姆學來的語言爲基礎，經過篩瀝，瀝去有「土俗氣」的因素，留下「最好的」、「高尚的」因素。他所採取的是城市性的語言，也就是有文化教養的語言。他用來形容他的理想的語言的字眼，除掉「光輝的」以外，還有「中心的」、「宮廷的」和「法庭的」三種。「光輝的」指語言的高尚優美；「中心的」指標準性，沒有方言土語的局限性；「宮廷的」指上層階級所通用的；「法庭的」指準確的，經過權衡斟酌的。但丁要求詩的語言具有這些特點，是否帶有封建思想的殘餘，輕視人民大衆的語言，像十七八世紀新古典主義者所要求那種「高尚的語言」呢？從主張用從保姆學來的語言做基礎來看，從他放棄拉丁文而用近代義大利語寫《神曲》來看，我們很難

⑧ 見但丁的《筵席》，第一卷，第七章。

說但丁對於人民大衆的語言抱有輕視的態度。當時宮廷壟斷了文化教養，他要求詩的語言具有「宮廷的」性質，也不過是要求它是見出文化教養的語言，詩歌和一般文學不僅是運用語言，而且還要起提高語言的作用。每個民族語言的發展總是與文學的發展密切相聯繫的。在當時義大利語言還在不成熟的草創階段，要求語言見出文化修養，對於提高語言和建立統一的民族語言，實在是十分必要的。至於十八世紀新古典主義者所要求的那種「高尙的語言」乃是堂皇典麗、矯揉造作的與人民語言有很大距離的「文言」，而這種「文言」正是但丁認爲比不上「俗語」高尙的。這兩種「高尙的語言」稱呼雖同，實質卻迴不相同。

但丁在《論俗語》裡所側重的是詞彙問題，但是也順帶地講到詩的題材、音律和風格的問題。他認爲嚴肅的詩（他用「嚴肅的」這一詞和用「悲劇的」這一詞是同義的，都指題材重大與風格崇高）應有嚴肅的題材，而嚴肅的題材不外三類，他用三個拉丁字來標出這三類的性質，即salus（安全），這是有關國家安全，如戰爭、和平以及帶有愛國主義性質的題材；venus（愛情），這是西方詩歌中一種普遍的傳統的題材；以及virtus（優良品質、才德），這是有關認識和實踐的卓越的品質和能力的題材。這些「嚴肅的題材如果用相應的宏偉的韻律、崇高的文體和優美的詞彙表現出來，我們就顯得是在用悲劇的風格」。他把風格分爲四種：1.「平板無味的」，即枯燥的陳述；2.「僅僅有味的」，即僅做到文法正確；3.「有味而有風韻的」，即見出修辭手段；4.「有味的、有風韻的而且是崇高的」，即偉大作家所特具的風格。這最後一種是但丁所認爲最理想的。但丁討論詞彙和風格時，主要是從詩歌著眼，但是他認爲「光輝的俗語」也適用於散文。因爲散文總是要向詩學習，詩總是先於散文，所以他只討論詩。

語言的問題是中世紀末期和文藝復興時期，歐洲各民族開始用近代地方語言寫文學作品時所面臨的一個普遍的重要的問題。當時創作家和理論家們都對這個問題特別關心。在《論俗語》出版（一五二九年但丁死後）之後二十年（一五四九），法國近代文學奠基人之一，約瓦辛·杜·伯勒（Joachin du Belly），也許在但丁的影響之下，寫成了他的《法蘭西語言的維護和光輝化⑨》，也是為用近代法文寫詩辯護，並且討論如何使法文日趨完善。他所要解決的問題和所提出的解決的辦法與但丁的基本類似，只是杜·伯勒處在人文主義和古典主義影響較大的歷史階段，特別強調向希臘拉丁借鑒。這兩部辯護地方語言的書不但對於義大利語言和法蘭西語言的統一，而且對於歐洲其他各種民族語言的形成和發展，都有很大的影響。

---

⑨「光輝化」即提高。

第六章

文藝復興時代：薄伽丘、達文西和卡斯特爾維特羅等

一、文化歷史背景

文藝復興是中世紀轉入近代的樞紐。西方從此擺脫了中世紀封建制度和教會神權統治的束縛，逐漸得到了生產力的解放和精神的解放。在經濟上資本的原始積累，工商業的發達以及新興資產階級勢力的日漸發展都替近代資本主義社會打下了基礎。在精神文化方面，自然科學的發展，唯物主義哲學日漸抬頭，文藝的世俗化與對古典的繼承都標誌著這時代的歐洲文化達到了古希臘以後的第二個高峰。它發源於義大利，逐漸向北傳播，終於席捲全歐。在北方各國，它演變成爲宗教改革或新教運動。它極盛於十六世紀，但是在十三、四世紀就已在義大利醞釀。但丁、彼特拉克和薄伽丘三位義大利文學奠基人都是文藝復興運動的先驅。文藝復興的影響在後來每一個政治運動和文化運動中都可以見出，至今還可以說是活著的。

顧名思義，文藝復興就是古希臘羅馬古典文藝的再生。但是這個名稱並不足以包括這個偉大運動的全面。首先它不只是意識形態的轉變，更加重要的是社會經濟基礎的轉變，也就是封建勢力的削弱和資本主義生產方式和生產關係的建立。對於這個重大的歷史轉變，馬克思和恩格斯在《共產黨宣言》裡以及恩格斯在《自然辯證法》的導言裡都作過扼要的分析。它的原因是極其複雜的，主要的是十字軍東征以後東西交通網的廣泛建立以及航海的探險與許多重要的地理發現。從經濟方面來說，這些活動和成就替歐洲人開闢了市場和殖民地以及原料和資本的來源，從而在物質上促進了工商業的發展，加強資產階級的地位和勢力。從精神文化方面來說，這些活動和成就打破了歐洲過去閉關自守的狀態，擴大了西方人的眼界，破除了他們的迷信，提高了他們的好奇心和進取的鬥志。從此他們要求脫離中世紀的愚昧和落後狀態，發揮固有的智慧，去從生產鬥爭和階級鬥爭中改變他們的現狀。

當時歐洲人接觸到一些水準較高的文化，特別是阿拉伯、印度和中國的文化，因而吸收了外來文化中許多有用的東西。單以中國爲例來說，中國對於西方文藝復興運動起過深刻的影響。馬可波羅到中國遊歷（十三世紀，元朝初期）後所寫的遊記激發了哥倫布從西路航海到東方的壯志，從而發現美洲的新大陸。當時中國的羅盤（指南針）已傳到西方，引起了航海術上的革命，許多航海探險和地理發現（包括哥倫布發現新大陸在內）都是借指南針來測定航行路線的。其次是中國的火藥製造術經過阿拉伯人傳到西方，引起了軍事上的革命，歐洲資產階級就是利用這種新式武器去擊敗主要靠騎射的封建騎士軍隊的。第三是中國的造紙術（可能印刷術也要算上）傳到西方，引起了教育和文化宣傳上的革命。過去西方書籍都是用手抄在皮革上，所以文化只能壟斷在少數統治階級（僧侶）手裡；有了紙張和印刷，書籍就可以大量地向廣大人民開放，使他們獲得教育和文化知識。這只是就中國一個例子來說，當然文藝復興所受到的外來影響不限於中國。從此也可以見出，把文藝復興只看作古希臘羅馬古典的再生是很不全面的。

文藝復興在西文的解釋一般是「古典學術的再生」，而漢語中習慣譯詞把「文藝」代替了「學術」，也很容易引起誤解。文藝復興運動在精神文化方面的表現，首先還不能說是只在文藝方面，而是在自然科學方面。像恩格斯在《自然辯證法》裡所指出的，近代自然科學是從文藝復興「這樣一個偉大的時代算起」的。這時代的自然科學的偉大成就恩格斯也已詳加闡述。這種成就當然要首先歸功於生產力的發展。像在任何時代一樣，生產力的發展都需要有相適應的科學技術。這需要在當時之所以得到滿足，外來科學文化的刺激和啓發以及古希臘科學方法與觀點的繼承和發揚也都起了很大的作用，與中世紀的神學相對立，自然科學在西方也還是屬於「古典學術」的傳統。恩格斯指出當時自然科學的一些偉大成就「本身便是澈底革命的」，這不僅因爲它們促進了新興資產階級所需要的生產力的解放，也因爲它們動搖了基督教的神學基礎，促進了精神的解放。

精神的解放很明顯地表現於這時期的哲學思想。由於面臨著反封建反教會鬥爭的任務，由於密切聯繫到自然科學的新成就，文藝復興時代的哲學在中世紀神學長期統治之後，開始恢復它的世俗性和科學性。唯物主義日漸占優勢，無神論也開始在醞釀。對自然的觀察與實驗代替了經院派的繁瑣思辨；感性認識得到了空前的重視，歸納邏輯打破了演繹邏輯的壟斷；因果律代替了目的論（天意安排說）；理性代替了對權威的盲目崇拜，精神解放了，人的地位提高了。人開始感覺到自己的尊嚴與無限發展的潛能。因此，他把個性自由、理性至上和人性的全面發展懸爲自己的生活理想，帶著蓬勃的朝氣向各方面去探索，去擴張。

這個生活理想實質上就是「人道主義」。文藝復興這個概念和人道主義是分不開的。西文「人道主義」（Humanism）這一詞有兩個主要的涵義。就它的原始的也是較窄狹的涵義來說，它代表古希臘羅馬古典學術的研究，所以也有人把它譯爲「人文主義」。從十一世紀以後，在僧侶學校以外，世俗學校也開始建立了。僧侶學校原來只講神學。世俗學校初建立時，在「神學科」（studio divina）以外，添設了「人文學科」（studio humana），它的內容就是古希臘羅馬傳下來的各種世俗性的古典學術，包括文藝和自然科學在內。所以「人文學科」原是與「神學科」相對立的。在歐洲一些古老的大學裡，古典科目到現在還叫做「人文學科」，歷史家們把文藝復興時代的學者一概稱爲「人文主義者」，指的就是他們是古典學術的研究者和宣導者。其次，與這個意義密切相聯繫的是與基督教的神權說相對立的古典文化中，所表現的人爲一切中心的精神。就這個意義說，有人把Humanism譯爲「人本主義」或「人道主義」，人本主義所否定的是神權中心以及其附帶的來世主義和禁欲主義，所肯定的就是上文所說的那種要求個性自由、理性至上和人的全面發展的生活理想。這個意義在兩個意義之中是較重要的，在文藝復興時代，人道主義的基本社會內容是反封建反教會的鬥爭以及新興資產階級的自由發展的要求，所以它是進步的。但是人道主義者所代表的畢竟只是新興資產階級的利益，他們所號召的個性自由、理性和全面發展畢竟還只是爲本階級服務。資產階級的思想基礎是個人主義，這種個人主義其實也就是人道主義的主要組成部分。此外，封建思想與神權思想的殘餘也並沒有澈底肅清，他們的反封建反教會的鬥爭大半還是在宗教的旗幟之下進行的。所以這時期的哲學思想還不可能是澈底的唯物主義與無神論。

由於個性的解放，由於資本主義的分工方式還未形成，個人的才能有可能同時在多方面發展，文藝復興就成爲恩格斯所說的「巨人時代」。恩格斯舉了達文西爲例。達文西「不僅是大畫家，並且是大數學家、力學家和工程師，他在物理學各種不同的部分都有重要的發現」。他設計過紡織機，興修過水利工程和軍事工程，研究過解剖學和透視學，並且設計過飛機和降落傘。他在筆記裡詳細記錄了他在多方面的經驗和體會，充分體現了當時新興資產階級的個性全面發展的理想和勇於進取的精神。當時許多「巨人」的偉大成就是與這種新的理想和精神分不開的。

二、文藝復興時代義大利的領導地位

文藝復興雖然是全歐的運動，它的發源地和主要的活動場所卻在義大利。義大利之所以成爲文藝復興運動的領導者，主要的原因在於資產階級在義大利最早登上歷史舞臺。馬克思在《資本論》裡曾指出，在義大利「資本主義生產發展最早」。義大利在當時雖然還是許多獨立的小城邦的集體，還沒有形成統一的國家，但是由於它把握著地中海以及海上的交通和貿易，工商業就迅速發展起來，使義大利成爲當時歐洲最富庶最先進的地區，工商業和銀行業部占歐洲的第一位。當時義大利經濟最發達的是北部三個共和政體的較大城邦：經營海上航業和商業的威尼斯和熱那亞以及經營工業和銀行業的佛羅倫斯。當時義大利的文藝活動乃至一般文化活動也主要在北部，特別是佛羅倫斯。

新的經濟基礎需要新的上層建築和意識形態爲它服務，所以新興的義大利資產階級一開始就努力發展新文化，以便粉碎封建統治和教會權威，促進資本主義的發展。擺在他們面前的捷徑是接受古典文化遺產。在這方面義大利有特別的便利條件。第一，義大利是古羅馬的直接繼承者，羅馬文化就是義大利民族的文化，拉丁語就是義大利各區語言的祖先。從中世紀後期世俗性的學校建立以後，維吉爾、西賽羅、賀拉斯這一系列的拉丁詩人和作家的作品一直是義大利人的文化教養中的主要部分。十五六世紀在羅馬廢墟中發掘出來的古代雕刻傑作變成了義大利人有目共睹的典範。其次，義大利在古代是「大希臘」的一部分，古希臘文化的影響一直是綿延不絕的，我們已經說過，儘管中世紀基督教會仇視古希臘文化，中世紀兩位最大的經院派學者，聖．奧古斯丁和聖．托馬斯，都受到過古希臘哲學的深刻影響。自從一四五三年伊斯蘭教徒攻陷君士坦丁，消滅了東羅馬帝國（羅馬時代保存古希臘文化較多的地區），那裡的大批古希臘古典學者攜帶了書籍，流亡到義大利去避難，因而促進了義大利原已早在進行的希臘古典的研究。在佛羅倫斯以工商業起家的新貴族麥迪契家族中的羅冉佐在十五世紀建立了一個「柏拉圖學園」，來提倡希臘古典的研究。從此可見，「古典學問的再生」發生於義大利，一方面是由於歷史的淵源，一方面是由於得到新興資產階級的大力提倡。

近代西方各民族之中，文藝發達最早的也要數義大利。在文學方面，但丁、彼特拉克和薄伽丘都用近代語言創造了偉大的新型的作品，不僅奠定了近代義大利民族文學的基礎，對於歐洲其他各國民族文學的建立，也起了鼓舞和典範的作用。阿里奧斯托（《羅蘭的瘋狂》）和塔索（《耶路撒冷的解放》）繼承和發揚中世紀傳奇體詩的傳統，不僅擴大了歐洲人長期中囿於史詩和悲劇兩個傳統類型的敘事詩觀念，而且還直接影響到近代的小說。在藝術方面，義大利在文藝復興時代的成就更爲卓越。造型藝術自從中世紀爲教會服務以來，在義大利已有悠久的傳統，到了文藝復興時代，在米開朗基羅、李奧納多．達文西和拉斐爾這一系列大師手裡，它就達到了西方造型藝術在古希臘以後的第二次高峰；而單就繪畫來說，則達到了歐洲的第一次高峰。從此可見，在文藝理論和美學思想方面，文藝復興時代的義大利是有豐富的卓越的文藝創作實踐做基礎的。

由於上述的一些原因，義大利成為文藝復興運動的領導者。當時各國的文藝理論和美學思想在基調上都是跟著義大利走的。所以掌握了義大利的文藝理論和美學思想的情況，其他各國的也就不難理解。

三、義大利的文藝理論和美學思想

在文藝復興的萌芽階段，義大利人文主義者所面臨的任務首先是針對著中世紀基督教會對文藝的攻擊和摧殘，爲文藝進行辯護。由於他們還沒有完全解脫封建思想和神學的束縛，他們的反封建反教會的鬥爭大半還是在宗教旗幟之下進行的。但丁在給康．格朗德的信裡（見第五章）所提到的詩的寓言意義，就已經是從宗教觀點爲詩辯護。接著薄伽丘在《神譜》和《但丁傳》裡以及彼特拉克在給他的兄弟癸那多的信裡都重複了但丁的論調。他們都承認詩要用虛構，但是虛構不是爲著說慌，而是「要把實在的眞理隱藏在虛構這幅障面紗後面」，「虛構所產生的美能吸引哲學論證和辭令說服所不能吸引的人們」。他們向爲著保衛神學而攻擊詩的教會說，「詩和神學可以說是一回事」、「神學實在就是詩，關於上帝的詩」。不能指責虛構，聖經裡就可以找到無數詩的虛構的事例。「福音裡基督所說的故事不正是都有言外之意嗎？或則用術語來說，不正是寓言嗎？寓言是一切詩的經緯。」①

義大利文藝復興運動巨大先驅者關於詩即寓言亦即神學的看法，簡直如同從一鼻孔出

① 彼特拉克給癸那多的信。

氣。教會說，神學才是眞理，詩只是說謊，所以和神學是對立的，應該排斥。人文主義者辯護說神學本身也就是詩，詩也就是神學，因爲它們都是寓言，都把眞理隱藏在障面紗後面。所以不應該爲神學而排斥詩。這種論調一方面向教會表示對立，另一方面還是用宗教作爲詩的護身符，畢竟還是羞羞答答，不是理直氣壯的。

隨著文藝復興運動的進展，到了十五六世紀，義大利文藝理論家們就逐漸脫離宗教的圈套，從文藝反映現實的本質和文藝的教育與娛樂的功用之類根本理由，來爲文藝辯護，而且還就文藝的其他重要問題進行獨立的思考和科學的探討。討論的範圍日漸擴大了，思路也日漸加深了。這個轉變主要有三個原因。第一，工商業日益發展，資產階級的地位日益鞏固，因而反封建反教會的鬥爭也就日漸可以取更公開的更尖銳的形式了。其次，自然科學日益發展，給人文主義者帶來理性和經驗兩大武器，一切都要受理性和經驗的考驗，過去所崇敬的迷信和權威就日漸站不住腳了。第三，對希臘羅馬古典的研究到十五六世紀才達到了高潮，柏拉圖、亞理斯多德和賀拉斯的影響，特別是亞理斯多德的《詩學》的影響，在日益上升，義大利人文主義者受到了這些古代思想家的啓發，日漸注意到古代文藝論著中所曾討論過的一些文藝的基本問題，並且結合到當時的文藝創作實踐，根據理性和經驗的標準，去就那些基本問題進行獨立的思考和自由的討論。這些原因都促使義大利文藝思想朝著新的方向邁進。

文藝復興雖說是「巨人時代」，但在美學和文藝理論方面，「巨人」卻不很多，不像從古希臘到中世紀那樣可以選出少數突出的人物就可以代表一個時代。因此，我們的敘述將不能以代表人物爲綱，而要以突出的問題爲綱，在每個問題下面約略涉及代表人物。關於一些主要問題的研究和爭論的情況大致如下：

1. 古典的批判與繼承

「文藝復興」這個名詞本身首先就涉及對古典的批判與繼承問題。如果單就文藝領域來說，十六世紀義大利的文藝復興實質上就是新古典主義的萌芽，十七、八世紀法英德各國的新古典主義實際上是由義大利開端的。新古典主義在義大利的開端首先要歸功於對亞理斯多德的《詩學》的翻譯和研究，在十六世紀達到了高潮。在這一個世紀裡，在義大利印行的《詩學》的新譯本和注釋本有十幾種之多，賀拉斯的《論詩藝》也譯成義大利文。至於義大利學者按照《詩學》和《論詩藝》的方式所寫的論詩專著就不知其數。單就這些書籍的數量來看，就可以見出當時文藝理論工作的活躍以及亞理斯多德和其他古典詩學家的影響的上升。

當時義大利學者對古典的態度有新舊兩派之分。早期保守派較多，以維達（Vida）的《論詩藝》（一五二七），屈理什諾（Trissino）的《詩學》（一五二九），丹尼厄羅（Daniello）的《詩學》（一五三六），明屠爾諾（Minturno）的《論詩藝》（一五六四）和斯卡里格（Scaliger）的《詩學》（一五六一）等著作爲代表。亞理斯多德的《詩學》中幾乎每字每句都經過反覆的不厭煩的注釋和討論。他們自己的論著也很少越出《詩學》範圍一步，所討論的問題還是史詩、悲劇，情節的整一，人物的高低，哀憐與恐懼的淨化，近情近理，詩與歷史，詩與哲學之類老問題，賀拉斯的「學習古人」的號召又成爲響徹雲霄的口頭禪。亞理斯多德被斯卡里格捧爲「詩藝的永久立法者」，所以他的一些經驗總結性的理論被認爲牢不可破的普遍永恆的「規則」。

但是也有一批人強調理性與經驗，拒絕盲從古典權威。他們認識到文藝是隨時代發展的，老規律不一定能適用於新型作品。喜劇家拉斯卡（Il Lasca）在他的一部劇本的序文裡說過一段很有代表性的話：

亞理斯多德和賀拉斯只知道他們的時代，我們的時代卻和他們的不相同，我們的風俗習慣、宗教和生活方式都是另樣的，所以我們寫劇本，也必然要按照不同的方式。

極左派朗底（Ortensio Landi）對當時的保守派極不滿，罵他們「竟心甘情願把牛軛套在自己的頸項上，把亞理斯多德那個蠢畜生捧上寶座，把他的言論當作聖旨」。有些新派雖然也尊重亞理斯多德，但是卻不「把他的言論當作聖旨」，在討論《詩學》時往往獨抒己見，表示異議，甚至改變《詩學》的原意，來論證自己的主張，卡斯特爾維特羅（Castelvetro）的《亞理斯多德〈詩學〉的詮釋》就是一個突出的代表。

這些新派理論家大半是從義大利自己的文學作品得到啓發的。義大利文學是一種不同於古典的新型文學。例如但丁的《神曲》既非史詩而又非戲劇，彼特拉克的抒情詩是承受民間詩歌影響的，薄伽丘的《十日談》在古希臘羅馬也找不到來源，阿里奧斯托的《羅蘭的瘋狂》是發揚中世紀傳奇體敘事詩傳統的。這些新型作品如果拿古典規則來衡量，就會一無是處。究竟是這些新型作品破壞古典規則是錯誤的呢？還是古典規則本身有問題呢？這是當時爭論的一個中心問題。例如《羅蘭的瘋狂》初問世，就引起一場激烈的爭論。保守派批評家如屈理什諾就根據《詩學》來斥責阿里奧斯托，較進步的基拉爾底・欽特尼阿（Giraldi Cintnio）卻爲他辯護說，「亞理斯多德所定的規則只適用於只用單一情節的詩，凡是敘述幾個英雄的許多事蹟的詩就不能納到亞理斯多德替寫單一情節的詩人們所界定的範圍裡」。

這場爭論實際上已是一種「古今之爭」，問題在於古人是否一切優越，今人是否一無可取。當時保守派是拜倒於古典權威膝下的，但是新派卻認爲義大利文學同樣偉大或是更偉大。皮柯（G. Pico）在一五一二年寫給邦波（Bembo）的信裡說：「我認爲我們比古人要偉大。」、「如果古人比我們偉大，學他們的步伐也跟不上他們；如果我們比他們偉大，我們放慢步伐來遷就他們，不就顯得蹣跚可笑嗎？文風是應該隨著時代變遷的。」從此可見，在十七世紀法國曾轟動一時的「古今之爭」在十六世紀就已在義大利開端了。

在古典繼承的問題上，義大利學者的意見不管有多麼大的分歧，這個問題對當時文藝思想的活躍卻起了很大的促進作用。總的說來，他們是結合當時文藝創作實踐，對古典加以批判吸收的。問題當然還沒有完全解決，十七世紀法國的古今之爭，以及十八九世紀之交的古典主義與浪漫主義之爭，實際上都是義大利的這場爭辯的繼續和擴大。

2. 文藝與現實的關係

我們在第五章已經提到，中世紀基督教會攻擊文藝的理由基本上還是重複柏拉圖控訴詩人的兩大罪狀：文藝不能顯示眞理和傷風敗俗。對於頭一條罪狀，十三、四世紀的人文主義者已提出辯護，說詩和神學一樣是寓言，隱藏著深刻的眞理。十五六世紀的人文主義者腔調變了，不設法使詩托庇於神學了。既然說眞理是哲學的研究物件（當時哲學還包括科學），如果要論證詩也能顯示眞理，那就要證明詩和哲學原是一回事。實際上這就是當時學者們所採取的戰略。例如瓦爾齊（Varchi）分哲學爲兩類：一類是以實在事物爲對象的「實在哲學」，包括形而上學、倫理學、物理學之類；另一類是以研究事物和表達事物的思想語言爲物件的「理性哲學」，包括邏輯學、辯證法、修辭學、語法學和詩之類。他又說，詩就是一種邏輯，詩人必須同時是邏輯家，邏輯愈精通，詩也就會做得愈好。著名的政治改良主義者莎封拿洛拉（Savonarola）也發表過同樣的見解。大畫家達文西認爲繪畫也是一種哲學：「如果詩所處理的是精神哲學，繪畫所處理的就是自然哲學。」從這個觀點，他斷定畫比詩更眞實，因爲詩用間接的文字符號，而畫用直接的具體形象。這種文藝與哲學或邏輯學同一說當然混淆了形象思維與抽象思維，但同時肯定了文藝的理性和眞實性，仍有片面的眞理。

文藝復興時代作者和思想家們一般都堅持「藝術摹仿自然」這個傳統的現實主義的觀點。在自然科學發展的條件下，他們對於這句老口號卻有較新的體會。不像過去人文主義者比文藝爲隱藏眞理的「障面紗」，他們現在都喜歡比文藝爲反映現實的「鏡子」。②莎士比亞在《哈姆雷特》裡勸演員要「拿一面鏡子去照自然」，這是人們所熟知的。畫家達文西也愛用「鏡子」這個比喻。他說：「畫家的心應該像一面鏡子，經常把所反映事物的色彩攝進

② 參看基爾博特和庫恩合著的《美學史》第六章。

來，面前擺著多少事物，就攝取多少形象」。他還勸畫家用鏡子照所畫的事物來檢查畫是否符合實際事物。因爲重視自然，達文西反對脫離自然而去臨摹旁人的作品。他說：「畫家如果拿旁人的作品做自己的典範，他的畫就沒有什麼價值；如果努力從自然事物學習，他就會得到很好的效果。」他還從義大利畫史舉例證明繪畫的衰落總是在臨摹風氣很盛的時代，繪畫的復興也總是直接向自然學習的時代。他認爲畫家應該是「自然的兒子」，如果臨摹旁人的摹仿自然的作品，那就變成「自然的孫子」了。拿汲水做比譬，他說：「誰能到泉源去汲水，誰就不會從水壺裡去取點水喝。」這些話充分顯出當時藝術家對於自然的堅定的信念和後來新古典主義者的「摹仿古人就是摹仿自然」的教條是對立的。

但是他們也並不滿足於被動摹仿自然，還要求理想化或典型化。十五世紀著名的雕刻家和畫家阿爾伯蒂（Alberti）在《論雕刻》裡說過這樣一段話：

> 雕刻家要做到逼眞，就要做到兩方面的事：一方面他們所刻畫的形象歸根到底須儘量像活的東西，就雕像來說，須儘量像人。至於他們是否把蘇格拉底、柏拉圖之類名人的本來形象再現出來，並不重要，只要作品能像一般的人——儘管本來是最著名的人——就夠了。另一方面他們須努力再現和刻畫的還不僅是一般的人，而是某一個別人的面貌和全體形狀，例如凱撒、卡通之類名人處在一定情況中，坐在首長壇上或是向民眾集會演講。

這裡要求了三個要點：一、不必像眞實人物的本來形象；二、像一般的人；三、再現某個別人「處在一定情況中」的面貌和全體形狀。這三點好像是互相矛盾的。其實阿爾伯蒂在這裡已隱約見到典型與個性的統一以及藝術須經理想化的道理。拿他的話來檢查最好的雕刻作品，就可以見出他的三點抓住雕刻乃至一般藝術的本質。

達文西也認識到理想化的重要性，他說，「畫家應該研究普遍的自然，就眼睛所看到的東西多加思索，要運用組成每一事物的類型的那些優美的部分。用這種辦法，他的心就會像一面鏡子，眞實地反映面前一切，就會變成好像是第二自然」。這段話有兩點值得注意。第一，從對「普遍的自然」的觀察和思索，找出事物類型中的優美的部分來運用，這就需要選擇和集中，這也就是典型化或理想化。達文西勸畫家：「每逢到田野裡去，須用心去看各種事物，細心看完這一件再去看另一件，把比較有價值的東西選擇出來，把這些不同的東西捆在一起」。這裡所指的也還是理想化。其次，說藝術家就是「第二自然」，是強調藝術創造的重要。依當時的看法，事物是由自然創造的（自然代替了過去的上帝），藝術不但要摹仿自然事物的形象，還要摹仿自然那樣創造事物形象的方法，這就是說，就要按照自然規律來進行創造。就是爲著這個目的，達文西辛勤地研究了解剖、透視、配色等有關繪畫的科學技術。這兩點意思在佛拉卡斯托羅（Fracastoro）的一篇叫做《瑙格呂斯》（*Naugerius*）的對話裡闡明得更清楚：

> 詩人像畫家一樣，不願照個別的人原來的樣子來描寫他，把他的各種缺點也和盤托出，而是在玩索了造物主在創造人時所根據的那種普遍的最高的美的理想之後，按照事物應該有的樣子去

創造它們。③

「按照事物應該有的樣子」，這個提法是亞理斯多德早已提過的。《詩學》在對詩和歷史進行比較時所說的詩比歷史是更哲學的一段話是文藝復興時代詩論家們所經常討論的一個問題；其次，亞理斯多德對於「原來有的樣子」和「應該有的樣子」以及事實的眞實與近情近理（逼眞）之間所作的分別，對於他們的啓發也很大。當時一般論詩著作都經常涉及這些問題，這頗有助於當時對典型化和理想化的認識的提高。當時傳奇體敘事詩大半還是採用過去歷史題材，這就產生了寫歷史題材如何才算眞實的問題，也就是詩是否應該嚴格按照史實的問題。亞理斯多德的關於詩與歷史的分別所定下的原則幫助他們解決了這個難題。欽特尼阿提出的解決辦法是這樣：

> 歷史家有義務，只寫眞正發生過的事，並且按照它們眞正發生的樣子去寫；詩人寫事物，並不是按照它們實有的樣子而是按照它們應當有的樣子去寫，以便教導讀者去了解生活。所以儘管詩人所用的材料是古代的，也要使這古代材料適應現時的風俗習慣，要運用一些不符合古時實況而卻符合現時實況的事物。

---

③ 見基爾博特和庫恩合著的《美學史》第六章引文。

因此，當時傳奇體敘事詩的寫法不應受到「反歷史主義」的指責。

理想化的問題是和想像虛構分不開的。早期人文主義者曾用寓言來辯護想像虛構，現在詩論家們卻由於受到了亞理斯多德的啓發，從詩的本質和人的心理活動來看待這個問題。例如馬佐尼（Mazoni）就設法論證「要達到詩的逼眞就要靠想像的能力」，詩人所要求的逼眞是「由詩人憑自己的意願來虛構的」、「適宜於創作的能力是想像的能力」、「絕不能是按照事物本質來形成概念的那種理智的能力」、「詩既然依靠想像力，它就要由虛構的想像的東西來組成」。形象思維和抽象思維在這裡是分辨得很清楚的。虛構並不等於虛僞，但是虛構所要求的不是事實的眞實而是逼眞（近情近理，可信）。馬佐尼從亞理斯多德所指出的這個分別中見出「詩人和詩的目的都在於把話說得能使人充滿著驚奇感，驚奇感的產生是在聽衆相信他們原來不相信會發生的事情的時候」。馬佐尼的這番話還是結合當時現實的，因爲驚奇的因素是當時傳奇體敘事詩的一個特徵。

關於文藝與現實的關係，還有一點值得一提，那就是摹仿的物件或文藝的題材問題。亞理斯多德原來主要就古希臘史詩和悲劇做總結，所以認爲詩只「摹仿行動」。文藝復興時代思想家們根據當時文藝作品的實況，對這個看法表示過懷疑和異議。瓦爾齊認爲「行動」應該包括「情緒和心理習慣」，達文西也認爲詩涉及精神哲學，要「描繪心的活動」。這樣就替彼特拉克所寫的那種描寫主觀心理狀態的抒情詩爭到了地位，擴大了文藝描寫對象的範圍。後來佛拉卡斯托羅又進了一步，認爲詩的對象不應限於人的行動或人的生活，還應包括自然界一切事物，否則維吉爾只能在史詩裡才是詩人，而在描寫田園農事的詩裡便不是詩人了。這是自然詩的最早的辯護。反對亞理斯多德的帕屈理齊（Patrizzi）在詩的題材問題上還更進了一步。他提出一個自認爲是「普遍的正確的結論」：「凡是科學、技藝，以至歷史所包括的一切題材都是適合於詩的題材，只要那題材是用詩的方式來處理的」。從此可見，在文藝復興時代理論家們心目中，文藝的題材首先由人的行動推廣到人的內心生活，再推廣到整個自然界，最後又推廣到哲學、科學、技藝和歷史方面的一切材料，這就是否認題材有任何範圍限制了。這頗近似後來別林斯基的看法。推廣了題材的範圍，實際上就是推廣了文藝的現實基礎，所以這是一個重要的進展。

總觀以上所述，文藝復興時代義大利藝術家和文藝理論家大半一方面要求藝術摹仿自然，另一方面也見到藝術要對自然加工，要求理想化與典型化。他們見到虛構不等於虛僞，摹仿不妨礙創造，藝術的眞實不等於生活的眞實（包括歷史的眞實）。所以他們的觀點基本上是現實主義的。

3. 對藝術技巧的追求

和文藝對現實關係問題密切相聯繫的是藝術技巧問題。文藝復興時代的文藝，無論是在實踐方面還是在理論方面，重視技巧是一個特色，而且還可以說，這是西方藝術發展史上一個轉捩點。我們記得，在古典時代，柏拉圖和亞理斯多德都由於輕視匠人的勞動而輕視技巧。在中世紀手工業者在某些部門也表現出高度的技巧，但是總的來說，那時技巧還是落後的。技巧本來是科學理論知識在具體實踐上的運用，所以在科學沒有重大發展以前，藝術技巧就很難有重大的轉變或改進。義大利繪畫在文藝復興時代之所以能達到歐洲第一次高峰，在很大程度上是科學技術進展的結果。當時一些重要的藝術家都同時是科學家。阿爾伯蒂、達文西和米開朗基羅都是突出的例子。他們認識到藝術既然是摹仿自然，就要把藝術擺在自然科學的基礎上。這句話有兩層意義：頭一層是對自然本身要有精確的科學的認識，其次是把所認識到的自然逼眞地再現出來，在技巧和手法上須有自然科學的理論基礎。因此，他們除掉強調藝術家要對自然事物進行精細的觀察以外，還孜孜不倦地研究藝術表達方面的科學技巧。與造型藝術密切相關的一些科學，例如解剖學、透視學、配色學等等，在近代都不是由專業的自然科學家而是由一些造型藝術家開始研究起來的。

另一方面，對藝術技巧的重視還和對勞動的態度密切相關，因爲技巧是「熟練勞動」方面的事。文藝復興時代義大利藝術家們不但是些科學家，而且在職業地位上，大半是基爾特或工商業行會中的成員，這就是說，他們在社會上被公認爲從事手工業的勞動者。從勞動實踐中他們體會到技巧的重要。因此當時有一種流行的美學思想，認爲美的高低乃至藝術的高低都要在克服技巧困難上見出，難能才算可貴。這種思想最早表現在薄伽丘的《但丁傳》裡：

> 經過費力才得到的東西要比不費力就得到的東西較能令人喜愛。一目了然的眞理不費力就可以懂，懂了也感到暫時的愉快，但是很快就被遺忘了。要使眞理須經費力才可以獲得，因而產生更大的愉快，記得更牢固，詩人才把眞理隱藏到從表面看來好像是不眞實的東西後面。

「費力」就是花較多較大的勞動，在這裡被看成是美感的一個來源。卡斯特爾維特羅在《亞理斯多德〈詩學〉的詮釋》裡也認爲美感的來源不外兩種，一種是題材的新奇，另一種就是處理手法上所現出的難能的技巧。他說，「對藝術的欣賞就是對克服了的困難的欣賞」。詩的題材如果完全採用歷史上的已成事實，「詩人在運用這種題材時就絲毫不用費力，找到它也顯不出詩人的聰明，所以他就不應得到讚賞」。他還認爲敘事詩的情節整一本身並非必要，但是把情節安排到現出整一，卻是件費力的事，所以能加強美感。

當時資產階級競爭風氣已開始在文藝領域裡出現。藝術家們常愛抬高自己所從事的那一門藝術的地位，降低其他門藝術的地位，因而引起很多的爭辯。達文西的《畫論》大部分是要尊畫抑詩。在他以前，阿爾伯蒂也持過類似的主張。他們抬高本行藝術（繪畫）的理由之一就是它較難，媒介較難掌握，費力較大。這種從費力大小來衡量藝術高低的看法，說明了文藝復興時代，藝術家們還多少繼承中世紀手工業者的傳統，把藝術當作一種生產勞動，還能領略到勞動創造的樂趣與文藝欣賞的密切聯繫。

這種對技巧的追求，如果不結合到內容，就有墮入形式主義的危險。事實上文藝復興時代藝術家們並沒有完全擺脫這種危險。從畢達哥拉斯學派起，經過新柏拉圖派一直到文藝復興，西方有一股很頑強的美學思潮，把美片面地擺在形式因素上。就物體美來說，形式因素之中主要的是西賽羅、奧古斯丁諸人所強調的比例。文藝復興時代藝術家們對技巧的辛勤的探討主要也是在比例方面。路加·巴契阿里（Luca Pacioli）、阿爾伯蒂、佛朗切斯卡（Piero della Francesca）、達文西、米開朗基羅、杜勒（A. Dürer）等畫家都有討論比例的專著。他們苦心鑽研，想找出最美的線形和最美的比例，並且用數學公式把它表現出來。例如楚卡羅（F. Zuccaro）規定畫女神應以頭的長度爲標準來定身長的比例，例如天后和聖母的身長應該是頭長的八倍，月神的身長應該是頭長的九倍之類。西蒙茲（J. A. Symonds）在《米開朗基羅的傳記》裡也說「他往往把想像的身軀雕成頭長的九倍、十倍乃至十二倍，目的只在把身體各部分組合在一起，尋找出一種在自然形象中找不到的美」。當時對比例的重視從杜勒的言論中可以看得最清楚。杜勒本是德國畫家，爲著要學義大利的新技巧，特意跑到義大利去留學，後來大部分光陰也是留在義大利工作。他談到威尼斯畫家雅各波（Jacopo）研究比例的工作說，「他讓我看到他按照比例規律來畫男女形象，我如果能把他所說的規律掌握住，我寧願放棄看一個新王國的機會」。談到美，他說，「美究竟是什麼我不知道」、「我不知道美的最後尺度是什麼」。但是他認爲這個問題可以用數學來解決。「如果通過數學方式，我們就可以把原已存在的美找出來，從而可以更接近完美這個目的」④。從上述這些事例看，形式主義的傾向是很明顯的。

在搜尋「最美的線形」、「最美的比例」之類形式之中，當時的藝術家們彷彿隱約感覺到美的形式是一種典型或理想，帶有普遍性和規律性。這種感覺還是基於他們對自然科學的信心。他們的缺點在離開具體內容來看問題，把典型和理想機械地片面地看成原已「隱藏」在自然裡，如果把它發現出來，定成公式，就可以一勞永逸，讓一切藝術家如法炮製。米開

④ 見英國康威（Conway）所編的《杜勒遺著》第二四五頁。

朗基羅就有這種看法。他認爲美的形象原已隱藏在頑石裡，雕刻家的任務就在把隱藏這美的形象的那部分頑石剜去，使原已存在的美的形象顯露出來。這種美學觀點與當時流行的關於理想化和想像創造的觀點就有些互相矛盾了。

總的說來，文藝復興時代對形式技巧的追求，儘管有它的形式主義的一面，儘管和當時關於想像創造的理論有些矛盾，它畢竟是藝術發展史上的一個進步運動，因爲它使藝術技巧結合到自然科學，實際上起了推動西方藝術向前邁進的作用。費力和困難的克服有助於美感的加強，這個把勞動的成功和美感聯繫起來的思想對美學也是一種可寶貴的新貢獻。

4. 文藝的社會功用：文藝的對象是人民大衆

針對中世紀基督教會以傷風敗俗爲理由對文藝所進行的攻擊，十五、六世紀學者們如丹尼厄羅和斯卡里格等人大半採取賀拉斯的詩寓教訓於娛樂，對開發文化有功勞的說法以及亞理斯多德的淨化說，來爲文藝進行辯護。明屠爾諾似乎受到朗吉弩斯的影響，在教訓與娛樂之外，還加上了「感動」。但是當時不同的論調是很多的，並不限於複述古人的舊說。佛拉卡斯托羅認爲詩的功用既不在娛樂，因爲說它在娛樂便是降低詩；也不在教訓，因爲教訓是歷史和哲學的事：而是在摹仿事物的普遍性和理想美，把一種「奇妙的而且幾乎神聖的和諧滲透到讀者的心靈裡」，因而使他感到一種驚心動魄的狂喜。這樣說來，詩的功用就只在「感動」了，卡斯特爾維特羅主張詩只有一個功用，就是娛樂，用不著管教訓．他也認爲教訓是哲學家和科學家的事。他的理由如下：

……詩的發明原是專為娛樂和消遣的，而這娛樂和消遣的對象我說是一般沒有文化教養的人民大眾，他們並不懂得哲學家在研究事物眞相時或是職業專家在工作時所用的那種脫離平常人實際經驗很遠的微妙的推理、分析和論證。……

明確地把娛樂看作詩的唯一目的，這在西方文化思想裡還是第一次（儘管作者認爲亞理斯多德也把娛樂看成詩的唯一目的，我們在第三章已論證過亞理斯多德的看法並不如此），這就是否定了藝術的思想性和教育功用。資產階級美學史家和文學批評史家對卡斯特爾維特羅的這種看法都齊聲喝采，認爲這是在文藝功用觀點上邁進了一大步。其實這種看法的片面性是很顯然的。卡斯特爾維特羅在當時還未必有「爲文藝而文藝」的想法，他不過是從實際情況出發，看到當時多數人所期望於文藝的是娛樂而不是思想教育，詩人和藝術家要想作品受到歡迎，就必須考慮到人民大眾的趣味。爲著迎合人民大眾的趣味，他認爲詩宜選用可以令人驚奇的新奇題材，並且要在處理技巧上顯出令人驚奇的本領。

文藝物件爲人民大眾的提法在當時也是新穎的、進步的。它反映出在資產階級反封建的鬥爭中，人民群眾已開始顯示出他們的力量和影響，文藝家不能不考慮到他們了。塔索尼（Tassoni）在他的《雜想錄》裡說過一段話，也足以說明這個問題：

歷史、詩和修辭這三門高貴的藝術都是政治學的各別部門，都依存於政治。歷史關係到王侯士紳的教育，詩關係到一般人民的教育。而修辭則關係到律師和謀士的教育。⑤

塔索尼顯然比卡斯特爾維特羅又進了一步，他不但肯定了「詩關係到一般人民的教育」，而且還見出文藝依存於政治。當時藝術家大半是從人民群衆中來的，所以對人民群衆一般是重視的。畫家阿爾伯蒂曾經說過，藝術之迷失方向，不是在拋開傳統的時候，而是在不以博得全體人民喜愛爲目的的時候。⑥

人民群衆的影響還可以從另一事實上見出，這就是不僅是上層統治階級，一般人民群衆也開始在文藝作品中得到表現。前此在西方戲劇中悲劇和喜劇有嚴格的界限，悲劇專描寫上層人物，喜劇才描寫較低下的人物。人們都認爲這是由亞理斯多德定下來的規矩，因此悲劇和喜劇不應夾雜在一起，上層人物和一般人民也不應夾雜在一起。十六世紀義大利劇作家瓜里尼（G. Guarini）便有意識地要打破這個框子，首創了田園詩體的悲喜混雜戲（《牧羊人斐多》），在同一場面上反映兩個不同階層的人物，因此遭到保守派的反對。他於是寫出《悲喜混雜劇體詩的綱領》一部理論著作，爲他所建立的新劇種進行辯護。他還是援引亞理斯多德做護身符：說亞理斯多德固然說過悲劇只寫上層人物，喜劇才寫一般人民，但是上層人物統治的政體是寡頭政體，一般人民統治的政體是民主政體，亞理斯多德曾說過這兩種政

⑤ 據克羅齊的《美學史》第一八三頁的引文。

⑥ 據基爾博特和庫恩合著的《美學史》，第一九二至一九三頁。

體的混合就形成共和政體。瓜里尼接著就提出一個問題：「如果政治可以使他們（上層階級和一般人民）混合在一起，爲什麼詩就不可以這樣做呢？」他看不出有什麼理由說詩不能這樣做，因此他就斷定使上層階級和一般人民出現在同一場面的悲喜混雜劇是合理的，並且認爲這種新劇種比單純的悲劇和喜劇都是較高的發展，因爲它可以把悲劇和喜劇的優點統一起來。

瓜里尼的悲喜混雜劇的理論是極端重要的。它首先說明當時社會現實對文藝實踐和理論的影響。它反映當時人民群衆力量的上升。瓜里尼所說的共和政體，口頭上雖援引亞理斯多德爲依據，而實際上他所想到的是擺在他面前的義大利的一些共和政體的城邦，其中一般人民在開始和貴族分享政權。他的論證很清楚他說明了文藝的發展是隨政治經濟的發展爲轉移的。其次，過去西方傳統的看法認爲文藝的類型往往是固定的，所以亞理斯多德對古希臘史詩悲劇等類型所作的結論被認爲後代必須遵守的規則，種類定型被認爲是不應破壞的。在美學方面，人們也相信一些審美的範疇如美、崇高、悲劇性、喜劇性之類，也是界限森嚴，不能混雜的。悲喜混雜劇證明了文藝的類型和每類型的「規則」都不是一成不變的而是隨歷史發展的；審美的範疇也只是經驗性的區分，悲劇性既可和喜劇性交融在一起，其他範疇也就應依此類推。瓜里尼在義大利建立悲喜混雜劇是和莎士比亞和其他伊利莎白時代劇作家在英國建立悲喜混雜劇同時的。這個新劇種實際上就是後來啓蒙時代狄德羅和萊辛所提倡的嚴肅劇或市民劇的先驅。它應該看作和傳奇體敘事詩具有同等重要性。

此外，瓜里尼對於文藝虛構的心理效果還有一種在當時很富於代表性的看法。基督教會曾指責文藝虛構，傷風敗俗。當時爲文藝辯護者有一個相當普遍的論證：就是正因爲文藝是虛構，它不會產生不道德的影響。瓜里尼就是持這種見解的。他認爲詩中悲慘的和邪惡的因素本來是虛構的，觀衆不致把它們誤信爲眞實而受到震撼，以致引起自己性格的腐化，他們所關心的只是這些因素是否與人物和情節融貫一致。他說，「我們所批評的是藝術家，不是道德家。」這好像是片面強調藝術標準，但是瓜里尼的本意是要指出文藝虛構與現實生活的分別，反對從窄狹的道德觀點來衡量文藝。

從窄狹的道德觀點來衡量文藝，這在當時是一股很占勢力的美學思潮。這有兩個來源。一個來源是柏拉圖的絕對理式爲最高的眞善美的統一說，以及這個學說在中世紀新柏拉圖主義與基督教神學結合後所形成的變相。美就是善，美與善的最後根源都是上帝。義大利人文主義者之中有許多人並沒有完全擺脫柏拉圖和新柏拉圖派的影響。「詩學即神學」的口號便是一個例證。甚至大畫家阿爾伯蒂和達文西等人都還認爲繪畫是爲上帝服務的，畫家就是一種傳教士，要做一個好畫家，就要做一個虔誠的有品德的人。⑦另一個來源是賀拉斯的詩寓教益於娛樂的學說。有些人文主義者把重點放在「教益」上，而對於「教益」又是從道學家的窄狹觀點去看的，把「教益」和所謂「詩的公道」混爲一談。瓦爾齊可以作爲這一思潮的代表。他認爲詩、哲學和歷史這三種學問在目的上是一致的，都是要促進人類生活的完美；但它們所用的手段不同，哲學通過教訓，歷史通過敘述，而詩則通過摹仿。這三種手

⑦ 參看基爾博特和庫恩合著的《美學史》，第一六九至一七〇頁。

段之中，以詩所用的摹仿爲最有效，因爲它提高人的道德品質，不是通過抽象的教條而是通過具體的典範，使讀者從活生生的具體事例中看到善有善報，惡有惡報（這就是「詩的公道」），因而自己也就會趨善避惡。例如《神曲》就起著這種典範作用，在《地獄》篇惡人受到懲罰，在《天堂》篇善人得到報償。⑧這種「詩的公道」說到了新古典主義時代更占勢力，例如莎士比亞的一些悲劇在十八世紀上演時，常被改成皆大歡喜的結局。瓦爾齊肯定了文藝的教育作用，並且指出文藝起教育作用所用的手段是具體形象而不是抽象概念，這是正確的一面。但是他的「詩的公道」說把文藝和倫理，美與善完全等同起來了，看不到它們的區別，這就是道學家的狹隘觀點。

總之，美與善的關係問題在文藝復興時代被突出地提出來了，意見是分歧的。有一小部分人片面地強調美，忽視文藝的教育作用（卡斯特爾維特羅、佛拉卡斯托羅等）；絕大部分人混淆了美與善，文藝與道德，落到道學家的狹隘觀點（維達、斯卡里格、瓦爾齊等）。美與善既有聯繫而又有區別的辯證觀點還沒有出現。但是當時總的傾向是重視文藝的教育作用，並且認定廣大人民群衆爲對象。這比過去總算是邁進了一步。

5. 美的相對性與絕對性

文藝復興時代藝術家和思想家還關心到美的標準問題。美是一種普遍永恆的絕對價值呢？還是相對的，隨著歷史情況和鑒賞人的立場和性格而有所變更呢？在普遍人性論還是文

---

⑧ 參看斯賓（Spingarn）：《文藝復興時代義大利文學批評》，第五〇至五二頁。

藝的一種哲學基礎的時代，在柏拉圖的絕對理式說還有市場的時代，「絕對美」的概念就還會占優勢。事實上文藝復興時代藝術家和思想家們大半自覺或不自覺地接受了「絕對美」的概念。對「最美的線形」、「最美的比例」之類形式因素的追求就隱含著兩種思想：第一，美可以單從形式上見出；其次，它可以定成公式，讓人們普遍地永恆地應用，這就要以假定「絕對美」的存在爲前提。此外，當時人對於他們所熱烈討論的亞理斯多德所說的詩的「普遍性」往往誤解了，不是把它看作人物性格的典型性而是把它看作內在於每一類事物的理想美。這就是把亞理斯多德的「普遍性」和柏拉圖的「理式」混淆起來了，「普遍性」就變成「絕對美」了。這種看法的重要代表是佛拉卡斯托羅。他在上文已提到的對話裡，在討論到亞理斯多德的詩寫普遍性那個原則時，作了這樣解釋：

> 詩人和畫家一樣，不肯按照他本來帶有許多缺點的某某個別的人去再現他，而是在體會了造物主在創造他時所依據的那種**普遍的最高的美的**觀念，使事物現出它們應該有的樣子。

很顯然，經過偷樑換柱，「普遍的」就變成「最高的美的觀念」（即絕對美）了。⑨

絕對美的概念與普遍人性的概念是密切相聯繫的。詩人塔索可以作爲這方面的代表。他

⑨ 參看斯賓：《文藝復興時代義大利文學批評》，第三一至三四頁；基爾博特和庫恩：《美學史》，第一九〇至一九二頁。

認爲世間有些事物本身無所謂好壞，好壞是由習俗決定的；也有些事物本身就有好壞之分，不隨習俗而轉移，例如人的道德品質，「惡本身就是壞，善本身就可以令人欣羨」。美也是如此。自然美在比例和色澤，「這些條件本身原來就是美的，也就會永遠是美的，習俗不能使它們顯得不美，例如習俗不能使尖頭腫頸顯得美，縱使是在尖頭腫頸的國度裡」。藝術美既然摹仿自然美，也就應列入「不變因」裡，例如古希臘的著名雕刻，「古代人覺得它們美，我們也一樣覺得它們美。許多時代的消逝和許多種習俗的更替都不能使它們減色」。「詩中的情節整一在本質上就是完美的，在一切時代，無論是過去還是未來，它都是如此」。接著他說人的性格中也有一些不隨習俗而轉移的可列入「不變因」的特點，並引用賀拉斯的性格定型爲例證。⑩他把絕對美和普遍人性結合在一起談，這顯然是說美有普遍永恆的吸引力，因爲人性本來就是普遍永恆的。

主張相對美的人在文藝復興時代還是居少數，有些人徘徊於絕對美與相對美兩說之間。例如受義大利影響最深的德國畫家杜勒在他的《人體比例》一書裡基本上相信美的形式有它的普遍性和永恆性，但同時也見出美的千變萬化，同樣使人覺得美的不同事物之中往往找不出相同點或類似點：

> 美（原文用複數，指各種美的因素——引者）是這樣綜合在人體上的，我們對它們的判斷是

---

⑩ 參看第四章關於賀拉斯的部分。

這樣沒有把握的，以致我們可能發現兩個人都美，都很好看，但是這兩人彼此之間在尺度上或在種類上，乃至無論在哪一點或哪一部分上，都毫無類似之處。⑪

杜勒只是就同類事物（人體）來說，如果就不同的事物來說，例如一朵花或一部小說，一座建築和一個女人，一支樂曲和一幅畫，情形就更明顯，我們對這些不同的物件儘管都感覺到美，可是甲裡面的美不是乙裡面的美，乙裡面的美又不是丙裡面的美。這個簡單的事實就足以證明美不是一種普遍的永恆的屬性，爲一切叫做美的事物所共有（這就是「普遍性」的意思），而是要隨內容和其他條件而轉變的。這也就是說，這個簡單的事實就足以否定絕對美的存在。不過杜勒並沒有作出這樣的結論。從柏拉圖、普洛丁和聖．托馬斯的例子看，一個人同時相信絕對美和相對美實際上還是很多的。

《太陽城》的作者康帕涅拉（Campanella）是當時持相對論的一個少有的例子。他是一位主張從經驗出發，反對經院派煩瑣哲學的思想家。由於他對宗教和政治的態度都是進步的，就以「異端邪說」的罪名，遭受過二十年的監禁。從實際鬥爭生活中他認識到美與醜和鑒賞人的立場密切相關。他舉戰士的傷痕爲例，在友人看是美的，因爲它是勇敢的標誌；但是它也標誌敵人的殘酷，因此它又有醜的一面。他的基本觀點是事物本身並沒有美醜之分，它們顯得有美醜之分，是由它們對人的社會意義來決定的。它們本身（例如傷痕）不過是一

⑪ 康威所編的《杜勒遺著》，第二四八頁。

種「符號」或「標誌」（signum）。符號所標誌的意義（例如英勇或殘酷）是人從一定立場出發來加上去的。同是一個事物，從這個角度去看是美的。從另一角度去看卻是醜的，所以美醜是相對的。⑫這個看法忽視了事物方面須有一定的美的條件，仍帶有片面性，但是明確地肯定了美與醜的相對性以及立場對判別美醜的影響，仍是一種難得的貢獻。

四、結束語

文藝復興運動處在歐洲由封建社會過渡到資本主義社會的轉捩點，它是一個偉大的精神解放運動。在文藝理論方面，它一方面面臨著反封建反教會的鬥爭任務，另一方面又有文藝創作實踐方面的巨大成就做基礎，所以在約莫三百年之間，它得到蓬勃的發展。

工商業的發展促進了自然科學的發展，而自然科學的發展又促進哲學逐漸走上唯物主義的道路。這就替文藝復興時代帶來了兩大思想武器，理性與經驗。歐洲哲學思想從十七世紀以後分成理性主義和經驗主義兩大流派，而在文藝復興時代，理性和經驗還是統一的。達文西在《筆記》裡有一段話說明了這種統一的關係：

> 經驗，這位在足智多謀的自然和人類之間作翻譯的人，教導我們說，這個自然在受必然約制的凡人之中所創造出來的東西，只能按照它的嚮導——理性，所教給它的方法去發揮它的作用。

⑫ 參看克羅齊的《美學史》第一八一頁引文。

這就是說，從經驗中人們認識到自然是按照理性即按照必然規律辦事的，而人也要受這必然規律約制。一切都是可以理解的。有了這個認識，神權和教會的神祕主義以及中世紀經院派的煩瑣的脫離實際的思想方法就都站不住腳了。這就爲美學思想發展的道路掃除了障礙，使這時代的美學思想站在穩實的經驗和理性的基礎上。

另一方面，資產階級建立爲自己服務的新文化的需要，使得他們嚴肅地對待古典文化遺產繼承的問題。古典文化遺產適合他們的需要，因爲他們所要建立的是與教會文化相對立的世俗文化，是反對神權的人道主義的文化，而古典文化正是一種世俗性的人道主義的文化。「古典學問的再生」促進了精神的解放，而且也提供了關於文藝實踐和理論的光輝的典範。在古典文化繼承問題上，人文主義者對古典有過分崇拜的，也有過分鄙夷的，但是總的來說，他們是從當時的需要與新型文藝作品經驗出發，去探討柏拉圖、亞理斯多德和賀拉斯的理論中有哪些是不妥的，哪些是可以繼承的。當時對於傳奇體敘事詩和悲喜混雜劇的論爭都充分表現出他們結合實際對古典文藝理論進行批判繼承的嚴肅態度。

在一些美學基本問題上，義大利的人文主義者的意見是相當分歧的，有時甚至自相矛盾的。在文藝與現實關係問題上，由於自然科學的影響，他們對「藝術摹仿自然」的傳統信條是堅信不移的，對於「藝術家就是第二自然」，須就自然加以理想化的道理也有不同程度的認識。所以他們的思想主要方向是現實主義的。但是詩學與神學的同一說以及詩與哲學或邏輯學的同一說都足以證明他們之中有些人對於美與眞的關係，以及形象思維與抽象思維的關係都還沒有擺得很正確。他們對於自然的信念雖然促進了對藝術技巧的探討，但是藝術技巧的側重也使一些藝術家流露出形式主義的傾向，彷彿美可以單從形式上見出。在文藝社會功用的問題上，他們之中雖有少數人抹煞了或是看輕了文藝的教育作用，把文藝的功用僅限於娛樂，絕大多數人卻深信賀拉斯的教益和娛樂的兩點論。在這部分人之中也有人從道學家的狹隘觀點來看文藝，把文藝和倫理混同起來，把美與善混同起來。在文藝標準問題上，由於當時人大半強調人性的普遍，各時代各民族的人在好惡上的一致，絕對美與絕對標準的看法是比較流行的，但相對美與相對標準的看法也在開始出現。

總之，文藝復興是思想解放和思想醞釀的時代，還不是思想成熟的時代。當時文藝界的探討和爭辯是極端活躍的，觀點是相當分歧的。這種醞釀狀態對文藝理論和美學思想仍起了巨大的推動作用，使文藝復興成爲古代美學思想和近代美學思想之間的一個重要的橋樑。

依霍布斯看，人生來是自私的、殘酷的，在「自然狀態」（即原始狀態）裡，「人對人是豺狼」，互相殘殺，以便維持自己的生命和安全。等到這種情況維持不下去了，原始人才訂成社會公約；宣布放棄原來的每個人都有的互相掠奪殘殺的自由和權力，把它移交給一位代表共同意志的個人（專制君主），對他都要絕對服從，以便換取社會全體成員都需要的和平和安全。是非善惡本來是不存在的，在「自然狀態」中每個人所希求的東西就是善的，所厭惡的東西就是惡的；在受公約約束的社會裡，是非善惡就要取決於專制君主。宗教也要服從世俗政權。

第七章　法國新古典主義：笛卡兒和布瓦洛

一、經濟政治文化背景

文藝復興運動在義大利到了十六七世紀之交就已衰退，從此西方文化中心和領導地位就由義大利轉移到法國。法國在十七世紀領導了新古典主義運動，在十八世紀領導了啓蒙運動。

法國經過百年戰爭，在一四五三年終於戰勝了英國，從此工商業日漸發展，統治階級的地位日益鞏固。在一百多年之中法國君主所採取的政治路線都是中央集權。爲了達到這個目的，法國君主一方面要和封建割據的大貴族作殊死鬥爭，另一方面要防止資產階級中下層和廣大人民群衆勢力的擴張。他們的策略是聯合資產階級上層「穿袍貴族」，去應付來自世襲大貴族和廣大群衆兩方面的抵抗和壓力。這場鬥爭集中表現於一五六二到一五九四年「胡格諾戰爭」。經過殘酷的鎭壓和屠殺，信仰喀爾文新教的大部分屬於手工業者胡格諾派以及利用他們的世襲貴族終於被打垮。法國在政治上恢復了統一，但在經濟上由於長期戰爭卻導致民生凋敝。在路易十三和十四時代，兩個有才能的宰相黎塞留和瑪札里尼相繼執政，採取了一系列政治和經濟的措施，結果把法國建立成爲當時在歐洲最強大的中央集權的君主專制的國家，在君主專制下獎勵工商業的發展和圖謀對外進行殖民擴張。所以十七世紀的法國政權是封建貴族與上層資產階級在君主制左右利用和調節之下的妥協性的政權。當時三個等級之中，占第一等級的是天主教的僧侶，宰相黎塞留就是以大主教的身分掌朝綱的，第二等級是世襲貴族，第三等級是資產階級的上層新貴，所占的還只能說是附庸地位。所以就階級力量對比來看，封建勢力（教會和世襲貴族）還是占優勢。

意識形態總是社會經濟基礎與階級關係的反映。十七世紀法國新古典主義在實質上就是當時法國階級妥協和中央集權制的產物。象徵之一就是法蘭西學院。這是在路易十四和黎塞留的庇護之下，從原來由貴婦人主持的文藝沙龍發展而成的法國官方的最高學術團體，它精選全國文藝，學術乃至政治軍事各方面的最傑出的代表四十名，號稱四十「不朽者」，來討論一般文化特別是文藝方面的問題，進行表決。這種決議就具有法律的權威，一切文藝學術工作者都必須謹遵無違。這樣，這些「不朽者」就制定了一個唯一的文藝和學術思想發展的路線。很顯然，這就是文藝和學術思想方面的中央集權的具體表現。一切要有一個中心的標準，一切要有法則，一切要規範化，一切要服從權威，這就是新古典主義的一些基本信條。這種文藝上中央集權的勢力，從關於高乃依①的第一部成功的悲劇《熙德》的爭論中可以得到一個很好的具體例證。法蘭西學院對這部受群眾熱烈歡迎的劇本發表一篇評論，指責它違犯了古典的義法，特別是三一律中的地點一律，高乃依此後在討論劇藝的文章中，便不得不附和法蘭西學院的迂腐的觀點，在創作實踐方面，也小心翼翼地力求投合法蘭西學院的口胃。

中央集權是和資產階級的個性自由的理想不相容的，但是在當時卻是符合資產階級利益的，一個強大的中央政權對內可以維持治安秩序，對外可以威懾爭權奪利的搏鬥場中的敵人，對工商業的發展與殖民的擴張都是有利的。在這裡民族傳統也起了作用，法國人作爲拉

① 高乃依（Corneille, 1606-1684），法國新古典主義戲劇作家三大代表之一，主要作品有《熙德》、《賀拉斯》等。

丁民族，是古羅馬的繼承人。在政治上羅馬帝國在他們心目中一直是一個光輝的榜樣。「帝國」這個響亮的稱號是當時法國統治階級所心醉神迷的。他們想在法蘭西的土壤上恢復古羅馬帝國處在奧古斯都時代的那種宏偉的排場。政治法律的機構在很大的程度上是效法古羅馬帝國的。在文藝方面情形也是如此，法國新古典主義的原型只是拉丁古典主義。高乃依和拉辛[②]在悲劇方面的成就在於排場的宏壯、形式技巧的完美和語言的精煉，這些都還是拉丁文學的優美品質；至於在理論方面，在讀過賀拉斯的《論詩藝》之後來讀布瓦洛的《論詩藝》，我們感覺到這兩部著作簡直如同從一個鼻孔裡出氣。儘管在時間上它們隔著一千七百年。

馬克思在《路易·波拿巴政變記》裡曾指出法國資產階級革命「依次穿上了羅馬共和國和羅馬帝國的服裝」，「穿著這種久受崇敬的服裝，用這種借來的語言，演出世界歷史的新場面」。[③]這番話也完全可以適用於路易十四時代（所謂與奧古斯都時代媲美的「偉大的世紀」）的政權形式和文藝中的新古典主義。但是法國新古典主義也不能說完全就是拉丁古典主義的「借屍還魂」，它所表演的畢竟是一個「歷史的新場面」。這畢竟是由封建社會過渡到資本主義社會的場面，是過渡時期照例都有的新舊兩因素妥協的局面。許多沿襲來的類似

② 拉辛（Racine, 1639-1699），法國新古典主義戲劇作家三大代表之一（另一位為喜劇家莫里哀），主要作品有《安竺若瑪克》、〈斐德若〉、《伊菲革涅亞在奧里斯》、《亞力山大》等。

③ 《馬克思恩格斯選集》，第一卷，第六〇三頁。

的外表往往掩蓋著不同的實質。高乃依所歌頌的是十一世紀的西班牙騎士熙德，他所要塑造的卻是當時情況下的符合新英雄主義理想的少年男女；拉辛的《伊菲革涅亞》是摹仿歐理庇得斯的古希臘悲劇寫成的，上演時波旁王室中一位小公主看到後傷心地向人泣訴說：「戲裡把我的未婚夫寫進去了！」聖．厄弗若蒙批評拉辛的《亞力山大》悲劇說：「在這部悲劇裡我認不出亞力山大，只是聽到他的名字……泡魯斯變成了一位道地的法國人。作者不是把我們帶到印度而是把我們帶回到法國。」是的，服裝和背景是借來的，表演的畢竟是一個「歷史的新場面」，表現出的是封建貴族和新興資產階級妥協的情況下的人生理想和情調。

二、笛卡兒的理性主義的哲學和美學

像一切妥協情況一樣，不倫不類的東西往往是雜糅在一起的。當時君主專制體系的哲學基礎還是中世紀的神權說，但是這神權說到了這時據說是建築在人們所一致尊崇的「理性」上面的。法國新古典主義文藝就是法國理性主義哲學的體現，這是一般人所公認的。新古典主義在法國的第一聲炮響是高乃依的《熙德》悲劇的上演，這是在一六三七年，而正是在這一年出現了哲學上的一部劃時代的著作：笛卡兒（R. Descartes, 1596-1650）的《論方法》。這雖是一部個人的著作，而實際上卻是由封建社會到資本主義社會那整個時期中自然科學發展所帶來的理性主義思潮的結晶。它也體現了兩個交鋒的對立階級的世界觀和人生觀的妥協。笛卡兒承認了物質世界和精神世界的並存（二元論），卻沒有認識到精神世界對物質世界的依存。他企圖用思維來證實存在（「我思故我在」），而這思維乃是人類理性的活動。一切要憑理性去判斷，理性所不能解決的不能憑信仰就可了事。這種理性主義在當時確實有很大的進步性，因爲它動搖了中世紀煩瑣哲學的思辨方法和對教會權威的信仰，要求對事物進行科學分析，肯定了事物的可知性。但是他的物質精神二元論終究沒有解決誰先誰後的問題，結果終須替神留一個地位，在《論方法》裡他坦白地承認他的道德原則是「服從我的國家的法律和習俗，堅決遵守由於上帝的仁慈使我從小就受祂教養起來的那個宗教」。所以二元論終於要走到唯心主義。再說他所理解的理性是先天的與生俱來的良知良能，和經驗與實踐是不相干的。他說：「善於判斷和辨別眞僞的能力——這其實就是人們所說的良知或理性——在一切人之中生來就是平等的。」這就足見他沒有見出理性與感性，認識與實踐的正確關係。理性與感性，認識與實踐，都是互相割裂開來的。因此，他的是非善惡美醜的分辨標準終於只是主觀的。在片面強調理性中，他忽視了感性認識的重要性，因而一方面忽視了在物質世界中實踐的重要性；另一方面忽視了想像在文藝中的重要性，文藝被認爲完全是理智的產物，這就是美學中的理性主義。

笛卡兒除掉在他的哲學著作中建立了理性主義的基本原則和對人的情緒和想像作了一些分析之外，還寫了一部論音樂的專著，一封給麥爾生神父討論美的定義的信和一封涉及文章風俗的談巴爾扎克書簡的信。在《論音樂》裡他把聲音的美溯源到聲音的愉快，把聲音的愉快溯源到聲音與人的內在心理狀態的對應，聲音中以人聲爲最愉快，「因爲人聲和人的心靈保持最大程度的對應或符合。」音樂能感動人，也是按照對應的道理，緩慢的調子引起厭倦憂傷之類溫和安靜的情緒，急促活躍的調子引起快樂或憤怒之類激昂的情緒。這種「同聲相應」的看法以及他對於一些音程的量的比例的研究，基本上還沒有越出古希臘畢達哥拉斯學派的窠臼。

在給麥爾生神父的信裡，回答美究竟是什麼的問題，笛卡兒認為「所謂美和愉快的都不過是我們的判斷和物件之間的一種關係，人們的判斷既然彼此懸殊很大，我們就不能說美和愉快能有一種確定的尺度」。這種相對論既不符合他的人人都具有同樣理性的看法，也不符合新古典主義對中心標準的要求。但是他畢竟提出一種標準，即聽眾接受難易的標準：

> 在感性事物之中，凡是令人愉快的既不是對感官過分容易的東西，也不是對感官過分難的東西，而是一方面對感官既不太易，能使感官還有不足之感，使得迫使感官嚮往對象的那種自然欲望還不能完全得到滿足；另一方面對感官又不太難，不致使感官疲倦，得不到娛樂。

接著他舉花壇圖案的布置為例，說明人與人的嗜好很不相同，「按理，凡是能使最多數人感到愉快的東西就可以說是最美的，但是正是這一點是無從確定的。」後來他又提到美醜的感覺與當事人的生活經驗有關：

> 同一件事物可以使這批人高興得要跳舞，卻使另一批人傷心得想流淚；這全要看我們記憶中哪些觀念受到了刺激。例如某一批人過去當聽到某種樂調時是在跳舞取樂，等到下次又聽到這類樂調時，跳舞的欲望就會又起來；就反面說，如果有人每逢聽到歡樂的舞曲時都碰到不幸的事，

等他再次聽到這種舞曲，他就一定會感到傷心。

在這裡他似乎放棄了理性主義的立場，採取類似後來英國經驗主義的「觀念聯想」的觀點來解釋美感了。這也還是相對美的看法。

在《論巴爾扎克的書簡》裡，他特別稱讚巴爾扎克④的「文詞的純潔」。看全信的意思，「文詞的純潔」包括兩個意思。第一是整體與部分的諧和，他說：

這些書簡裡照耀著優美和文雅的光輝，就像一個十全十美的女人身上照耀著美的光輝那樣，這種美不在某一特殊部分的閃爍，而在所有各部分總起來看，彼此之間有一種恰到好處的協調和適中，沒有哪一部分突出到壓倒其他部分，以致失去其餘部分的比例，損害全體結構的完美。

這段話可以看作從形式方面來替美所下的定義，和上文他從聽眾接受的難易替美所下的定義可以參看。這基本上還是從亞理斯多德以來的傳統的看法。其次一個意義是內容與形式或思想與語言的一致。笛卡兒在這封信裡指出文章通常有四種毛病：第一種是文詞漂亮而思想低

④ 巴爾扎克（1597-1654），法國文學家、批評家、法蘭西學院元老之一。影響最大的著作是《書簡》，曾多次再版。

劣，其次是思想高超而文詞艱晦，第三是介乎第一、二兩種之中，想要樸質說理而文詞粗糙生硬，第四是追求纖巧，玩弄修辭格，賣弄小聰明。他認爲巴爾扎克毫沒有這些毛病，所以他的文詞顯出高度的純潔。這種文詞的純潔也是從新古典主義運動以後法國文學語言的一個理想。這個理想是與法國文學語言的另一個理想——「明晰」——是密切相關的；要眞正做到整體與部分的諧和、語言與思想的一致，才能達到「明晰」。「明晰」是邏輯思想的優美品質，所以它正是笛卡兒的理性主義所要求的，他在《論方法》裡就曾強調理性如果要掌握眞理，那眞理就須明晰地呈現出來，不容有可懷疑的餘地。文藝常帶有民族性，「明晰」和「純潔」是法國文藝的特色。它的長處在此，它總是明朗的、完美的、易於理解的；但是它的短處也在此，它因過分側重理智因素，情感的深刻、想像的奔放、力量氣魄的感覺以及言有盡而意無窮的韻味就不免受到損失。拿拉辛的悲劇和莫里哀的喜劇跟莎士比亞的悲劇和喜劇稍作比較，這個分別就立刻見出。

總觀以上所述，笛卡兒對於一些具體的美學問題，大半還停留在探索階段，還見不出一套完整的美學體系，但是他的思想基調是理性主義，而這個理性主義對新古典主義時代的文藝實踐和理論卻產生了廣泛而深刻的影響。

三、布瓦洛的《論詩藝》，新古典主義的法典

新古典主義的立法者和發言人是布瓦洛（Boileau Despréaux, 1636-1711），它的法典是布瓦洛的《論詩藝》。像朗生所說的，「《論詩藝》的出發點，就是《論方法》的出發

點：理性」[⑤]。「理性」是貫串《論詩藝》全書中的一條紅線。在第一章裡布瓦洛就把這個口號很響亮地提出：

> 因此，要愛理性，讓你的一切文章
> 永遠只從理性獲得價值和光芒。[⑥]
>
> ——I：37-38行

這「理性」也就是笛卡兒在《論方法》裡所說的「良知」[⑦]，它是人人生來就有的辨別是非好壞的能力，是普遍永恆的人性中的主要組成部分，所以在創作過程中，一切都要以它爲準繩：

> 不管寫什麼題材，崇高還是諧謔，
> 都要永遠求良知和音韻密切符合。
>
> ——I：27-28行

---

⑤ 朗生（G. Lanson）：《法國文學史》，第五〇一頁。

⑥ 參看任典的布瓦洛的《詩的藝術》的譯文，本章引文有時較原文略有改正，例如「理性」任典譯作「義理」，和raison的涵義不完全符合。

⑦ 法文bon sens指天生的好的審辨力，近似古漢語的「良知」。

一切作品都要以理性為準繩，都只能從理性得到它們的「價值和光芒」，這就是說，文藝的美只能由理性產生，美的東西必然是符合理性的。理性是「人情之常」，滿足理性的東西必然帶有普遍性和永恆性，所以美也必然是普遍的永恆的，是美就會使一切人都感覺美。下文還要提到，布瓦洛和其他新古典主義者大半都在相信普遍人性（主要是理性）的大前提下相信美的絕對價值和文藝的普遍永恆的標準。

依理性主義，凡是眞理都帶有普遍性和永恆性，美既然是普遍永恆的，它就與眞只是一回事了。所以布瓦洛在《詩簡》裡說：

只有眞才美，只有眞才可愛；
眞應該到處統治，寓言也非例外：
一切虛構中的眞正的虛假
都只為使眞理顯得更耀眼。

——《詩簡》，第九章

這種和「美」同一的「眞」，依布瓦洛看，也就是「自然」。還是在《詩簡》第九章裡，他這樣說：

虛假永遠無聊乏味，令人生厭；

但自然就是眞實，凡人都可體驗：
在一切中人們喜愛的只有自然。

——Ⅲ：359行

因此，布瓦洛再三敦勸詩人研究自然和服從自然：

讓自然作你唯一的研究物件。
謹防不顧良知去縱情戲謔，
永遠一步也不要離開自然。

——Ⅲ：413-414行

這裡要說明一句，新古典主義者所了解的「自然」並不是自然風景，也還不是一般感性現實世界，而是天生事物（「自然」在西文中的本義，包括人在內）的常情常理，往往特別指「人性」。自然就是眞實，因爲它就是「情理之常」。新古典主義者都堅信「藝術摹仿自然」的原則，而且把自然看作是與眞理同一，由理性統轄著的，這就著重自然的普遍性與規律性。所以在文藝與自然的關係上，新古典主義者很堅定地站在現實主義的立場。他們的口頭禪之一就是亞理斯多德所提到過的「近情近理」（「逼眞」、「可信」），反對任何怪誕離奇的事出現於文藝。布瓦洛勸告悲劇作家說：

切莫演出一件事使觀眾難以置信：
有時候眞實的事可能並不近情理。
我絕對不能欣賞荒謬離奇，
不能使人相信，就不能感動人心。

——Ⅲ：47-50行

但是只要逼眞，藝術可以把醜惡的東西描寫成爲可以欣賞的對象：

絕對沒有一條惡蛇或可惡的怪物
經過藝術摹仿而不能賞心悅目，
精妙的筆墨能用引人入勝的妙技
把最怕人的東西變成可愛有趣。

——Ⅲ：1-4行

爲著要逼眞，悲劇的主角就不應寫成十全十美，最好帶一點亞理斯多德所要求的過錯或毛病：

謹防像傳奇把英雄寫得小氣猥瑣，

但是也要使偉大心靈有些過錯，
阿基里斯[8]如果斯文一點，便不夠味，
我愛看到他受到屈辱也生氣流淚，
在他的形象裡見到這點白圭之玷，
人們就欣喜，在這裡認識到自然。

——Ⅲ：104-107行

但是要做到逼真，依新古典主義者看，最重要的事還是抓住人性中普遍永恆的東西，這就是說，要創造典型。新古典主義者對於典型的理解大半還沒有超出賀拉斯的定型和類型的看法[9]。布瓦洛說：

寫阿伽門農[10]應把他寫成驕橫自私；

---

⑧ 阿基里斯（Achilles），荷馬史詩《伊利亞德》中主角之一，荷馬把他寫得很勇猛，但粗暴任性。

⑨ 參看第四章和《論詩藝》第三章，第三七四至三九〇行，布瓦洛在這裡重複了賀拉斯關於性格隨著年齡變更的論調。

⑩ 阿伽門農（Agamemnon），也是《伊利亞德》中希臘方面一個將領，希臘悲劇家埃斯庫羅斯在以他為題的悲劇裡把他寫得專橫自私。

> 寫伊尼阿斯⑪要顯出他敬畏神祇；
> 寫每個人都要抱著他的本性不離。
> 還須研究各代各國的風俗習慣，
> 氣候往往使人的脾氣不一樣。
>
> ——Ⅲ：110-114行

這還是寫曹操就要把他寫成老奸巨滑的論調，傳統的定型是不可移動的。引文最後兩句好像表示布瓦洛認識到時代和國度不同，性格就不一樣。但是他所說的「脾氣」（humeurs）雖是隨時隨地不同的，卻和他所說的「本性」（propre caractére）不是一回事，那是永遠固定的。在固定人性這一點上，當時認同新古典主義者之中還有旁人說的比布瓦洛更明確。布瓦洛所最讚許的拉辛在他的《伊菲革涅亞在奧里斯》悲劇的序文裡說過一段有名的話：

> 關於情緒方面，我力求更緊密地追隨歐里庇得斯。⑫我要承認我的悲劇中最受讚賞的一些地方都要歸功於他。我很願意這樣承認，特別是因爲這些讚賞更堅定了我一向就有的對於古代作品

⑪ 伊尼阿斯（Aeneas），羅馬詩人維吉爾的史詩《伊尼亞德》中的主角，他在非洲卡塔基地方和美人狄多（Dido）發生深摯的戀愛，但終於聽神旨，離開了她，她因而自殺。這段情節是這部史詩中最動人的部分。

⑫ 歐里庇得斯用過伊菲革涅亞的題材寫過悲劇，拉辛的這部悲劇要摹仿古希臘的藍本。

的敬仰。我很高興地從在我們法國舞臺上所產生的效果中，看到群眾所讚賞的盡是我從荷馬或歐里庇得斯那裡摹仿來的，從此我也看到良知和理性在一切時代都是一樣的。巴黎人的審美趣味畢竟和雅典人的審美趣味符合：使我的觀眾受感動的東西正是使往時古希臘最有學問的人們落淚的東西。

這段引文生動地說明了新古典主義者對於普遍人性論的信心之堅定。此外，它也可以說明新古典主義者的另外兩個基本信條。

頭一個信條是文藝具有普遍永恆的絕對標準。人性（即自然）是符合理性的，符合理性的東西就必然帶有普遍性和永恆性，所以文藝作品必須把這普遍永恆的東西表現出來，才能得到古往今來的一致的讚賞。反過來說，凡是得到古往今來一致讚賞的作品也就必然是抓住普遍永恆人性的作品，即符合理性的作品，亦即最好的作品。就是因爲這個緣故，新古典主義者把時間的考驗作爲衡量文藝作品價值的標準。能持久行遠的便是好作品。布瓦洛在《對朗吉弩斯的感想》第七篇裡這樣說：

等到一些作家受到了許多世紀的讚賞，除掉一些趣味乖僻的人（這種人總是時常可以遇到的）以外，沒有人輕視過他們，這時候要想懷疑這些作家的價值，那就不僅是冒昧，而且是狂妄。……大多數人在長久時間裡對於見出心智的作品是不會認錯的……一個作家的古老並不足以保證他的價值，但是一個作家因爲他的作品而受到長久的經常的讚賞卻是一個顛撲不破的證據，證明那些作品是値得讚賞的。

總之，作品的好壞要靠長時間裡多數人的裁判。多數人都有理性，他們的裁判是不會誤事的。

第二個信條是跟著第一個信條來的，既然久經考驗的東西才是好的，古希臘羅馬的古典是符合這個條件的，就値得我們學習。新古典主義這名詞本身⑬就包括繼承古典爲它的主要內容。在這方面，法國在十七世紀不過是繼續做義大利在文藝復興時代所做的工作。不過法國新古典主義者對古典的崇拜所表現的獨立思考的精神已不如義大利人文主義者，不甚加批判的接受是比較普遍的。上文已提到他們把自然、理性、眞實和美都等同起來，其實在這些被他們等同起來的事物行列中，還應加上古典。他們的想法是這樣：既然古典經過長久時間的考驗而仍爲人所讚賞，它們就是抓住了自然（人性）中普遍永恆的東西，符合理性的東西，眞實的和美的東西。它們可以教會我們去怎樣看自然，怎樣表現自然。「因此，古典就是自然，摹仿古典，就是運用人類心智所曾找到的最好的手段，去把自然表現得完

⑬ 法國人自己總是只用「古典主義」，其他國家多用「新古典主義」，「新古典主義」較名正言順，因為希臘羅馬各有它們的古典主義的理想。

美。」[14]這種想法在受布瓦洛影響很深的英國新古典主義者波普[15]的《論批評》裡也說得很明確：「荷馬就是自然」、「摹仿古人就是摹仿自然」。上文已提到拉辛現身說法，說自己的成就都要歸功於對古典的學習。布瓦洛在給帕羅的信裡也認爲：「形成拉辛的是索福克勒斯和歐里庇得斯，莫里哀是從普洛特[16]和特林斯[17]那裡學得他的藝術裡最精妙的東西」。此外，當時一些重要作家和思想家關於推尊古典的話是不勝枚舉的。

摹仿古人怎樣對待自然，這是方法的問題。作爲笛卡兒的《論方法》的信徒，新古典主義者是把摹仿古典和「規則」或「義法」的概念結合在一起的。題材和人物當然是借用古典中已經用過的最好但是更重要的是處理題材的方法。古典作品體現了表現自然的最好的方法，這些方法就是後人的規矩。後人一方面要直接從古典作品中抽繹這些規矩，但是另一方面還有一個既簡便而又穩妥的辦法，那就是仔細揣摩亞理斯多德的《詩學》和賀拉斯的《論詩藝》之類古典文藝理論著作，因爲這些著作據說是已經替後人把古典作品中的規矩抽繹出來了，在布瓦洛的《論詩藝》裡，高乃依的《論戲劇》裡以及這時代其他文藝理論著作裡，我們不斷地看到亞理斯多德和賀拉斯的老話的複述。他們很重視文藝種類或體裁的區別，認

---

⑭ 參看朗生的《法國文學史》，第五〇三頁，關於新古典主義者對古典看法的總結。

⑮ 波普（Pope, 1688-1744），英國新古典主義詩人和文藝理論家，他的《論批評》是摹仿布瓦洛的《論詩藝》的著作。

⑯ 普洛特（Plautus，西元前二五四－一八四左右），羅馬著名喜劇家。

⑰ 特林斯（Terence，西元前一九〇－一五九左右），羅馬著名喜劇家。

爲這些文藝種類彷彿是固定不變的，每一種類都有它的特殊的性質和特殊的規則。布瓦洛的《論詩藝》共分四章，其中二、三兩章都談種類和規則。當時討論最熱烈的規則之一就是三一律。這在《論詩藝》裡是這樣規定的：

> 劇情發生的地點也要固定，標明，
> 庇裡牛斯山那邊⑱詩匠把許多年
> 縮成一日，擺在臺上去表演，
> 一個主角出臺時還是個頑童，
> 到收場時已成了白髮老翁。
> 但是理性使我們服從它的規則，
> 我們就要求按藝術去安排情節。
> 要求舞臺上表演的自始至終。
> 只有一件事在一地一日裡完成。
>
> ——Ⅲ：38-46行

上文已提到過，高乃依在《熙德》悲劇裡沒有完全遵守這個三一律，就受到法蘭西學院的申

⑱ 指西班牙。

斥。一切事本來都應該有個規則，但是新古典主義者沒有能從發展觀點來看這問題，誤認種類和規則都是一成不變的（布瓦洛的理由是「理性在前進中往往只有一條路」〔Ⅰ：48行〕）。規則彷彿變成創作的方劑，可以讓任何人如法炮製。單拿三一律來說，在前一個世紀裡莎士比亞就已用他的光輝的成就證明這並不是什麼天經地義了。

新古典主義者特別看重規則，還與他們輕視內容而過分重視形式技巧有關。布瓦洛認爲思想沒有是新鮮的，只有表現思想的語言才可以是新鮮的。在他的文集的序言裡，他說過：

> 什麼才是一個新的輝煌的不平凡的思想呢？這並不是人們所不曾有過的或不能有的思想，像一些無知之徒所想像的，它只是人人都可以碰見的思想，不過有人首先找到方法把它表現出來罷了。一句漂亮話之所以漂亮，就在所說的東西是每個人都想到過的，而所說的方式卻是生動的、精妙的、新穎的。

在《論詩藝》裡他又一再提出這個觀點：

> 總之，沒有語言，儘管有神聖的才華，
> 無論你寫什麼，你還是個壞作家。
>
> ——Ⅰ：161-162行

所以新古典主義者特別重視表現技巧，而在表現技巧之中又特別重視語言。在法國詩人中馬來伯⑲是竭力使法國語言達到「純潔」和「明晰」這兩個理想的。布瓦洛對他備致推崇，勸告詩人們說：

> 照著他的足跡走，要喜愛純潔，
> 從他的優美筆調中去學習明晰。
>
> ——Ⅰ：141-142行

布瓦洛認識到語言是跟著思想一起走的，所以要寫得明晰，就先須想得明晰：

> 因此在寫作之前先要學會思想。
> 你的文詞跟著思想，暖昧或明朗，
> 全靠你的意思是晦澀還是清爽。
> 如果你事先想得清清楚楚，
> 表達的文詞就容易一絲不走。
>
> ——Ⅰ：150-154行

---

⑲ 馬來伯（Malherbe, 1555-1625），法國詩人，對法國語言純潔化很強調。

以上所述是新古典主義的一些基本信條。總之，它從理性主義觀點出發，堅信自然中眞實的和符合理性的東西部有普遍性和規律性，因此文藝所要表現的是普遍的而不是個別的偶然的東西；古典作品之所以長久得到普遍的讚賞，也就因爲它們抓住了普遍的東西，所以我們應向古人學習怎樣觀察自然和處理自然；事實上古人在實踐和理論中已經揭示出文藝寫作的基本規律，後來人應該謹遵毋違。文藝的職責首先在表現，因爲普遍的東西都不是新鮮的而是人人都知道或都能知道的，藝術的本領就在把人人都知道的東西很明晰地很正確地而且很美妙地說出來，供人欣賞而同時也給人教育。做到這種境地，文藝就達到了高度的完美。應該肯定，新古典主義的這種理想基本上是健康的，符合現實主義的。但是這種理想所根據的世界觀是恩格斯在《自然辯證法》的導言中所指出的「認定自然界絕對不變的見解」。新古典主義者的基本病源在於缺乏正確的歷史發展的觀點，所以他們的見解一般是拘板的、保守的。這就使得他們對於普遍性、典型、文藝標準、古典規範、文藝種類及其法則之類問題的理解都表現出很大的片面性和局限性。

由於片面地強調理性，他們對於從中世紀以來民間文藝所表現的豐富想像力幾乎絲毫沒有敏感。布瓦洛在《論詩藝》裡對想像（形象思維）這樣一個重要問題竟隻字不提，本來理性主義者，從笛卡兒起，就一向輕視想像。布瓦洛在《論詩藝》裡就文藝種類作史的敘述時不提中世紀，他瞧不起不合古典規則的傳奇體敘事詩，反對詩人運用《聖經》中的神奇故事，認爲塔索[20]的傳奇體敘事詩「絕對不能算是義大利的光榮」（Ⅲ：215—216行），甚至反對選一個中世紀英雄什爾德伯蘭（Childebrand）來歌頌，說這樣一個聲音生硬古怪的名字就足以「使全詩顯得野蠻」（Ⅲ：242—244行）。一切稍微越出常規正軌顯得奇特的東西都遭到布瓦洛的厭惡。他對於近代剛興起的抒情詩也十分隔膜，因爲抒情詩寫的是個人情感，不符合他對理性和普遍性的要求。

由於他過分崇拜古典，缺乏歷史發展觀點，布瓦洛對新事物是一律厭惡的。依他看，人類思想沒有什麼眞正是新鮮的，題材、體裁和表現方法一切都要按照古人的規矩。悲劇家拉辛是這樣辦的，所以成爲布瓦洛的理想詩人。當時成就最大的是喜劇家莫里哀，布瓦洛對他卻有美中不足之感，責備他：

> ……過分做人民之友，把精闢的刻畫
> 往往用來顯示人物的憨皮笑臉，
> 爲著演小丑，他就不顧斯文風雅，
> 恬不知恥地把特林斯搭配上塔巴朗[19]。
>
> ——Ⅲ：395-398行

---

⑲ 特林斯見上文，塔巴朗是當時法國有名的小丑。

⑳ 塔索（Tasso, 1544-1595），義大利詩人，已見第六章。

這幾行詩充分暴露了布瓦洛對新事物的厭惡，他不同情於「人民之友」，他鄙視莫里哀投合人民大衆的在他看來是「低級」的趣味，在喜劇中盡情笑謔。他要求的總是「風雅」、「高尚」、「審愼」和「節制」，他最忌諱的是「卑劣」、「猥瑣」、「過分」和「離奇」。這一切說明什麼呢？它說明了布瓦洛所代表的新古典主義文藝理想基本上還是封建宮廷的文藝理想，儘管不同的作家在不同的程度上也開始反映一些新興資產階級的要求。布瓦洛對詩人存一句有名的勸告：

研究宮廷，認識城市。——Ⅲ：391行

這雖然同時照顧到兩個階級（「城市」指的是資產階級），但是對宮廷須「研究」，對城市卻只須「認識」，輕重是很分明的。當時宮廷所喜愛的是偉大人物的偉大事蹟，堂皇典麗的排場，燦爛耀眼的服裝，表現上層階級的文化教養，高貴的語言，優雅精妙的筆調，有節制的適中的合禮的文雅風度，而這些正是當時文藝所表現的。當時法國宮廷在文化教養上貴婦人很占勢力，文藝沙龍大半是由她們主持的，作家和藝術家大半是由她們庇護的。稍涉粗俗、古怪離奇或缺乏斯文風雅的東西會使她們震驚，一句漂亮話、一個優雅的姿態或是一個色彩炫燦的場面也會使她們嫣然喜笑顏開。她們的貴族女性的脾胃或趣味也在這個時代的文藝理想上刻下不可磨滅的烙印，儘管她們在文藝界所造成的「纖巧」風氣也曾遭到過新古典主義者的指責。

法國新古典主義在文學上的成就主要在戲劇。這時期古典悲劇的形式之所以流行，三一律之類規則之所以被認爲金科玉律，都由於這時期文藝的封建貴族性，普列漢諾夫在他的《從社會學觀點論法國戲劇文學和十八世紀繪畫》一文裡已作過透闢的分析，讀者可以參看。

四、「古今之爭」：新的力量的興起

但是封建宮廷的理想在新古典主義運動中儘管還占優勢，新興資產階級也在開始形成他們自己的文藝理想。當時新舊兩階級在文藝上的鬥爭還是很激烈的。轟動一時的「古今之爭」就是一個具體的表現。這場論戰在整個新古典主義時期都在進行著，當時文藝界的要角大半全都卷了進去。問題很簡單：究竟是古人高明還是今人高明？在文藝方面是否果眞今不如古？古派以布瓦洛爲領袖，主要代表著舊勢力；今派以寫神話寓言的帕羅（C. Perrault, 1628-1703）爲主要發言人，其中雖然也包括一部分頌揚「太陽皇帝」和「偉大世紀」的宮廷走卒，主要的卻代表新興資產階級。雙方的論點往往同樣是幼稚的迂腐的，我們無需在這裡複述。特別値得一提的是在這場熱鬧爭論中，今派之中湧現出一些新的文藝理論家，其中傑出者之一是聖・厄弗若蒙（Saint Evremont, 1610-1703）。他之可貴，在於他表現出當時一般新古典主義者所缺乏的歷史發展觀點。他認識到當時法國詩人「寫出了一些壞詩，是因爲他們要適應古代詩的模子，服從一些和許多其他事物一起都已被時間推翻了的規則」。規則來自亞理斯多德的《詩學》。他說「這固然是一部好書，但是它也並不完善到可以指導一切民族和一切時代」，各民族風俗習慣不同，而時代也一直在變，「想永遠用一套老規矩來衡量新作品，那是很可笑的」。「宗教和法律尚且不能勉強我們服從老規矩，詩卻要向我們這樣苛求，那是辦不到的。」他向詩人發出一個號召：

> ……宗教、政治機構以及人情風俗都已經在這個世界裡造成了很大的變化，所以我們應該把腳移到一個新的制度上去站著，才能適應現時代的趨向和精神。
>
> ——《論古代人的詩》

「把腳移到一個新的制度上去站著」，那就要把腳從新古典主義的立場上挪開，這是一個革命的號召，從這個號召聲中，我們已隱約聽到了啓蒙運動的消息。

第八章

英國經驗主義：培根、霍布斯、洛克、夏夫茲博里、哈奇生、休謨和博克

英國自從十六世紀戰勝了西班牙，奪取了海上霸權，對美洲進行貿易和殖民擴張，便一躍而成爲西方最先進的資本主義的國家。它在十七世紀中葉就進行了資產階級革命，推翻了君主專制制度，建立了內閣向議會負責的代議制。在經濟方面，它在十八世紀就進行了工業革命，以機器工廠代替了手工業工廠。隨著政治經濟的發展，自然科學在牛頓的影響之下也有迅速的進展。哲學在自然科學影響之下建立起一套經驗主義的思想體系。經驗主義強調感性經驗是一切知識的來源，否認有所謂先天的理性觀念，所以和大陸上萊布尼茲派的理性主義是對立的。在培根、霍布斯和洛克諸人的手裡，經驗主義基本上是唯物主義的。但是由於片面地強調感性經驗，它或是停留在機械主義上面（例如霍布斯、洛克和博克），或是流爲感覺主義，導致主觀唯心主義（例如巴克萊）或懷疑主義和不可知論（例如休謨）。

在文藝實踐方面，英國文學自從伊利莎白時代戲劇在莎士比亞手裡達到高峰以後，一直在蓬勃地發展。莎士比亞的範例教育了英國人敢於衝破古典傳統的公式和規則，結合時代的需要，獨闢蹊徑，進行創作。在十七世紀有米爾敦的《失樂園》和《力士參孫》，反映了資產階級革命和民族獨立的理想。隨著君主專制的短期復辟，法國新古典主義的影響逐漸滲透到英國，德萊頓、蒲柏和約翰遜等人，發展出一種帶有民族色彩的沖淡了的新古典主義文學。由於資產階級漸占上風，文學的聽眾也逐漸由上層階級轉到中產階級，而文學的性質也逐漸變成主要是反映資產階級生活和理想的。由於這個緣故，報刊文學、市民戲劇以及近代小說都最早在英國出現，浪漫主義的萌芽也在新古典主義運動中就已逐漸生長起來。這些轉變在歐洲大陸上都發生過深刻的影響。例如英國市民戲劇幫助了狄德羅和萊辛建立市民戲劇的理論，打破了新古典主義的桎梏；英國感傷主義的小說促進了法國反映市民現實生活的小說的發展（例如盧梭的作品），英國民間文學和帶感傷氣氛的自然詩也在歐洲喚醒了浪漫主義的情調。

這時期的英國美學思想一方面是建立在經驗主義哲學基礎上，一方面也是反映當時英國文藝實踐情況的。英國經驗主義美學家有一個很長的行列，這裡只介紹代表性和影響都較大的人物。

一、培根

培根（Francis Bacon, 1561-1626）和莎士比亞同生在英國資產階級上升的時期，是文藝復興時代的精神在英國的體現。他總結了當時新興的自然科學的經驗和成就，並且瞭望到自然科學發展的遠景，立志要促進這種發展，在《學術的促進》、《新大西洋》和《新工具論》這一系列的著作中奠定了英國經驗主義哲學的基礎。他的思想在各方面都帶有深刻的革命的意義。首先他初步認識到認識與實踐的密切關係；認識是爲著實踐，認識也要根據實踐。他是近代把人生理想由觀照轉到行動的第一個人，他有一句名言：「知識就是力量，要藉服從自然去征服自然。」這句話在實質上已隱含著「自由是對必然的認識。」的意思。知識的力量要用在征服自然方面，而征服自然就要服從通過經驗知識所掌握到的自然的必然規律。他反對過去經院派的玄學思辨，把它比作蜘蛛，只會從自己腹中吐出絲來織網；他認爲眞正的哲學家要像蜜蜂，從各種花蕊採取甜汁，通過自己的消化力，把它轉化成蜜。這就是說，哲學家不應從概念出發而應從感性經驗出發。但是他也承認感官帶有欺騙性，不完全可靠，特別是因爲人們滿腦子都是迷信、成見和偏見之類「偶像」，這些都足以阻礙眞知灼見，所以要破除這些「偶像」，才能保持認識功能的清潔與銳敏，還要通過不斷的觀察和實驗去證實或糾正感性的認識。由於重視觀察和實驗，培根攻擊長期統治西方的亞理斯多德的偏重演繹法的形式邏輯，指出由個別事例上升到一般原則的歸納法更有助於科學發明。把感性認識看作知識的基礎，信任根據觀察和實驗的歸納法，以及強調認識的實踐功用，這是培根思想中兩大基本概念，而這兩大基本概念替近代科學的發展指出了正確的方向。馬克思和恩格斯說過：「英國唯物主義和整個現代實驗科學的始祖是培根。」①，足見馬克思主義創始人對培根的估價是很高的。

培根對於美學的貢獻首先就應從他的科學觀點和科學方法去認識。由於他奠定了科學實踐觀點和歸納方法的基礎，美學才有可能由玄學思辨的領域轉到科學的領域，而在實際上由培根思想發展出來的英國經驗派的美學，也正是朝著科學的道路前進，特別是在對審美現象進行心理學的分析方面。這並非說，培根的個別的美學觀點就無足輕重。他把人類學術分爲歷史、詩和哲學三部門，把人類知解力也分爲記憶、想像和理智三種活動，認爲「歷史涉及記憶，詩涉及想像，哲學涉及理智」。他在這裡已見出形象思維和抽象思維的分別，明確地把詩納到想像的範圍，爲後來美學對想像研究的重視開了先例。他也把複現的想像（即

① 見《馬克思恩格斯全集》，第二卷，第一六三頁。

記憶）和創造的想像分開，指出創造想像的特徵在於「放縱自由」。他說：「想像既不受物質規律的拘束，可以把自然已分開的東西合在一起，也可以把自然已結合在一起的東西分開，這樣就在許多自然事物中造成不合法的結婚和離婚」。這裡所指出的就是近代心理學家所說的想像中聯想和分想兩種對立的活動，由於詩是想像的產品，所以它是一種「虛構的歷史」。為什麼要有「虛構的歷史」呢？培根回答說：

世界在比例上趕不上心靈那樣廣闊。因此，為著使人的精神感到愉快，就須有比在事物的自然本性中所遇到的更宏偉的偉大、更嚴格的善和更絕對的變化多彩。因為眞實歷史中的行動和事蹟見不出能使人滿足的那種宏偉，詩就虛構出一些較偉大、較富於英雄氣概的行動和事蹟。……這樣，詩就顯得有助於胸懷的宏敞和道德，也有助於欣賞。所以詩在過去一向被認為分享得幾分神聖性質，因為它能使事物的景象服從人心的願望，從而提高人心，振奮人心……②

這就是說，藝術要對自然加以理想化，藉提高自然來提高人的心靈，具有娛樂和教育的雙重作用。

在《論美》一篇短文裡，培根用簡短的雋語來表達他關於美的一些獨到的看法。從羅馬

② 本段引文均見《學術的促進》，第二卷。

西賽羅以後，美在於形狀的比例和顏色，在西方已成爲流行的看法，培根卻認爲「秀雅合度的動作的美才是美的精華，是繪畫所無法表現出來的」。這句話已暗含萊辛在《拉奧孔》裡所說的美與媚（動態美）之分以及繪畫不適宜於表現動作的意思，培根也不贊成美在比例的看法。他說：「凡是高度的美沒有不在比例上顯得有些奇怪」。他既反對古希臘畫家亞帕勒斯「從許多面孔中選擇最好的部分去構成一個頂美的面孔」的辦法，也反對德國畫家杜勒「按照幾何比例去畫人像」的辦法，因爲他認爲畫家「在把面孔畫得比實際更美時不應該憑死規矩，而應該憑一種得心應手的輕巧，就像一個音樂家演奏出一曲優美的樂調那樣」。這就是說，藝術不能憑機械的拼湊而要憑藝術家的靈心妙運，接著他指出美不在部分而在整體以及美與品德的關係。他說的話雖不多，但足以見出他考慮到美的一些重要問題，而且敢於提出不同於過去的看法。在強調想像虛構、理想化、動態美和藝術家的靈心妙運這幾點上，他的美學思想已含有浪漫主義的最初萌芽。

二、霍布斯（附：洛克）

霍布斯（Thomas Hobbes, 1588-1679）早年做過培根的秘書，在英國革命前夕他屢次住過巴黎，結識了當時歐洲哲學界和科學界的領袖笛卡兒、嘉桑底和伽利略，部分地接受了他們的影響。他重視培根所忽視的依靠演繹推理的幾何學和數學。他「把培根的唯物主義系統化了」③，但是也把它機械化了。「一切存在的東西都是物體，一切發生的事件都是運動。」人是「自動的機械」，心也只是精微的物體，心的一切活動如思想情感意志等等都是物質的運動。只有個別的物體存在，抽象的一般的觀念都只是些文字符號，實際上並不存在。哲學的任務只在運用數學的方法去研究物體和它的運動，尋求事物之間的因果關係。因此在哲學裡他排除了有神論和目的論。這是他的一個很大的功績。

生在革命時代，霍布斯所最關心的是政治。他害怕革命戰爭的威脅，從資產階級要求安定的鞏固的社會秩序以便發展生產的立場出發，他在他的名著《巨鯨》裡提出一套為君主專制制度辯護的哲學。這套哲學是以極端的性惡說和功利主義為基礎的。依霍布斯看，人生來是自私的、殘酷的，在「自然狀態」（即原始狀態）裡，「人對人是豺狼」，互相殘殺，以便維持自己的生命和安全。等到這種情況維持不下去了，原始人才訂成社會公約，宣布放棄原來的每個人都有的互相掠奪殘殺的自由和權力，把它移交給一位代表共同意志的個人（專制君主），對他都要絕對服從，以便換取社會全體成員都需要的和平和安全。是非善惡本來是不存在的，在「自然狀態」中每個人所希求的東西就是善的，所厭惡的東西就是惡的；在受公約約束的社會裡，是非善惡就要取決於專制君主。宗教也要服從世俗政權。霍布斯的主張不是當時英國人所樂聞的，教會對他特別仇恨。他的《巨鯨》曾遭到議會的申斥。他對教會神權和中世紀經院派哲學的攻擊，他的機械唯物主義，以及他的關於社會公約的學說在當

③ 見《馬克思恩格斯全集》，第二卷，第一六四至一六五頁。

時都帶有進步的意義，對法國啓蒙運動的領袖們發生過顯著的影響。

在美學方面，霍布斯的貢獻在於他在《論人性》裡以及在《巨鯨》裡有系統地深入地討論了人類心理活動。他可以說是英國經驗派心理學的始祖。他奠定了經驗主義哲學的基本原則：一切人類思想都起源於感覺。他也初步建立了經驗派美學用來解釋想像和虛構乃至一般審美活動的觀念聯想律，指出想像雖是「衰退的感覺」，卻可以把不同的感覺所留下來的意象或觀念加以自由綜合，例如「感覺在一個時候顯出一座山的形狀，在另一個時候顯出黃金的顏色，後來想像就把這兩個感覺組合成一座黃金色的山」④。霍布斯有時把這種觀念的聯想叫做「複合的想像」。例如一個人「想像自己就是海格力斯或亞力山大」，他指出這「實際上只是心的一種虛構」。⑤這些都屬於所謂「類似聯想」。霍布斯也注意到「接近聯想」，他說，「凡是在感覺中彼此直接銜接的運動在感覺後也還是聯在一起的。一旦前一個運動再度發生，後一個運動根據被推動的物質的聯貫性，也就接著來」⑥。

霍布斯對於想像研究的創見在於把想像和欲念聯繫起來。這正如他把感覺和情感聯繫起來一樣，骨子裡是認識與實踐的結合。依他看，感官受到另一物體運動的衝擊，就產生兩種反應，一是認識性的反應，就是感覺；一是實踐性的反應，就是快感或痛感（情感）。如果

④《論人性》，第三章。
⑤《巨鯨》，第二章。
⑥同上書，第三章。

受到的衝擊有益於生命功能，就會產生快感以及隨著來的欲念；如果受到的衝擊有害於生命功能，就會產生痛感以及隨著來的厭惡。這樣就引起尋求和畏避兩類行動的意志。根據想像是否聯繫到欲念，霍布斯把「思想的聯繫」或「思路」分爲不經控制沒有意圖的和有控制有意圖的兩種，並且把有控制有意圖的思想聯繫和創造發明的能力等同起來：

> ……第二種思想聯繫較恆常，因爲它是由某個欲念或意圖控制住的。……從欲念出發，就想起我們過去見過的某種手段可以達到我們現在所懸的目的，從此又想到要用上這個手段，還要通過另一手段，如此繼續想下去，終於發現在我們能力範圍之內的那個開始著手點。……總之，思路在受意圖控制的時候，它不是別的，就是尋求，就是拉丁人所稱爲「智慧」的那種創造發明的能力，它或是就現在或過去的某一結果去尋求它的原因，或是就現在或過去的某一原因去尋求它的結果。
>
> ——《巨鯨》，第三章

霍布斯在這裡所說的正是創造的想像。這裡有兩點值得注意。第一點是創造的想像必然要受欲念、意圖或目的控制，因此，想像就必然是與情感聯繫的，也必然是藝術家的自覺活動。第二點是這番話對於形象思維和抽象思維是同樣適用的，形象思維也有它的邏輯性，和抽象思維並非絕對對立。

霍布斯不認爲單憑想像就可以創造藝術，這還可以從他對於想像力和判斷力的關係的看法上見出。他對這兩種認識功能所指出的分別是著名的：

> 在思想的承續中，人們對他們所想的事物只注意到兩方面：它們彼此相類似或不相類似，它們有**什麼用處或怎樣用它們來達到目的**。能看出旁人很少能看出的事物間的類似點，這種人就算是……有**很好的想像力**。能看出事物間的差異和不同，就要靠在事物中進行**分別、辨識和判斷**，在不易辨識的地方能辨識，這種人就算是有很好的判斷力。……
>
> ——《巨鯨》，第八章

總之，想像力用來求同，判斷力用來辨異。這兩種認識功能是互相補充的，在詩和一般藝術中也是如此。霍布斯把想像力和十七八世紀文藝界所流行的一個術語「巧智」（Wit）等同起來，認為這個品質使詩人達到崇高境界，他又把判斷力和「審慎」（Discretion）等同起來，認為須有這個品質才可以控制想像。⑦所以在二者之中，判斷力是更為重要的。「想像力如果沒有判斷力的幫助，就不應作為一種優良品質來表揚⑧」。因此，霍布斯認為：「一個人如果準備寫一部英雄體詩，去顯示出英雄品質的可敬愛的形象，他就不僅要憑一位詩人

---

⑦《奧德賽》的英譯序文。

⑧《巨鯨》，第八章。

的資格，去搜集他的材料，而且也要憑一位哲學家的資格，去整理他的材料」⑨。霍布斯對於判斷力的重視有一個深刻的原因：他認爲詩要逼眞才美。他說：

> 我不同意那些認爲詩的美就在於虛構離奇的人。因爲正如**眞實對歷史的自由是應有的約束**。**逼眞對詩的自由也是應有的約束**。……**一個詩人可以超越自然的實在的作品**，**但是絕不可以超越自然的可思議的可能性**。⑩（重點是引者加的）

歷史要眞實，眞實就是符合已然事實；詩卻要逼眞，逼眞者於事不必已然，於理卻必可能；它可以虛構自然界所沒有的東西，造出「第二自然」來，但是絕不可以違反自然的理性和規律。從亞理斯多德指出詩與歷史的分別以後，關於「眞實」和「逼眞」的話說得很多，霍布斯的這幾句話說得最爲簡賅透闢，在精神實質上是符合現實主義的。

關於美與善和醜與惡的聯繫和分別，霍布斯也有一個值得注意的看法：

> 有三種善：在指望中的善，即**美**；在效果上的善，即欲念所嚮往的目的，叫做**愉快的**；以及

⑨ 給達文蘭特的《岡地博特》史詩的序文的回答。

⑩ 同上。

> 作爲手段的善，叫做**有用的**，**有利益的**。惡也有這三種。
>
> ——《巨鯨》，第六章

從此可見，美還是一種善（醜也還是一種惡），所不同者通常所謂「善」不外是「欲念所嚮往的目的」或是達到這目的所須採取的手段。滿足欲念，所以是愉快的；幫助實現目的，所以是有效用的；至於美則指「凡是由某種明顯的符號使人可指望到善的東西」，這種符號表現在「形狀或面貌」上，這就是說，美是善在「形狀或面貌」上的「明顯的符號」，使人見到這種符號，就可以「指望」到善。所以善是美的內容，而美是善的表現形式。醜與惡可以由此類推。這個看法的優點在於既見出美與善的聯繫，又見出美與善的區別。它和後來康德的「美是道德精神的象徵」的看法有些類似。

霍布斯對可笑性或喜劇性這個審美範疇也提出過獨創的見解。他指出：「習以爲常的事不能引人發笑，引人發笑的都必定是新奇的，不期然而然的。」，笑的原因在於「突然發現自己的優越」，因此他對笑下了如下的定義：

> 笑的情感不過是發現旁人的或自己過去的弱點。突然想到自己的某種優越時所感到的那種**突然榮耀**感。人們偶然想起自己過去的蠢事也往往發笑，只要那蠢事現在不足爲恥。人們都不喜歡受人嘲笑，因爲受嘲笑就是受輕視。
>
> ——《論人性》，參看《巨鯨》第六章

笑的突然性和不期然而然的情況後來被康德採用到他的學說裡。「突然榮耀感」可以解釋「嘲笑」一類現象，但不一定能解釋一切笑與喜劇性的現象。

英國經驗主義哲學的基本觀點在霍布斯的著作裡都已大致奠定，所以他應該是最有資格代表這一派哲學的人，但是過去美學史家們往往不選他而選洛克（John Locke, 1632-1704），主要的理由在於洛克對後來經驗主義哲學思想發展的影響比較大。如果就思想的獨創性以及深度和廣度來看，霍布斯實在洛克之上。洛克的《論人的知解力》不過是就霍布斯思想的某些部分加以發揮和修正。例如霍布斯已注意到觀念聯想的事實，洛克給這事實確定下一個爲後來人一直沿用的名稱，即「觀念的聯想」（Association of Ideas）。他也修正了霍布斯，霍布斯只承認感覺爲一切觀念的來源，洛克卻認爲觀念除感覺之外，還有在心理功能方面的一個來源，就是反思（reflection）的能力。在美學方面，洛克的貢獻並不多。他的關於「巧智」和判斷力的分別所說的一段話，是艾迪生和後來人所常援引的：

> 巧智主要見於觀念的撮合。只要各種觀念之間稍有一點類似或符合時，它就能很快地而且變化多方地把它們結合在一起，從而在想像中形成一些愉快的圖景。至於判斷力則見於仔細分辨差別極微的觀念，這樣就可避免爲類似所迷惑，誤把一件事物認成另一件事物。這種辨法（判斷力所用的）和隱喻與影射（巧智或想像力所常使用的兩種修辭格——引者）正相反，而隱喻與影射在大多數場合下正是巧智使人逗趣取樂的地方，它們很生動地打動想像，受人歡迎，因爲它的美令人不假思考就可以見到。如果用眞理和理性的規則去衡量這種巧智，那對它就會是一種唐突，

因爲這樣辨，就會顯出它並不符合這類規則……

——《論人的知解力》，第二卷，第一一章

不難看出，這裡所指出的分別正是霍布斯所曾經指出過的求同與辨異的分別。像當時一般新古典主義批評家一樣，洛克把想像和「巧智」等同起來，把它窄狹化到隱喻和影射的運用。他以施恩惠的口吻，寬容想像的產品「不符合眞理和理性的規則」。

洛克對詩和藝術抱著一種極端功利主義的態度。他在《論教育》裡勸父母不讓兒童學詩，要「把他們的詩才壓抑下去，使它窒息」、「因爲在詩神的領域裡，很少有人發現金礦銀礦」、「除掉對別無它法營生的人以外，詩歌和遊戲一樣不能對任何人帶來好處」。這番話倒可以生動地說明資本主義社會極不利於詩和藝術的發展。

三、夏夫茲博里

經驗主義是十七八世紀英國的主要思潮，但是當時也還有一股次要的對立的思潮，那就是劍橋派的新柏拉圖主義。夏夫茲博里（The Earl of Shaftesbury, 1671-1713）是接近這一派的。⑪他出身貴族，早年曾受過洛克的教育，但是他對洛克以及霍布斯的哲學思想卻堅決

⑪ 他的主要著作有：(1)《論特徵》（一七一一），這是關於「人、習俗、意見、時代等等」的雜感，其中《道德家們》，《給一位作家的忠告》等文涉及美學問題的較多；(2)《論特徵》第二編（一七一三），副題為「形式的語

反對。爭執的焦點在於人是否生來就有道德感（包括美感）的問題。霍布斯曾力圖證明人在一切方面都從自私的動機出發，道德不過是維持社會秩序的一種方便，趨善避惡其實只是求獎避懲。洛克則認爲人心本來是一張白紙，一切知識都只是感官印象的拼湊，沒有先天觀念，也沒有先天的道德感。夏夫茲博里反對這些學說，因爲它們都把世界和人看成單純的機械，使人類社會所需要的道德在人性中找不到根基。他在給一位大學青年的信裡指責洛克說：

> 是洛克把一切基本原則都打破了，把**秩序和德行**拋到世界之外，使秩序和德行的觀念（這就是神的觀念）變成**不自然**的，在我們心裡找不到基礎。

這幾句話總結了夏夫茲博里和經驗派的分歧。他這位新柏拉圖主義者是站在當時以萊布尼茲爲首的理性派一邊的。按照這派的看法，人心裡生來就有一些先天的理性觀念，如「秩序」、「德行」之類。正是這些理性觀念才是道德行爲在人心中的基礎。洛克否定了一切先天觀念，因而也就使秩序和德行之類理性觀念變成「不自然的」，這也就是說，不是天生的，這也就無異於拋開秩序和德行在人心中的基礎。在夏夫茲博里看來，這就會導致宇宙間道德秩序的瓦解和人的精神生活的滅亡。他的整部倫理學說和美學學說都是爲著挽救這種悲

言」，實即論藝術的表現方式。

慘結局而建立的。

他的基本出發點就是人天生就有審辨善惡和美醜的能力，而且審辨善惡的道德感和審辨美醜的美感根本上是相通的、一致的。他替這種天生的能力取了各種不同的稱號：「內在的感官」、「內在的眼睛」、「內在的節拍感」等等。後來人也有把這種感官稱爲「第六感官」的，這裡有兩點值得注意。第一點是在視聽嗅味觸五種外在的感官之外，設立另一種在心裡面的「內在的感官」，作爲審辨善惡美醜的感官，足見審辨善惡美醜不能靠通常的五官。其次，審辨善惡美醜的能力雖是一種心理的能力，而在性質上卻還不是理性的思辨能力，而是一種感官的能力，它在起作用時和目辨形色，耳辨聲音具有同樣的直接性，不是思考和推理的結果：

眼睛一看到形狀，耳朵一聽到聲音，就立刻認識到美、秀雅與和諧。行動一經察覺，人類的感動和情欲一經辨認出（它們大半是一經感覺到就可辨認出），也就由一種內在的眼睛分辨出什麼是美好端正的、可愛可賞的；什麼是醜陋惡劣的、可惡可鄙的。這些分辨既然植根於自然（「自然」指「人性」——引者），那分辨的能力本身也就應是自然的，而且只能來自自然，怎麼能否認這個道理呢？

——《道德家們》，第三部分，第二節

從此可見，夏夫茲博里認爲對善惡美醜的分辨既然是直接的，所以就是自然的，即天生的；

分辨的動作既是自然的，分辨的能力本身也就只能是自然的，即天生的；人心並不像洛克所說的生來就只是一張白紙。

不過「內在的感官」畢竟不同於外在的感官，而是與理性密切結合的。夏夫茲博里舉吃草的牲畜在美麗的原野上歡天喜地爲例，說牲畜們並不是認識到美而快樂，「它們所歡喜的並不是形式而是形式後面的實物。……形式如果不經過觀照、評判和考察，就絕不會有眞正的力量，而只是平息被激動的感官和滿足人的動物性部分的東西的一種偶然的標誌」⑫，接著他下結論說：

> 如果動物因爲是動物，只具有感官（動物性的部分），就不能認識美和欣賞美，當然的結論就會是：人也不能用這種感官或動物性的部分去體會美或欣賞美；他欣賞美，要通過一種較高尚的途徑，要借助於最高尚的東西，這就是他的心和他的理性。

夏夫茲博里在這裡把人分爲動物性的部分和理性的部分；通常的感官屬於動物性的部分，「內在的感官」才屬於人的心和理性的部分；審美的能力只屬於後者而不屬於前者。

這種有別於動物性部分的理性部分究竟是什麼呢？按照霍布斯的性惡論，人生來是自私的，道德的行爲也出於自私的動機，就是考慮到善惡會招致獎懲報應，所以人就只有動物

⑫《道德家們》，第三部分，第二節。

性的部分而沒有理性的部分。夏夫茲博里提出理性的部分是針對霍布斯的性惡論而進行反駁的。理性的部分就是人性中的善根，就是生來就有的道德感或是非感。所謂「善」和「道德」是和社會生活分不開的。所以理性的部分就是生而就有的適合於社會生活的道德品質。夏夫茲博里反駁霍布斯說：「如果吃和喝是天生自然的，群居也是天生自然的。」因此一個人不可能生而沒有適宜於群居的道德感：

> 不可能設想有一個純然感性的人，生來稟性就那麼壞，那麼不自然，以至到他開始受感性事物的考驗時，他竟沒有絲毫的對同類的好感，沒有一點憐憫、喜愛、慈祥或社會感情的基礎。也不可能想像有一個理性的人，初次受理性事物的考驗時，把公正、慷慨、感激或其他德行的形象接受到心裡去時，竟會對它們沒有喜愛的心情或是對它們的反面品質沒有厭惡的心情。一個心靈如果對它所認識的事物沒有讚賞的心情，那就等於沒有知覺。所以既然獲得了這種以新的方式去認識事物和欣賞事物的能力，心靈就會在行動、精神和性情中見出美和醜，正如它能在形狀、聲音、顏色裡見出美和醜一樣。
>
> ——《論德行或善良品質》，第一卷，第三部分，第一節

夏夫茲博里把「在行動、精神和性情中見出美和醜」和「在形狀、聲音、顏色裡見出美和醜」看作是相同的，也就是把道德感和美感看作是相同的。人好善而惡惡，其實就是因為善是美的而惡是醜的。所以有人認為夏夫茲博里的倫理觀點以美學觀點為基礎，這是不錯

的。由於他看出美與善的密切聯繫，他也看出審美是與憐憫、喜愛、慈祥、公正、慷慨之類「社會感情」的密切聯繫，這也就是說，他看出了美的社會性。這是他的美學觀點中的合理因素，正是在這一點上，他的學說對經驗派片面強調動物性本能的美學觀點是一個重要的糾正。他的錯誤在於肯定這類「社會情感」不是社會發展的產物，而是人在「自然狀態」中生而就有的資稟。在把道德看成社會發展的產物這一點上，霍布斯無疑地比他正確。另外一點是夏夫茲博里沒有認識清楚的：美感究竟是感性的活動還是理性的活動呢？從他把審美能力稱爲內在的感官看，他似乎強調審美活動的感性的性質，所以他強調它的不假思索和直接性。但是從他區別動物性部分與理性部分，把審美歸到理性活動看，他又似強調審美活動的理性的性質。感性活動和理性活動是可以統一而且應該統一的，但是它們究竟屬於兩個不同的階段，而夏夫茲博里卻把它們在同一階段（實際是感性階段）裡統一起來，把理性活動看成一種不假思考的近似感性直黨的活動，這就帶有神祕主義的色彩了。

事實是夏夫茲博里沒有脫離神祕主義，因爲他的哲學基礎是新柏拉圖主義。他還肯定神的存在。他不滿意霍布斯和洛克把宇宙只看作「神的機械」，他自己卻要把宇宙看作「神的藝術作品」。宇宙就是一個和諧整體，就是一件美的藝術品，「這整體就是和諧，節拍是完整的，音樂是完美的」。他沿襲普洛丁的看法，惡與醜只是部分的，其功用在襯托出整體的和諧。這世界就像萊布尼茲所說的，是「一切可能世界中的最好的世界」。萊布尼茲之所以對夏夫茲博里那樣讚賞，也正因爲他們兩人都是理性主義者和樂觀主義者。夏夫茲博里還採取了新柏拉圖派的人天相應的學說。人是小宇宙，反映大宇宙；人心中善良品質所組成的和諧或「內在節拍」反映大宇宙的和諧。這大宇宙的和諧才是夏夫茲博里所說的「第一性美」，而人在自然界和自己的內心世界所見到的美只是「第一性美」的影子。「內在節拍」又是認識和欣賞形狀、聲音和顏色的外在美所必有的條件。所以自己的心靈不美的人就無法眞正認識美和欣賞美。

宇宙既是一件藝術品，而宇宙的創造者，上帝，當然也就是一位藝術家。他是一切美的來源，也是一切藝術家的榜樣。在《給一位作家的忠告》裡夏夫茲博里說：

> 眞正的詩人事實上是一位第二造物主，一位在天帝之下的普羅米修斯。就像天帝那位至上的藝術家或造型的普遍的自然一樣，他造成一個整體，本身融貫一致而且比例合度，其中各組成部分都處在適當的從屬地位……

值得注意的是「天帝那位至上的藝術家」又叫做「造型的普遍的自然」。作爲一個「自然神」論者，夏夫茲博里是把「普遍的自然」和神等同起來的。作爲一個新柏拉圖主義者，他是把物質（材料）和精神（心靈）看作不但對立而且彼此獨立的。這兩對立面之中精神是首要的，精神貫注到物質裡，物質才能有形式，有生命。神是使物質具有形式的最後因，所以說他是一位「造型的」「至上藝術家」。是他造成了宇宙這個和諧整體。就作用來說，詩人或藝術家也是賦予形式於物質的，也是「造型」的，所以他是「第二造物主」，而他的作品就是「第二自然」，也是本身融貫一致，主從關係恰當的和諧整體。

所以無論是自然還是藝術作品都應該是美的，而在美這個屬性上都應該是一致的。這就涉及美在哪裡的問題。由於把精神和物質，形式與材料割裂開來，由於把精神和形式看成第一性的，夏夫茲博里得出的結論是：

> 美的、漂亮的、好看的都絕不在物質（材料）上面，而在藝術和構圖設計上面；絕不能在物體本身，而在形式或是賦予形式的力量。
>
> ——《道德家們》，第三部分，第二節

他舉徽章、錢幣、鑲嵌品、雕像之類藝術品爲例，認爲金屬材料是「被美化者」，而藝術才是「美化者」，「眞正美的是美化者而不是被美化者」。「物體裡並沒有美的本原」，因爲物體既不能「控制自己或調節自己」，又不能「對自己存目的，起意圖」，只有心靈才有本領去控制物質，調節物質，對物質存目的，起意圖，所以心靈才是物體美的本原。

接著他把形式（美所在）分爲三類。第一類是「死形式」，「它們由人或自然賦予一種形狀，但是它們本身卻沒有賦予形式的力量，沒有行動，也沒有智力」。例如山川金石草木和人所製作的一切。第二類是「賦予形式的形式」，「它們有智力，有行動，有作爲」；「這類形式有雙重美，一方面有形式（心的效果），一方面又有心」，所以遠比「死形式」的美較高級。這其實就指心靈完美的人。第三類形式不僅賦予形式於物質，而且「賦予形式於心本身」，所以就是「一切美的本原和泉源」，「建築、音樂以及人所創造的一切都要溯源到這一類美」。這就是所謂「第一性美」，也就是自然神。夏夫茲博里用這種客觀唯心主義的美學觀點作爲武器，向經驗主義或機械唯物主義進行鬥爭，其基本傾向是反歷史潮流的，但是其中也並非毫無投合歷史潮流的因素。其一是把「賦予形式的形式」看作高於「死形式」，即把人的優美品質看作高於「形狀、聲音和顏色」的外在美那種人道主義思想，其次是「賦予形式」、「造型」、「構圖設計」這些概念所隱含的對創造想像的重視。

此外，夏夫茲博里的美學思想中還有三點值得注意：

第一是他在《赫庫理斯的選擇》⑬一文裡，提到畫家在描寫動作時應該在這動作過程中選擇最富於暗示性的一頃刻。這個看法是由萊辛在《拉奥孔》裡加以發揮的。

其次是他的美標誌健康和旺盛，而醜則標誌疾病和災禍的看法：

> 比例合度的和有規律的狀況是每件事物的眞正旺盛的自然的狀況。凡是造成醜的形狀同時也造成不方便和疾病。凡是造成美的形狀和比例，同時也帶來對適應活動和功用的便利。
>
> ——《雜想錄》，第三部分，第二章

他認爲這個道理也適用於藝術所摹仿的形狀以及心靈方面的美和醜，因此他下結論說：

---

⑬《論特徵》，第二編。

凡是美的都是和諧的和比例合度的，凡是和諧的和比例合度的都是眞實的，凡是既美而又眞實的也就當然是愉快的和善的。

——《雜想錄》，第三部分，第二章

他在這裡從「對適應活動和功用的便利」的角度來衡量事物形狀或品質的善和美，斷定美在於旺盛的生命而醜在於疾病和災禍。這個看法在後來許多美學家（例如黑格爾、車爾尼雪夫斯基等）的著作裡得到進一步的發揮，不過夏夫茲博里所理解的「對適應活動和功用的便利」是和他的目的論與宇宙理性秩序的概念分不開的。

第三是他再三強調文藝的繁榮有賴於政治的自由，暴力專制下的阿諛逢迎的情況不利於產生偉大的文藝。他舉羅馬爲例：

羅馬人自從開始放棄他們的野蠻習俗，向古希臘學會用正確的典範來培養他們的英雄、演說家和詩人之日起，就違反公道，企圖剝奪世界人民的自由，因而也就很符合公道地喪失了他們自己的自由。隨著自由的喪失，他們就不僅喪失了他們的詞章中的力量，而且連他們的文章風格和語言本身也都喪失了。後來在他們中間起來的詩人都只是些不自然的長得很勉強的植物。

——《給一位作家的忠告》，第二部分

文藝需要自由，因爲文藝是爲進行說服教育的，說服教育就要假定人民有根據自願去行動的自由：

在把說服作爲領導社會的主要手段的地方，在人民先須受到說服才肯行動的地方，那裡詞章就會得到重視，演說家和詩人就會得到聽眾，而民族中天才和有智慧的人們也就會獻身於藉理智去說服人民的那些藝術的研究。

——《給一位作家的忠告》，第二部分

文藝與政治自由的密切聯繫在啓蒙運動時期是一般文藝理論家所特別看重的。休謨在《論文藝和科學的興起和發展》裡，以及溫克爾曼在《古代造型藝術史》裡都著重地論證過這種聯繫。這反映當時上升資產階級的要求。

夏夫茲博里的新柏拉圖主義無疑是反歷史潮流的，但是對經驗派感覺主義的片面性也起了一些糾正作用。至少是他的著作引起了人們的思考和辯論，促進了美學思想的發展。他在當時的影響是巨大的，不但在英國建立一個美學學派，而且對大陸上啓蒙運動的領袖們也發生過廣泛的影響。萊布尼茲、孟德斯鳩、狄德羅、萊辛、赫爾德以至康德和席勒對他都作過很高的估價。

四、哈奇生

夏夫茲博里的《論特徵》曾受到曼德維爾（Mandeville, 1670-1733）的譏嘲和攻擊。這位在英國行業的荷蘭醫生在哲學思想上接近霍布斯。他在《蜜蜂的寓言》和其他著作裡特別反對夏夫茲博里這派道德家們的人生來就有道德感的看法。他認爲德行起於榮辱感，而榮辱感起於自私，它是「諂媚配上驕傲所養的孩子」，是僧侶和政客們爲他們自己利益的宣傳口號，所以是教育、習俗和訓練的結果，不是什麼天賦的品質。而且道德家們所責備的惡劣行爲也是文明社會所必須的，因爲肯花錢過驕奢淫逸生活的人愈多，對貨物的要求也就愈多，就業者也就愈多，而工資也就愈高，因此社會也就愈繁榮。他的這套似乎駭人聽聞的論調曾轟動一時，引起許多衛道者的反駁，其中之一便是夏夫茲博里的門徒哈奇生（Francis Hutcheson, 1694-1747）。

哈奇生的主要著作是《論美和德行兩種觀念的根源》（一七二五）。他曾明白宣布這部著作的目的是「解釋和辯護夏夫茲博里的學說」，也就是針對曼德維爾的攻擊，辯護道德感或「內在感官」的先天性。這部書第一卷專論美，在英國專門論美的著作中，這要算是頭一部。哈奇生繼承了夏夫茲博里的主要觀點，即美感與道德感是相通的、一致的而且是天生的。他所反對的是洛克派的「對美和秩序的喜愛是便利、習俗或教育的結果」的看法。他認爲如果說美感起於便利，便是把美感和利害計較混淆起來，這就必然要否定美感與道德感的一致性；如果說美感起於習俗或教育，便是否認審美能力在自然本性中的根源。他用來反駁敵對論調的論證是審美活動的直接性以及在作用上和感官的類似性。「有些事物立刻引起美的快感」，所以就應有「適宜於感覺到這種美的快感的感官」，即內在感官（I：15）。這種內在感官與外在的五官既有區別，也有類似。區別在於耳目之類外在感官只能接受簡單的觀念，只能受到較微弱的快感；但是認識「美、整齊、和諧」的內在感官卻可「接受複雜的觀念，所伴隨的快感遠較強大」。「例如就音樂來說，一部優美的樂曲所產生的快感遠遠超過任何一個單音所產生的快感」（I：8）。這就是說，單音產生簡單的觀念，只需靠外在感官（耳）去接受，樂曲產生複雜的觀念，卻需靠較精細的內在感官去接受。所以單憑視覺或聽覺的人只能感到簡單觀念所產生的較微弱的快感，「也許不能從樂曲、繪畫、建築和自然風景中得到快感」（I：10），像一般經驗派美學家一樣，哈奇生也沒有看出美感與感官快感在性質上的分別，只看到它們的量的分別，美感只是「遠較強大的快感」。

但是內在感官和外在感官在直接性上畢竟類似，哈奇生就是根據這一點把審美能力稱爲一種獨立的「感官」：

> 把這種較高級的接受觀念的能力叫做一種「感官」是恰當的，因爲它和其他感官在這一點上相類似：所得到的快感並不起於對有關對象的原則、原因或效用的知識，而是立刻就在我們心中喚起美的觀念。
>
> ——I：13

在這裡他把知覺（感官印象）和知識對立起來，對於「原則、原因或效用的知識」要通過理智，沒有感覺的那種直接性。因此，他推論到「美的快感和在見到利益時由自私心所產生的那種快感是迥不相同的」（I：15）。除掉產生時直接與間接的分別，以及上文所提過的強度上分別之外，他指不出這種不同究竟何在。

哈奇生把審美的內在感官和「審美趣味」看作一事，認爲它既是天生的，不是習俗造成的，就用不著教育和訓練。這樣片面地強調天資而否定社會環境的影響，哈奇生就比他的老師倒退了一大步，因爲夏夫茲博里很重視文化修養對於審美趣味的作用。在這一點上哈奇生也不免自相矛盾。在談到在審美趣味的分歧時，他又說這種分歧是由於聯想。他似乎沒有想到「聯想」當然不能是天生的，只能是習俗教育和個人生活經驗的結果。承認「聯想」的作用，內在感官的直接性就不是那麼絕對了。

在對美作分類嘗試的美學家中，哈奇生算是較早的一個。他把美分爲本原的（或絕對的）和比較的（或相對的）兩種。絕對美是單就一個對象本身看出來的，相對美是拿一個對象與其他相關對象作比較才看出來的。哈奇生特別聲明「絕對」只指一對象與另一對象不發生關係，並非指它與認識主體或心不發生關係：

> 本原美或絕對美並非假定美是對象所固有的一種屬性，這對象單靠本身就美，對認識它的心毫無關係；因爲美，像其他表示感性觀念的名稱一樣，嚴格地只能指某個人的心所得到的一種認識。……所以我們所了解的絕對美是指我們從對象本身裡所認識到的那種美，不把對象看作某種其他事物的摹本或影像，從而拿摹本和藍本進行比較；例如從自然作品，人工製造的各種形式、人物形體、科學定理這類對象中所認識到的美。比較美或相對美也是從對象中認識到的，但一般

把這對象看作另一事物的摹本或與另一事物相類似。

——II：3

在繼續說明絕對美時，哈奇生認爲對象本身引起絕對美觀念的是對寓變化於整齊的感覺。他說：

> 在對象中的美，用數學的方式來說，彷彿在於**一致與變化的複比例**：如果諸物體在**一致**上是相等的，美就隨**變化**而異；如果在**變化**上是相等的，美就隨**一致**而異。
>
> ——II：3

寓變化（多樣性）於整齊（一致），從雜多中見整一，這是歷來從形式看美的美學家們所一致看重的一條規律。哈奇生所謂事物本身的絕對美還是側重形式方面。在說明絕對美的具體事例中，他到處都應用這一條規律。最能說明問題的是音樂：

> 在本原美項下可以列入**和諧或聲音**的美，因爲和諧通常不是看作另一事物的摹本。和諧往往產生快感，而感到快感的人卻不懂得這快感是怎樣起來的，但是人們知道，這快感的基礎在於某種一致性。
>
> ——II：13

這就是說，音樂不屬於摹仿性藝術，它的快感不起於內容意義而起於形式上某種一致性。

值得注意的是哈奇生認爲科學定理也可以美，而這種美是屬於絕對的一類。他的理由是科學定理的發明或認識必然引起一種喜悅，這喜悅是一種感覺，與對定理的單純知識本身不同；它之所以發生，還是由於在雜多中見出一致，定理雖只一條，而可包括的事例卻無窮（Ⅲ：2）。

相對美或比較美主要地指摹仿性藝術的美。「這種美是以藍本和摹本之間的符合或統一爲基礎的」，所以逼眞是藝術的一個根本要求。但是這並非說藝術就等於自然，「如果只需得到比較美，並不一定要藍本裡原來就有美」。「儘管藍本裡絲毫沒有美，一個精確的摹本仍然是美的」（Ⅳ：1）。

哈奇生注意到自然中也可以有相對美，因爲自然事物可以象徵人的心情：

> 由於我們有一種奇怪的傾向，歡喜類似。自然中每一事物就被用來代表旁的事物，甚至於相差很遠的事物，特別是用來代表我們最關心的人性中的情緒和情境。
>
> ——Ⅳ：4

結合到這個事實，他提到比喻、象徵和寓言的美，這裡顯然涉及移情現象。此外，他還提到「面貌、風度、姿勢、動態中那種最有力量的美起於想像的表現人心中某些良好道德品質的標誌」（Ⅱ：9）。

和當時多數理性派思想家一樣，哈奇生是一個目的論者。他認爲動物的身體結構美使我們發生快感，是由於這種結構適應該動物的「必須和便利」，即符合它的本質所決定的目的。這是由神的智慧所設計安排的。這種美即一般目的論者所說的「完善」，也屬於相對美一類（Ⅱ：2；Ⅴ：1）。

推廣一點，變化中見出一致性就產生美感這條總的規律也還是天意的安排，因爲「**寓變化於整齊**的觀照物件，比起**不規則**的對象較易被人更明晰地認出和記住」，把對這種對象的觀照和快感結合在一起，就足見「神所具有的那種明智的恩惠」（Ⅶ：2）。

以上是哈奇生的一些基本美學觀點。它們只是夏夫茲博里的美學雜感的系統化。他對德國古典美學曾發生過一些影響。萊辛曾把他的《道德哲學體系》譯成德文。他的美感與道德感一致，審美活動不涉及概念和利害計較，以及內在感官見出天意安排等觀點在康德的《美的分析》裡留下了明顯的痕跡。他對絕對美與相對美的區分和康德的純粹美與依存美的區分也有些類似，並且在狄德羅的《論美》裡這個區分也被沿用著。

哈奇生的基本出發點是唯心主義的。他的「內在感官」在近代心理學和生理學裡都找不到證據，下文還要提到，博克對這種「內在感官」說進行過有力的駁斥。他把美作爲由內在感官所接受的一種「觀念」（意指「印象」），「美是觀念」的提法也要溯源到他。這種看法在當時很流行，連對哈奇生進行鬥爭的博克也還是把「崇高」和「美」都看作「觀念」。

五、休謨

休謨（David Hume, 1711-1776）是英國經驗主義的集大成者。由於把感覺主義推到極端，把事物間的因果關係歸結爲觀念聯想上的一致性，否定事物間的必然規律，走到懷疑主義和唯心主義。但是他還沒有像巴克萊⑭那樣否定客觀存在，儘管他認爲存在與意識的關係是無從解決的。他的《關於自然宗教的對話》動搖了基督教的有神論的基礎，他極力攻擊迷信與偏見，力圖對人的內心界和自然界進行深入的分析，據說他曾經把康德「從哲學的酣睡中喚醒過來」。

在英國經驗派哲學家中，他是最篤好文藝的一個，而且也是最關心文藝和美學問題的一個。他指責亞理斯多德以後的批評家們對文藝和美學問題所發的空談甚多，所得到的成就甚小，其原因在於沒有用「哲學的精密性」來指導審美趣味。他的企圖就是要把「哲學的精密性」帶到美學領域裡來。由於他的美學觀點中有很多的矛盾，要正確估價他的貢獻是不易的；但是有些人認爲他是「一個極端的主觀唯心主義者和相對主義者」，則未免只抓住矛盾的反面的一面，休謨的著作（在美學方面主要的是《論人性》中的一部分，《論審美趣味的標準》以及《論懷疑派》）卻不能證實這種片面的結論。

繼承英國經驗派的傳統，休謨主要地用心理學分析方法去探討他所最關心的兩個基本問題，一是美的本質，一是審美趣味的標準。

---

⑭ 巴克萊（G. Berkeley, 1685-1753），由經驗主義轉到主觀唯心主義的英國哲學家。

1. 美的本質

關於美的本質問題，他堅決反對美是對象的屬性的看法。他舉過去許多形式主義者所讚美的圓形爲例：

> 歐幾里得曾經充分說明了圓的每一性質，但是不曾在任何命題裡說到圓的美。理由是明顯的，美並不是圓的一種性質。美不在圓周線上任何一部分上，這圓周線的部分和圓心的距離都是相等的。美只是圓形在人心上所產生的效果，這人心的特殊構造使它可感受這種情感。如果你要在這圓上去找美，無論用感官還是用數學推理在這圓的一切屬性上去找美，你都是白費氣力。
>
> ——《論懷疑派》
>
> （重點是引者加的）

休謨指出美不是對象的一種屬性，而是某種形狀在人心上所產生的效果，並且說明這種效果之所以能產生，是由於「人心的特殊構造」。這幾句話可以作爲休謨的基本美學觀點的總結。是否從此就可以斷定休謨是「一個極端的主觀唯心主義者和相對主義者」呢？休謨的觀點是有矛盾的。這問題要分作兩方面來看。我們再引他的兩段關鍵性的話加以分析和說明：

> 美是（對象）各部分之間的這樣一種秩序和結構；由於人性的本來的構造，由於習俗，或是由於偶然的心情，這種秩序和結構適宜於使心靈感到快樂和滿足，這就是美的特徵，美與醜（醜

自然傾向於產生不安心情）的區別就在此。所以快感與痛感不只是美與醜的必有的隨從，而且也是美與醜的眞正的本質。（後面的重點是引者加的）

——《論人性》

同一對象所激發起來的無數不同的情感都是眞實的，同爲情感不代表對象中實有的東西，它只標誌著對象與心理器官或功能之間的某種協調或關係；如果沒有這種協調，情感就不可能發生。美不是事物本身的屬性，它只存在於觀賞者的心裡。每一個人心見出一種不同的美。這個人覺得醜，另一個人可能覺得美。（重點是引者加的）

——《論審美趣味的標準》

應該注意的是休謨在前一段裡把美和審美者的快感等同起來，在後一段⑮裡肯定美「只存在於觀賞者的心裡」。如果單就這一類的話來看，休謨的美學觀點無疑地有主觀唯心主義和相對主義的一面。

但是他也還有另一面，在上引兩段話中已可見出。他說對象各部分之間的某種「秩序和結構適宜於使心靈感到快樂和滿足」，在《論審美趣味的標準》裡他還說：「由於內心體系的本來構造，某些形式或性質就能產生快感」，這些話就顯然肯定了客觀存在（對象的某種「秩序和結構」、「形式或性質」）是美感的成因之一，這就不是主觀唯心主義了。不過他

---

⑮ 後一段雖是轉述旁的哲學家的話，卻基本上代表他自己的意見。

認爲只有這一個成因還不夠，美感還有另一個成因，就是「人性的本來的構造」或「心理器官或功能」。這客觀的和主觀的兩方面因素須協調合作，才能產生審美的快感。這個看法和康德的美起於外在形式符合認識功能說是一致的，不過沒有像康德說的那麼玄奧，康德相信目的論，而休謨並不相信目的論。這裡也未見得有多大的主觀唯心主義的色彩。

問題在於休謨把審美者的快感和美等同起來，認爲「快感與痛感是美與醜的本質」。如上所說，這是主觀唯心主義的。但是他在這個問題上並沒有想得明確，所以露出矛盾。在《論懷疑派》裡，他在說明審美趣味與推理作用的區別時，說過這樣的話。

> 在美和醜之類情形之下，人心並不滿足於巡視它的對象，按照它們本來的樣子去認識它們；而且還要感到欣喜或不安，讚許或斥責的情感，作爲巡視的後果，而**這種情感就決定人心在對象上貼上「美」或「醜」、「可喜」或「可厭」的字眼**。很顯然，這種情感必然依存於人心的特殊構造，這種人心的特殊構造才使這些特殊形式依這種方式起作用，造成心與它的對象之間的一種同情或協調。（重點是引者加的）

這裡所說的「欣喜或不安」兩種情感就是快感或痛感。休謨在這裡並沒有把這種快感和美等同起來，而是把它看作人心判定對象爲美的原因。依這段話看，審美過程是這樣：對象的特殊形式引起快感，這快感又引起對對象作美的評價；就因果關係來說，快感是物我內外協調的結果，而美的評價又是快感的結果。這種看法是否就站不住呢？如果美不是事物本身的一種屬性，也不是沒有客觀基礎的主觀心理活動的虛構，它就只能是人給對象所評定的一種價值。休謨的矛盾在於他徘徊不定（懷疑主義者的特徵），時而把美看成快感，時而又把美看成快感所引起的評價，時而又用日常談話所用的鬆懈的語言，說美引起快感，醜引起痛感，又回到他所反對的「美是對象本身的屬性」說。

在美的本質問題上，休謨還有說明心理構造與快感來源的兩個密切相關的看法。一個是**效用說**。「美有很大一部分起於便利和效用的觀念」，例如「標誌強壯的形狀對於某一動物是美的，標誌輕巧敏捷的形狀對於另一動物是美的。一座宮殿的秩序列於它的美在重要性上，並不次於它的單純的形體和外貌」。⑯又如「能使一片田地產生快感的莫過於它的肥沃豐產，這種美是任何裝飾或位置的優點所不能比擬的」。「一片荊棘叢生的平原，就它本身來說，可能和一座栽滿葡萄和橄欖的山崗一樣美，儘管對熟悉這兩類果木價值的人來說，它們就不會是一樣美」。接著這些例子他加以說明：「這只是一種來自想像的美，在直接呈現於感官的東西裡卻找不到根據。肥沃豐產和價值要涉及效用，而效用就要涉及財富、歡樂和富裕生活。」⑰這種美在效用說早就由蘇格拉底提出過，不過休謨對它加以新的解釋。這裡有兩點可以注意：第一，像蘇格拉底一樣，他藉此來說明美的相對性（這並不等於相對主義），美是對人才有效的，它必然隨人的利益不同而顯出分歧。其次是休謨把美分爲來自

---

⑯《論人性》，第二卷，第一部分，〈論美與醜〉節。

⑰同上書，第五節。

感覺的和來自想像的兩種。感覺的美（例如宮殿的形體和外貌，荒原和果園單就它們本身來看）是由感官直接接受來的，只涉及對象的形式；想像的美則起於對象形式所引的對象的便利和效用之類觀念聯想，這就必然涉及內容意義。從上引諸事例看，休謨總是把內容看作比形式更重要。效用說出於休謨這個具體的思想家口裡，表現出當時英國經驗派一般崇尚功利主義的傾向。

與效用說密切聯繫的是**同情說**。同情即屬於休謨所說的「人性的本來的構造」或「心理功能」的重要組成部分。對象之所以能產生快感，往往由於它滿足人的同情心，不一定觸及切身的利害。例如我們看到肥沃豐產的果園，儘管自己不是業主，不能分享業主的好處，「但是我們仍可借助於活躍的想像，體會到這些好處，而且在某種程度上和業主分享這些好處」，這就是運用同情了。休謨還舉了另外一個例子。房主引我們客人看房子。總要仔細指出它的種種便利細節，休謨接著加以分析：

> 很顯然，房子之所以美，主要地就在這些細節。看到便利就起快感，因爲便利就是一種美。但是它究竟怎樣引起快感呢？這當然牽涉不到我們自己的利益，但是這又實在是一種來自利益而不是來自形式的美，那麼，它之所以使我愉快，只能由於傳達，以及由於我們對房主的同情，我們借助於想像，設身處地想到他的利益，因而也感到他對這些對象自然會感到的那種滿足感。

這裡應該注意兩點：第一，來自利益的美與來自形式的美，即上文所說的想像的美和感覺的美。其次，利益不一定就是自己的利益，旁人的利益也可以由於同情和想像在某種程度上變爲自己的利益，因而旁人覺得美的自己也覺得美。所以美感不一定不涉及利害計較（如哈奇生和康德所說的），也不一定因此就涉及自私的動機（如霍布斯所說的）。

休謨還用同情說來說明一般所謂「形式美」，如平衡、對稱之類，仍要涉及內容意義。他說，「建築學的規矩要求柱子上細下粗，因爲這樣的形體才使我們起安全感，而安全感是一種快感；反之，上粗下細的柱子使我們起危險感，這是不愉快的」[18]。他又說：「繪畫裡有一條頂合理的規則：使人物保持平衡，極精確地把它們擺在各自特有的引力中心上。一個擺得不是恰好平衡的形體是不美的，因爲它引起它要跌倒、受傷和苦痛之類觀念，這些觀念如果由於同情的影響，達到某種程度的生動和鮮明，就會引起痛感」。從這兩個例子看，休謨所了解的同情並不限於人，也可以推廣到無生命的東西（如柱子），柱子上細下粗就令人起安全感，上粗下細就可以令人起危險感，不平衡的形體會引起跌倒的觀念，這些都可以由於同情的影響，先想像到對象處在安全，危險或跌倒的狀態，然後觀者自己也隨之起快感或痛感。這已經是移情說的雛形了。此外，休謨還認爲：「人體美的主要部分是一種健康活潑的神色，以及標誌強壯和活動的四肢構造。這種美的觀念也非用同情說就不能解釋」。[19]這

---

[18]《論人性》，第二卷，〈論美與醜〉節。

[19]以上引文均見《論人性》，第二卷，第五節。（引文中簡寫為II：5，下同）

就是說，設身處地想像到對象的健康活潑等等，因而自己也分享到那種快樂。

「同情」（sympathy）在西文裡原義並不等於「憐憫」，而是設身處地分享旁人的情感乃至分享旁物的被人假想爲有的情感或活動。現代一般美學家把它叫做「同情的想像」。以後我們還會看到，同情說在博克、康德以及許多其他美學家的思想裡占著很重要的地位，立普司一派的「移情」說和谷魯斯一派的「內摹仿」說實際上都只是同情說的變種。⑳休謨所提的同情說著重美的社會性或道德性，可以看作一種健康的觀點。它有力地打擊了形式美的傳統觀點。

2. 審美趣味的標準

與美的本質密切相關的是**審美趣味標準**問題。這問題涉及上文所提到的休謨是否持「極端的相對主義」的問題。審美趣味就是鑒賞力或審美的能力。像一般經驗主義者一樣，休謨否認先天的觀念，但不否認先天的功能。審美趣味和理智都是先天的功能。休謨把這二者看成是對立的：

> 理智傳運眞和僞的知識，趣味則產生美與醜和善與惡的情感。㉑前者按照事物在自然中的實在情況去認識事物，不增也不減；後者卻具有一種製作的功能，用從心情借來的色彩去渲染一切

---

⑳ 參見本編第十九章。

㉑ 像夏夫茲博里一樣，休謨把美感和道德感看作是相通的。

> 自然事物，在一種意義上形成一種新的創造。
>
> ——《人的知解力和道德原則的探討》

這裡指的就是抽象思維和形象思維（即想像）的分別，前者不夾雜主觀情感色調，而後者要夾雜主觀情感色調；所以前者是如實反映，而後者卻是一種新的創造。新的創造並不是無中生有，它還要運用感性經驗，不過可以根據情感的需要，對實在的感性經驗加以虛構式的處理：

> 人的想像是再自由不過的。它雖不能超出內在的和外在的感官所提供的那些觀念的原始儲備，卻有不受局限的能力把那些觀念加以摻拌、混合和分解，成爲一切樣式的虛構和意境。
>
> ——《論人的知解力》，第四部分，第二節

審美趣味涉及想像，要「用從心情借來的色彩去渲染一切自然事物」，多少已帶有憑理想去改造自然的意味。休謨從這裡見出審美趣味與理智的另一區別：「理智是冷靜的、超脫的，所以不是行動的動力，……趣味則由於能產生快感或痛感，帶來幸福或苦痛，所以成爲行動的動力。」㉒從此可見，休謨對文藝的作用有很高的估價。它作爲審美趣味的對象，影響到

㉒《人的知解力和道德原則的探討》，接上面的引文，牛津版，第二九四頁。

情感，所以也就成爲行動的動力了。

審美趣味涉及想像，而想像又憑情感指使，所以帶有很大的個人主觀性。就在這個意義上，休謨強調審美趣味的相對性：

> 美與價值都只是相對的，都是一個特別的對象按照一個特別的人的心理構造和性情，在那個人心上所造成的一種愉快的情感。
>
> ——《論懷疑派》

審美趣味方面的個別分歧是一個客觀事實，承認這個客觀事實並不就構成相對主義。相反地，休謨並不曾把重點擺在相對性上，他的著名的《論審美趣味的標準》全文主旨正是要駁斥相對主義，要論證審美趣味不管有多麼大的分歧，畢竟還有一種普遍的尺度，人與人在這方面還是顯出基本一致性。他譏誚相對主義者否認標準，就無異於把微不足道的詩人奧吉爾看成和密爾頓一樣偉大，把鼠丘和大山看成一樣高。他指出創作有規則，「創作規則的基礎在於經驗；這些規則都不過是對於在一切國家和一切時代都普遍令人喜愛的東西所作的一般性的論斷。」接著他舉例說：

> 兩千年前在雅典和羅馬博得喜愛的那同一位荷馬，今天在巴黎和倫敦仍然博得喜愛。氣候、政體、宗教和語言各方面所有的變化都沒有能削弱荷馬的光榮。

因此他得出結論：「儘管審美趣味是變化無常的，褒或貶的一般性的原則畢竟是存在的。」這種一般性的原則就可以作爲標準。這裡涉及兩個問題：一個是分歧之中何以仍有標準？一個是怎樣找出這種標準？

關於第一個問題，休謨還是從人性論裡求解決。人在心理構造上雖然有很大的個別差異，卻仍有基本的一致性。

自然本性在心的情感方面比在身體的大多數感覺方面還更趨一致，使人與人在內心部分還比在外在部分顯出更接近的類似。……但是這種一致性並不妨礙人與人在對美和價值的情感上有相當大的分歧，也不妨礙教育、習俗、偏見，偶然的心情和慣有的脾氣經常能改變這種趣味。

——《論懷疑派》

基本一致，何以又有分歧呢？休謨認爲這要歸咎於心理功能方面的某種缺陷，「只有在健康的情況下，才能提供審美趣味和情感的正確標準」，心理功能不健康的人不能審美，猶如黃疸病人不能辨色。分歧有兩個來源：「一個是人與人的脾氣不同，另一個是時代和國家各有特殊的習俗和看法。審美趣味的一般原則在人性中本是一致的：如果人們在判斷上有分歧，一般都可以看出心理功能上有某種缺點或反常，這是由於偏見，缺乏訓練，或是缺乏銳敏性。」㉓休謨特別看重「想像力的銳敏性」，具有這種品質的人能辨別美與醜的精微分別，猶如擅品酒者連一樽陳年老酒中因爲樽底有一把皮帶繫著的鑰匙而使酒味不純時，也能把那點極些微的皮帶味和鐵味辨別出來。所謂「想像力的銳敏性」其實就是一般所謂「敏感」。休謨認爲人與人之間在敏感上生來就有很大的差別，但是可以通過訓練和學習來提高。這種訓練要通過觀察和比較。休謨對評判作品提出兩條原則。一條是要把作品擺在它的特殊歷史情境中去看。「每一部藝術作品，如果要產生應有的心理效果，必須從某一定觀點去看它；如果讀者所處的情境不符合那作品本來所需要的情境，他們就不能充分欣賞它，例如要欣賞古代某一演說家，就必須了解當時的聽衆。」另一條是要了解作品的目的，「它的好壞程度，就要看它在多大程度上適合於達到這個目的。」

總之，審美趣味本來是有普遍標準的，但是人們不易把它找出來，因爲缺乏天資和修養兩方面的必要的條件。因此休謨把估定文藝標準的責任擺在少數優選者身上：

> 就連在文化最高的時代，在美的藝術領域裡眞正的裁判人總是稀有的角色：要有眞知灼見，配合到很精微的情感，這些要通過訓練去提高，通過比較研究去達到完善，而且還要拋開一切偏見；只有這些條件具備，才能構成這種有價值的角色。如果這樣的裁判人能找到的話，他們一致通過的判決就是審美趣味和美的眞正標準。

㉓《論審美趣味的標準》。

這就是休謨對於怎樣找出審美標準問題的答覆。這還是從朗吉弩斯以後長期在西方占統治地位的一種老看法。這絕不是「極端的相對主義」。這個看法有它的辯證處：一方面承認審美趣味有很大的個別分歧，另一方面更強調它的基本一致；一方面指出天資的重要，另一方面卻更強調修養。至於這個看法所表現的「精神貴族」思想卻是過去歷史情境的眞實反映，在今天是應該拋棄的。

3. 文藝發展的歷史規律

當時一般英國美學家都還缺乏歷史觀點，休謨也是個歷史家，在這方面作過一些嘗試。上文所已提到的把作品擺在歷史情境裡去看的主張在當時還是新鮮的。他還寫了一篇《論文藝和科學的興起和發展》，試圖替文藝的發展找出規律。他所找到的有四條：一，文藝只有在自由的政體下才能發展；二，一系列的獨立的鄰國維持商業和政治上的聯繫最有利於文藝的發展；三，文藝可以由一個國家移植到一個政體不同的國家，開明的君主國對文藝發展最有利（共和政體對科學發展最有利）；四，文藝在一個國家裡發展到高峰之後就必然衰落。他舉了一些歷史事例作爲論證。這些觀點只是一個時代的反映（例如把自由的條件擺在第一位，文藝達到高峰後必然衰落之類），有它們的歷史局限性；但是用歷史觀點來看文藝，在當時究竟還是起了進步的影響。在這方面他也可能受到法國啓蒙運動的影響，因爲他和多數法國啓蒙運動的先驅都有交誼。

六、博克

博克（Edmund Burke, 1729-1797）是英國著名的政治家和政論家。他早年附和盧騷，寫過一文〈爲自然社會辯護〉，揭露近代資產階級社會的「窮困和罪惡」；在美洲殖民地向美國要求獨立時，他在議會裡力主和解，反對鎮壓；但是對法國革命卻堅決反對，著書大肆誣衊。在哲學思想上他主要的是繼承英國經驗主義的傳統，也受到法國啓蒙運動的影響。他和休謨同時，休謨比他年長，哲學聲望較高，對他也起了不小的影響，不過休謨由感覺主義發展到懷疑主義和唯心主義，他卻由感覺主義發展到有幾分庸俗化的唯物主義。

他的美學著作《論崇高與美兩種觀念的根源》，據說是從十九歲就開始寫作的，到一七五六年出版，還比休謨的《論審美趣味的標準》早出一年。在朗吉弩斯以後和康德以前，他的這部著作是西方關於崇高與美這兩種審美範疇的最重要的文獻。書分五部分：(1)論崇高與美所涉及的快感和痛感以及人類基本情欲；(2)論崇高；(3)論美；(4)論崇高與美的成因；(5)論文學的作用與詩的效果。在第二年（一七五七）再版時，博克對全書做了一些修改，又加進去一篇〈論審美趣味〉，作爲全書的導論。

洛克派經驗主義者大半側重觀念及其聯想，即側重知的方面；博克較接近於霍布斯，側重情欲和情感之類活動，即側重本能與情緒方面。這方面要更多地涉及生理基礎，所以博克研究美學所根據的主要是生理學的觀點，即把人和一般動物看作差不多都是在追求生理的本能的要求（這就是他所謂「情欲」）的滿足。他分析崇高和美的心理原因，也就是從這個觀點出發。因此，他的美學觀點有一個基本缺點，即忽視了社會實踐與歷史發展過程對審美趣味所起的決定性作用。

1. 崇高感和美感的生理心理基礎

博克把人類基本情欲分成兩類，一類涉及「自體保存」，即要求維持個體生命的本能，一類涉及「社會生活」，即要求維持種族生命的生殖欲以及一般社交願望或群居本能。大體說來，崇高感所涉及的基本情欲是前一類，美感所涉及的基本情欲是後一類。

爲什麼說崇高感涉及「**自體保存**」的情欲或本能呢？這類情欲一般只在生命受到威脅的場合才活躍起來。激起它們的一定是某種**苦痛或危險**；它們在情緒上的表現一般是恐怖或驚懼，而這種**恐怖或驚懼正是崇高感的主要心理內容**。所以博克說：

> 凡是能以某種方式適宜於引起苦痛或危險觀念的事物，即凡是能以某種方式令人恐怖的，涉及可恐怖的對象的，或是類似恐怖那樣發揮作用的事物，就是崇高的一個來源。
>
> ——《論崇高與美》I：7

恐怖本是一種痛感，痛感在力量上遠比快感較強烈，所以恐怖是一種「最強烈的情欲」，這是符合生命安全需要的。崇高的對象和實際生命危險一樣產生恐怖，但在情感調質上顯得不同。對實際生命危險的恐怖只能產生痛感，而對崇高對象的恐怖卻夾雜著快感，因爲崇高感發生的條件是一方面要彷彿面臨危險，而另一方面這危險又須不太緊迫或是受到緩和：

> 如果危險或苦痛太緊迫，它們就不能產生任何愉快，而只是可恐怖。但是如果處在某種距離以外，或是受到了某些緩和，危險和苦痛也可以變成愉快的。
>
> ——I：7

關於緩和，下文還要談到。就是因爲這個分別，眞正的危險因產生恐怖而令人畏避，而崇高對象的危險卻因產生恐怖而使人感到某種程度的愉快，對它持欣賞的態度。

爲什麼說美感涉及「**社會生活的情欲**」呢？博克所了解的「社會生活」是狹義的，只涉及生理要求或本能方面的，它包括異性間的性欲和一般人與人之間的社交要求。性欲的目的在於生殖，在於綿延種族生命。博克承認在這方面人和動物畢竟不同。動物並不憑美感去選擇對象，而人則「能把一般性的情欲和某些杜會性質的觀念結合在一起，這些社會性質的觀念能指導而且提高人和其他動物所共有的性欲」。這種「複合的情欲」才叫做「愛」，而**愛正是一般美感的主要心理內容**。愛的對象總具有「人體美的某些特點」，人愛異性，不僅因爲對象是異性，而是因爲對象美，他是有選擇的。究竟什麼才是「社會性質」呢？博克對此還是只有生理學的狹義的了解：

> 我把美叫做一種社會的性質，因爲每逢見到男人和女人乃至其他動物而感到愉快或欣喜的時候，……他們都在我們心中引起對他們身體的溫柔友愛的情緒，我們願他們接近我們。
>
> ——I：10

這就還只是社交或群居的要求。說美是一種社會性質，實際上不過是指美的對象能滿足社交或群居的要求，在實質上和博克所說的第二類「社會生活的情欲」還是一脈相通的。人爲什麼要求社交或群居呢？博克認爲社交本身並不能給人任何積極的快感，只是它的反面，「孤獨寂寞」，「乃是人所能想像到的最大的積極的痛感」，所以人要求社交或群居，乃是爲著避免「孤獨寂寞」。當然，孤獨寂寞之所以是最大的痛感，畢竟還是群居本能在作祟。博克在這裡仍然是從生理學觀點來考慮「社會性質」的。

這第二類基本情欲，即「一般社會生活的情欲」，又分爲「**同情**」、「**摹仿**」和「**競爭心**」三種。其中「同情」一項是博克談得最多的，他認爲**文藝欣賞主要基於同情**：

> 由於同情，我們才關懷旁人所關懷的事物，才被感動旁人的東西所感動。……同情應該看作一種代替，這就是設身處在旁人的地位，在許多事情上旁人怎樣感受，我們也就怎樣感受。因此，這種情欲可能還帶有自身保存的性質……主要地就是根據這種同情原則，詩歌、繪畫以及其他感人的藝術才能把情感由一個人心裡移注到另一個人心裡，而且往往能在煩惱、災難乃至死亡的根幹上接上歡樂的枝苗。大家都看到，有一些在現實生活中令人震驚的事物，放在悲劇和其他類似的藝術表現裡，卻可以成爲高度快感的來源。
>
> ——I：13

這個看法和托爾斯泰的「情感感染」說頗有些類似，近代美學所討論的「移情作用」和「內摹仿作用」也都是以同情說爲基礎的。引文後部分涉及悲劇何以產生快感的問題。西方向來有一種學說，以爲悲劇是虛構，其中悲慘事件不觸及觀衆對自己命運的恐怖，所以仍能產生快感。博克反對此說，指出一些事例來證明眞正的悲慘事件由於激發更大的同情，還比在悲劇或其他文藝作品的虛構裡，能引起更大的快感。他在一個著名的段落裡設想觀衆正在緊張地等著看一個第一流演員班子表演一部第一流悲劇時，忽然有人宣告劇院附近的廣場上就要處決一個國事犯，這時全場就會爲之一空，爭著去看殺人。他的結論是：

> 悲劇愈接近眞實，離虛構的觀念愈遠，它的力量也就愈大，但是不管它的力量如何大，它也絕比不上它所表現的事物本身。
>
> ——I：15

這段話不僅表現出博克對於文藝的現實主義的看法，也表現出他的藝術比不上現實的看法，而這兩種看法的出發點都是他的同情說。

「一般社會生活的情欲」中第二種是摹仿，摹仿**還是一種變相的**同情，「正如同情使我們關心旁人所感受到的，摹仿則使我們仿效旁人所做的，因此，我們從摹仿裡以及一切屬於純然摹仿的東西裡得到快感，無須經過任何推理功能的干預。」像亞理斯多德一樣，博克把摹仿看作學習。我們的儀表、思想和生活方式大半來自摹仿，所以「摹仿是社會的最堅牢的鏈環之一」。藝術的基礎也在摹仿。藝術所產生的美感有時來自摹仿物件本身，有時也來自摹仿的形式技巧：

> 繪畫和許多其他的愉快的藝術之所以有力量，主要基礎之一就是摹仿……如果詩或繪畫所描繪的對象本身是我們不願在現實中看到的，我們相信它在詩或畫中的力量就只由於摹仿而不由於對象本身。畫家所說的「寫生」畫大半屬於這一類……但是如果詩或畫所描寫的對象是我們在現實中要搶著去看的，不管它引起哪種奇怪的感覺，我們都可以相信那詩或畫的力量從對象本身性質得來的就遠遠超過從摹仿的效果或摹仿者的熟練技巧（不管它多麼卓越）得來的。
>
> ——I：16

這裡顯然有割裂內容與形式的毛病，不過博克畢竟把內容看作遠比形式重要。

第三種是競爭心或向上心。結合競爭心來談美感的恐怕博克算是最早的一個人，在這方面他可能受到霍布斯和曼德維爾的影響。競爭心是「自己在人類公認爲有價值的東西方面要比旁人優越」的要求。「就是這種情欲驅遣人們千方百計地炫耀自己」。它是摹仿的必要的補充，摹仿只是學習已有的，競爭心才是**推進社會進步的一種**力量。這個看法顯然反映資本主義社會的商業競爭。值得特別注意的是博克把這種競爭心和崇高感聯繫在一起：

> 不管所根據的理由是好是壞，任何東西只要能提高一個人對自己的估價，都會引起對人心是

> 非常痛快的那種**自豪感**㉔和勝利感。在面臨恐怖的對象而沒有眞正危險時，這種自豪感就可以被人最清楚地看到，而且發揮最強烈的作用，因爲人心經常要求把所觀照的對象的尊嚴和價值或多或少地移到自己身上來。朗吉弩斯所說的讀者讀到詩歌詞章中風格崇高的章節時，自己也從內心裡感到光榮和偉大的感覺，那就是這樣起來的。
>
> ——I：18

這段話可能對康德有所啓發，因爲康德也認爲崇高感是一種自我尊嚴和精神勝利的感覺。

驚懼這種情緒在情感調質上是屬於痛感的，在崇高感中它何以成爲快感，博克對此雖沒有明確的說明，卻給了兩點暗示。一點就是這裡所說的自豪感和勝利感。另一點是他所提出的**勞動和練習能保持心理功能的**健康的學說。他認爲身心兩方面的功能如果長久休息不活動，就會衰朽甚至釀成疾病。「恐怖對人的心理構造中較精細的部分就是一種練習。」、「這類情緒既然能把粗細器官中危險的，製造麻煩的一些累贅物加以清除，所以就能產生快感。」（Ⅳ）這個看法可能受到亞理斯多德的「淨化」說的影響，其中已隱含後來佛洛伊德派心理學說中某些因素的萌芽。

2. 崇高和美的客觀性質

在討論了崇高與美的主觀方面心理生理基礎（情欲）之後，博克花了很多的篇幅研究客

㉔ 原文是Swelling，字面的意義是膨脹，實指自豪感中的心情膨脹。

觀事物本身產生崇高感與美感的性質。在這部分博克的簡單化的唯物主義傾向顯得特別突出。貫串這部分的有一個總的原則，就是崇高感和美感都只涉及客觀事物感性方面的（即可用感官和想像力來掌握的）性質，這些性質很機械地直接打動人類某種基本情欲，因而立即產生崇高感或美感，理智和意志在這裡都不起作用。

先說**崇高**。崇高的對象都有一個共同性，即**可恐怖性**，「凡是可恐怖的也就是崇高的」。博克對崇高感作了如下的描繪：

> 自然界的偉大和崇高……所引起的情緒是驚懼。在驚懼這種心情中，心的一切活動都由某種程度的恐怖而停頓。這時心完全被對象占領住，不能同時注意到其他對象，因此不能就占領它的那個對象進行推理。所以崇高具有那樣巨大的力量，不但不是由推理產生的，而且還使人來不及推理，就用它的不可抗拒的力量把人卷著走。驚懼是崇高的最高度效果，次要的效果是欣羡和崇敬。
>
> ——Ⅱ：1

可恐怖性是一種共性，還是抽象的，須具體表現於某些具體的感性性質。依博克的分析，崇高對象的感性性質主要是體積的巨大（例如海洋），其次是晦暗（例如某些宗教的神廟）、力量（例如猛獸，力量由人制服後對人成爲有用的，即不再崇高）、空無（例如空虛、黑暗、孤寂、靜默）、無限（例如大瀑布的不斷的吼聲）、壯麗（例如星空）、突然性（例如巨大的聲音突然起來或停止）等等。從此可見，博克所了解的崇高在現實界有非常廣闊的範圍，而且也不僅限於自然，在舉例分析中博克經常提到藝術，例如談到晦暗時，他對法國美學家杜博斯㉕的「畫比詩較明晰，所以也較優越」的論調表示異議，指出在自然中陰暗的混茫的形象比明確清楚的形象還能產生更大的效果，在詩中也是如此。

詩不管是多麼晦暗，比起繪畫來，對情緒的統治力還更普遍，更強烈。為什麼晦暗的觀念，如果表達得恰當，其感動力還比明晰的觀念更大呢？我想這在自然（本性）中可以找到理由。凡是引起我們的欣羡和激發我們的情緒的都有一個主要的原因：我們對事物的無知。等到認識和熟悉了之後，最驚人的東西也就不大能再起作用。……在我們的所有觀念之中最能感動人的莫過於永恆和無限；實際上我們所認識得最少的也就莫過於永恆和無限。

——Ⅱ：4

接著他引米爾頓所塑造的撒旦的形象以及《舊約》中約伯的形象為例，來證實他的主張。這段話是重要的。因為它涉及詩畫的界限問題，在下文還可以看到，博克認為詩以文字為媒介，本來不需像繪畫那樣用明晰的形象，而晦暗反而更富於暗示性。其次，杜博斯忠實於法國新古典主義的文藝理想，所以重視明晰；博克在論崇高裡經常表現新興的浪漫主義的審美

㉕ 杜博斯（Abbé Dubos, 1670-1742），著有《詩與畫的批判性的感想》。

趣味。所以詩不忌晦暗的主張也是新起的浪漫主義文藝理想對新古典文藝理想的反抗。

其次說美。博克把**美和崇高看作是對立**的。如果崇高感是基於人類要保存個體生命的本能，它的對象雖暗示危險而又不是緊迫的眞正的危險，它所引起的情緒主要是驚懼，在情感調質上本是痛感，彷彿由「自豪感和勝利感」以及勞動或練習轉化爲快感；美感則基於社交本能，特別是異性間的生殖欲，它的對象一般具有引誘力，它所引起的情緒是愛，在情感調質上始終是愉快的。

像過去許多美學家一樣，博克把**美限於物體的感性性質**，因而很少談到文學的美或精神的美。他對美下定義如下：

> 我**所謂美，是指物體中能引起愛或類似愛的情欲的某一性質或某些性質**。我把這個定義只限於事物的純然感性的性質……我把這種愛也和欲念或性欲分開，「愛」所指的是在觀照任何一個美的事物時心裡所感覺到的那種喜悅，欲念或性欲卻只是迫使我們占有某些對象的心理力量，這些對象之所以能吸引我們，並不是因爲它們美，而是由於完全另樣的緣故。（重點是引者加的）
>
> ——Ⅲ：1

美只涉及愛而不涉及欲念，這個看法在近代美學思想中很占勢力，特別是在經過康德加以發揮之後。

這樣說明了自己的觀點以後，博克花了大量篇幅批判當時流行的一些關於美的學說。他首先駁斥了「美在比例」那個久占勢力的傳統學說，他的理由是：

> 像一切關於秩序的觀念一樣，比例幾乎完全只涉及便利，所以應該看作理解力的產品，而不是影響感覺和想像的首要原因。我們並非經過長久的注意和研究，才發現一個對象美：美並不要求推理作用的幫助，連意志也與美無關。美的形狀很有靈效地引起某種程度的愛，就像冰或火很有靈效地引起冷或熱的感覺那樣。比例是相對數量的測量。……但是美當然不是屬於測量的觀念，它和計算與幾何學都毫不相干。
>
> ——Ⅲ：2

他接著指出無論是雕像還是活人在比例上彼此可以相差很遠，但是仍可以都是美的。

他所駁斥的第二個看法是美在適宜或效用，即物體各部分形狀構造適宜於實現它們的目的。博克認爲比例說實際上也是從適宜說出發的，比例合度也適宜於達到某種目的。他很詼諧地譏誚持這種主張的人「沒有足夠地請教經驗，如果這個學說能成立，豬就應該是頂美的，因爲它鼻子尖，鼻端軟骨堅韌，一雙小眼睛凹下去，這些連同頭部構造都很適宜於掘土嚼草根」（Ⅲ：6）。美的成因也不能在於「完善」。「美這個性質，在達到高度時，例如在女人身上，往往帶有軟弱或不完善的意味，女人們很體會到這一點，因此她們學著咬舌頭說話，走路故意做搖搖欲墜的樣子，裝弱不禁風甚至裝病。」「最動人的美是愁苦中的美，含羞紅臉的力量略次一等」（Ⅲ：9）。「凡是使我們一見鍾情，覺得可愛的都是些比較柔和的品德，例如和藹、體貼、慈祥、寬宏之類」（Ⅲ：10）。

然則美的原因究竟何在呢？博克認爲：「美大半是物體的這樣一種性質：它通過感官的仲介作用，在人心上機械地起作用」（Ⅲ：12），美的事物的這樣一種性質首先就是它的小，因此，許多民族的語言都用指小詞來稱呼愛的對象，例如「小親愛的」、「小鳥兒」、「小貓兒」之類。在這裡也可以見出美與崇高的對立：

> 崇高是引起驚羨的，它總是在一些巨大的可怕的事物上面見出；愛的對象卻總是小的，可喜的，我們屈服於我們所驚羨的東西，但是我們喜愛屈服於我們的東西；在前一種情形之下，我們是被迫順從；在後一種情形之下，我們是由於得到奉承而順從。
>
> ——Ⅲ：13

小之外，博克還找出一些與小類似的性質，例如柔滑、嬌弱、明亮之類，作爲美的原因。「柔滑」包括「逐漸的變化」，各部分安排既見出變化而「這些見出變化的部分又不露稜角，彼此融成一片」。所以博克贊成畫家霍加斯的「美的線條就是蛇形曲線」的理論。

結合到「柔滑」作爲美的一種客觀性質，博克還立專節（Ⅲ：22）來討論「秀美」（gracefulness）這個審美範疇。「秀美」見於姿態和動態，它須顯得輕盈、安詳、圓潤和微妙，有曲線而無突出的稜角。這頗近於萊辛所說的「媚」或「動態的美」。

結合到比例問題，博克還討論了「醜」這個審美範疇。他反對把美看作事物的常態（具有常見的比例），把「畸形」看作美的反面，「美的眞正的反面不是比例失調或畸形，而是醜」。例如「駝背是畸形，因爲他違反常態，給人一種疾病或災難的印象」。但是四肢五官停勻端正的人可以見不出絲毫美（Ⅲ：5）。博克見出醜與崇高之間有某種一致性。醜本身不一定就崇高，但是如果醜和引起強烈恐怖的那些性質結合在一起，它會顯得崇高（Ⅲ：21）。這個看法在近代也有些附和者，例如德國美學家哈特曼。

3. 詩與畫的分別

博克在論文中分析崇高和美，主要限於自然界的物體及其運動，只在論崇高部分偶爾涉及文藝的崇高效果，至於論美部分則幾乎沒有提到文藝。所以他在論文的最後一部分，即第五部分，專論詩和一般文學作品的審美效果。像萊辛一樣，他把文學和其他藝術的區別主要地擺在所使用的媒介上。文學用文字爲媒介，來間接代表事物，不像雕刻和繪畫之類造型藝術那樣用形色爲媒介，直接描繪事物。博克因此認爲文學產生效果也和造型藝術不同。造型藝術喚起事物的形象，而文學所用的文字一般並不喚起事物的形象。

> 詩在事實上很少靠喚起感性意象的能力去產生它的效果。我深信如果一切描繪都必然要喚起意象，詩就會失掉它的很大一部分的力量。
>
> ——Ⅴ：5

接著他舉荷馬對海倫的美所作的描繪爲例。荷馬只寫海倫的美引起特洛依國元老們的驚讚，並不對她的美的具體細節進行冗長的描繪，反而更能使人感動。博克因此下結論說：

> 詩和修辭不像繪畫那樣能在精確描繪上取得成功：它們的任務在於通過同情而不是通過摹仿去感動人，在於展示事物在作者或旁人心中所產生的效果，而不在於把那些事物本身描繪出一種很清楚的意象來。
>
> ——V：5

這個看法和萊辛在《拉奧孔》裡所提的看法有些明顯的類似，荷馬寫海倫後的例子萊辛也舉過。在寫《拉奧孔》之前，萊辛在和曼德爾生的通信裡曾提到博克的看法，足見萊辛是受到博克影響的。在喚起意象這一點上詩固然不同於繪畫，但是對於很大一部分人，很大一部分的詩還是可以藉喚起意象去產生效果，所以博克的看法仍不免具有片面性，萊辛雖然指出詩在喚起意象上受到語言媒介的限制，卻也並不把意象完全排出詩的領域之外。

4. 審美趣味的性質和標準

最後，我們還須約略介紹博克的論崇高與美這部專著的〈導論〉或〈論審美趣味〉。這是在一七五七年再版時加進去的。休謨的《論審美趣味的標準》也是在這年發表的，從〈導論〉的主要論點看，博克可能受到了休謨的影響。最重要的一個論點是：審美趣味涉及三種心理功能，感官、想像力和判斷力或推理的能力，判斷力彷彿顯得特別重要，因爲「一涉及處理，妥貼得體，融貫一致，總之，一涉及最好的有別於最壞的審美趣味的地方，我堅信在那裡理解力在起作用，而且只有理解力在起作用」，而且「錯誤的審美趣味的原因就在於判斷力的毛病」。這種看法就和休謨的一致，但是對判斷力或理解力這樣強調實在有些突然，因爲《論美與崇高》全書都一直強調崇高感和美感都只涉及感性功能（感覺和想像），不受理智的干預。博克只在〈導論〉裡對自己片面強調直接感性活動的錯誤進行了糾正，但是全書裡這種錯誤卻還是原封未動（儘管博克在再版序文裡說全書也經過了修改），這就顯出〈導論〉與全書的矛盾。〈導論〉的第二個重要論點是人性在感官、想像力和理解力三方面在大體上都是一致的，因而審美趣味有它的邏輯，它的普遍原則和它的標準；至於個別差異則由於敏感和判斷力生來就有很大的懸殊，對於對象注意的精粗程度，訓練的深淺以及知識的多寡也可以起作用。這基本上也還是休謨的論調。〈導論〉的第三個重要論點是否認審美趣味除掉感覺、想像和理解力之外還有什麼特殊的天生的功能，這是針對夏夫茲博里和哈奇生的「內在感官」說進行批判的。

5. 對博克的估價

總的說來，博克可以看作英國經驗派美學的集大成者。比起洛克和休謨，他較堅決地從唯物主義（儘管是經過簡單化的）立場出發，信任從感性經驗進行總結的歸納法，對當時夏夫茲博里和哈奇生所代表的唯心主義的美學進行不調和的鬥爭。他的成就在於初步找到了審美經驗的一些主觀和客觀兩方面的基礎，對於美學上一些重要問題作了一些銳敏的揣測，特別是在對於崇高的看法，多少反映出新興的浪漫主義的文藝思想。他對德國古典美學（特別是萊辛和康德）的影響也是重要的。他的缺點在於把心理基礎的研究簡化爲生理基礎的研究，見不出社會實踐和歷史發展對審美趣味和文藝所起的決定性作用，把社會的人幾乎降到動物的水準。他把美感和一般感官快感混同起來，把審美活動中的情緒也和一般實際生活中的情緒等同起來，片面地強調感性，忽視了理性作用，這一切也都和他的側重生理基礎，缺乏歷史觀點的形而上學的思想方法分不開的。他的這個缺點後來受到康德和席勒的批判。

博克在論文第一部分結尾曾記下這樣的體會：

> 一個人只要肯深入到事物表面以下去探索，哪怕他自己也許看得不對，卻爲旁人掃清了道路，甚至能使他的錯誤也終於爲眞理的事業服務。

這個體會是親切的。這位二十來歲的青年人對他的結論相當謙虛，但是對他的貢獻卻抱有很堅強的自信。歷史已證明他對自己的評價大致是正確的。

七、結束語

英國在十七八世紀歐洲是一個先進的國家，資產階級革命和工業革命在英國比在其他歐洲國家都較早一百多年。政治上的「自由」概念，宗教上的「自然神」概念，哲學上的經驗主義以及文學上反映上升資產階級要求，側重情感和想像的浪漫主義理想都是由英國傳到歐洲大陸的。法德兩國的啓蒙運動在很大程度上都受到英國的影響。恩格斯談到英國思想家對法國啓蒙運動的影響時曾經指出：「如果說，法國在上世紀末給全世界做出光榮的榜樣，那麼我們也不能避而不談這一事實：英國還比它早一百五十年就已做出了這個榜樣。」十八世紀法國哲學家們所「闡明的那些思想是首先產生在英國的」㉖這番話也適用於德國啓蒙運動。

在美學方面，這時期的英國美學著作和文藝實踐也成爲法德等國美學思想發展的推動力。英國戲劇的成就幫助了狄德羅和萊辛發展出市民劇的理論，打破了新古典主義的桎梏；英國小說的成就幫助了盧騷和其他法國作家發展出反映市民現實生活的小說；英國帶感傷氣氛的歌頌自然的詩歌在歐洲喚醒了浪漫主義的情調。英國經驗主義美學家們在個別代表的成就上沒有人比得上狄德羅和萊辛，但是他們所代表的傾向對西方美學思想發展的影響，卻不是狄德羅和萊辛所能比擬的。他們有力地證明了感性認識的直接性和重要性以及目的論和先天觀念的虛幻性，對萊布尼茲派的理性主義樹立了一個鮮明的對立面，推進了唯物主義思想的發展。正是經驗主義美學與理性主義美學的對立，才引起康德和黑格爾等人企圖達到感性與理性的統一。英國經驗主義美學是德國古典美學的先驅。

夏夫茲博里和博克關於詩和畫的見解都啓發了萊辛在《拉奧孔》裡所表現的思想。博克的關於崇高和美的學說是康德寫《判斷力批判》的動機之一，康德批判了他的美感等於快感的論點，但多少接受了他的美與崇高的對立以及崇高以無限大引起恐懼的看法。康德還接受了休謨的物的形式與人心構造內外相應的觀點，作爲他的美學體系的一個主要支柱。夏夫茲

㉖ 見《馬克思恩格斯全集》，第四卷，第四二五頁。

博里的內在感官說和美善統一說在當時得到廣泛的回應，哈奇生的相對美和絕對美的區分對狄德羅的《論美》也可能起了一些影響。

英國經驗派美學家一直著重生理學和心理學的觀點，把想像、情感和美感的研究提到首位，並且企圖用觀念聯想律來解釋審美活動和創造活動，用生理觀點的有利於生命發展與否來區別美與醜，這樣就把近代西方美學的發展指引到側重生理學研究特別是心理學研究的方向。休謨和博克所提出的同情說為近代德國移情說打下了基礎。立普斯在早期著作裡仍用同情說，後來才把它發展為移情說，而移情說的法國代表巴希則始終把移情看作象徵性的同情。

英國經驗主義美學的最大缺點在於缺乏歷史發展的辯證觀點，由於過分重視生理和心理的基礎，把人只看作動物性的人而不看作社會性的人；由於過分重視審美的感性和直接性以及情欲和本能的作用，就忽視了審美活動的理性方面。霍布斯和博克都把美感溯源到滿足人類情欲和本能的快感。這種片面的機械的觀點往下發展，第一步就成為達爾文的美起於「性的選擇」（美是為著吸引異性的）說，再進一步就成為佛洛伊德派的藝術起於「欲望昇華」說。英國經驗派美學家對近代西方美學反理性一方面的發展也是「始作俑者」。

總之，英國經驗派美學家可以說是播種人，他們所播種的有香花也有毒草。

第九章　法國啓蒙運動：伏爾泰、盧梭和狄德羅

一、啓蒙運動的背景和意義

朝前看，法國啓蒙運動是文藝復興運動的繼續；朝後看，它是法國資產階級革命（一七八九－一七九四）的思想準備。文藝復興是西方新興資產階級對封建制度和教會勢力的第一次大進攻，隨著工商業的發展，自然科學和近代技術的勃興，古典文化的「再生」，人類精神得到了空前的解放，從而基本上動搖了植根於宗教神權的封建統治，建立了理性主義和人道主義的思想基礎。但是由於各國工商業的發展不平衡，階級力量的對比不一致，法國在十七世紀中，封建貴族和天主教會結成鞏固的聯盟，對「第三等級」還占壓倒的優勢。資產階級的上層依附了封建專制君主，造成了妥協局面。所以文藝復興運動在法國文藝界產生了一種消極的後果：它促成基本上仍爲封建統治服務的新古典主義運動，使對權威的信仰和傳統教條的統治得到了進一步的鞏固，儘管理性主義的號召對於資產階級文藝的發展也起了一些促進作用。但是法國中央集權的君主專制畢竟是封建制度日落時的迴光返照。封建的生產關係阻礙著生產力的發展，宮廷的豪奢生活加重了人民的負擔和痛苦，所以到了十八世紀初期，社會階級矛盾就日益尖銳化，農民暴動和工人罷工不斷地出現，改變現狀的要求一天比一天緊迫起來了。同時擺在法國人民面前的還有英國的先進榜樣。英國的資產階級革命和產業革命，英國的代議制、培根和洛克的經驗主義哲學以及伊利莎白時代英國戲劇，和十八世紀初期的英國小說對法國資產階級，特別是啓蒙運動者，都起了很大的激發作用。

法國啓蒙運動的總目標是從思想戰線上接著文藝復興進一步打垮法國封建統治和它的精神支柱——天主教會，所以它是法國資產階級革命的思想準備。法國資產階級革命的自由、平等和博愛三大口號，就是由啓蒙運動者提出和宣揚開來的。「啓蒙」（Illumination）這個詞的原義是「照亮」，實際上就是思想的解放。在啓蒙運動者看，社會制度的腐敗根源在於思想的混濁，而這混濁是由宗教迷信造成的。所以改良社會制度先須破除宗教迷信和教會黑暗勢力的統治，先須「照亮」人們的頭腦，爲著達到這個目的，就要宣揚理性和近代自然科學和技術。因此啓蒙運動者把他們的力量集中在《百科全書》的編纂上。《百科全書》的全稱是「各門科學、藝術和技藝的據理性制定的詞典」。他們認爲憑這把知識的鑰匙就可以打開人們的眼界，「照亮」人們的頭腦，等到人們認識清楚了，社會自然就會日趨完善。法國人自己並不常用「啓蒙運動」這個名詞，他們常用的是《百科全書》，這對於他們就具體地體現了啓蒙運動的理想。

啓蒙運動不但達到了它的「照亮」頭腦的目的，基本上削弱了教會神權和封建統治，把西方哲學思想發展逐漸撥上唯物主義和無神論的正軌，替資產階級製造了一套新的意識形態，促進了資產階級革命的發展。

但是啓蒙運動也有它的局限性和不澈底性。啓蒙運動的領袖們都是些知識分子，政治鬥爭首先取了思想鬥爭的形式。他們沒有看到，也不可能看到，社會發展的動力是物質生產的經濟基礎。他們認爲單憑文化思想運動來「照亮」頭腦，啓發理性，就可以掃除社會一切病根，然後按理性去安排新的制度，就可以帶來人類的普遍的幸福生活。恩格斯談到啓蒙運動時代說：「思維著的悟性成了衡量一切的唯一尺度，那時如黑格爾所說的，是世界用頭立地的時代。……人的頭腦以及通過它的思維發現的原理，要求成爲一切人類活動和社會結合的基礎。」同時，啓蒙運動者的「理性的王國」「正是資產階級的理想化的王國」，「按照這些啓蒙學者的原則建立起來的資產階級世界也是不合乎理性和不正義的。」①

從此可見，啓蒙運動的領袖在社會思想方面，大半還是持唯心史觀的。這還表現在他們對人所作的抽象的理解。這一點與他們的文藝思想密切相關，所以值得在這裡提出。他們說到「人」時，所指的不是一定歷史情況下的一定階級的人，而是「一般的人」，這「一般的人」具有普遍的永恆的人性，其中主要的組成部分便是理性。伏爾泰說：「一般說來，人向來就是像他在現在那樣的……他向來就有同樣的本能，使他愛朋友、愛兒孫、愛自己的作品，並且愛他自己。從世界的這一極端到另一極端，這個道理是永遠不變的」。他又說：「我所指的規律就是自然在一切時代向一切人顯示出來，以便維護正義的。」這就是啓蒙運動者所說的「自然律」。他們認爲人性中有理性，自然中也有理性，順著這個理性，人類社會和自然就有無窮的「可完善性」（perfectibilité），就自然而然地向日益完善的境界發展。這種樂觀主義是建築在唯心史觀基礎上的。

對自然的信念還導致啓蒙運動的另一領袖——盧梭——對社會發展採取了反動的看法。他把自然和社會文化對立起來，認爲人性生來都是善良的，只是被社會文化教養壞了，在《愛彌兒》教育小說和在《民約論》裡他一再宣揚過這種思想。因此，他認爲近代人的出路在於「回到自然」，這就是說，回到人的野蠻狀態。這固然反映出他認識到當時社會的腐

① 見《馬克思恩格斯選集》，第三卷，第四〇四至四〇五、四〇六頁。

朽，但是他不向未來找出路，而要歷史開倒車。啓蒙運動者彼此之間思想也並不一致。伏爾泰的看法和盧梭的卻正相反，他鄙視原始與野蠻，擁護在當時歐洲占統治地位的法國文化，在「古今之爭」中明確地站在今派方面，儘管他對近代文化中封建的和宗教的因素還是持敵對的態度。

二、啓蒙運動者對文藝的基本態度

啓蒙運動者對文藝的態度是和他們對自然和社會的看法一致的。在文藝領域，啓蒙運動可以說是反對新古典主義的運動。新古典主義者是路易十四君主專制政體的歌頌者和反映者，而啓蒙運動者卻是上升資產階級思想戰線上的發言人，所以他們對新古典主義的不滿是理所當然的。但是在這方面他們的思想也並不一致。總的說來，他們反對新古典主義，遠不如他們反對封建統治和教會權威那麼明確而堅決。他們想用文藝來推進啓蒙運動，使文藝更好地爲上升資產階級服務，對於新古典主義文藝的體裁種類（史詩、悲劇、喜劇等）、題材（大半用古代英雄人物的偉大事蹟）、語言形式（謹嚴的亞力山大格）和傳統的「規則」（如三一律），有時感覺到是一種拘束，要求結合現實生活，有較大的自由。他們受到英國範例的啓發，多少感覺到像莎士比亞那樣不顧古典規則，米爾頓就那樣運用聖經題材，理查遜的《克萊麗莎》那樣結合現代生活的感傷情調的散文小說，以及表現市民生活的悲喜混雜劇和「感傷劇」都有它們的獨到之處，值得取法。不過他們對新古典主義作家們的成就大半還是心悅誠服，彷彿很難跳出他們的圈子。伏爾泰就認爲高乃依和拉辛比古希臘悲劇家還高明，莫里哀比「小丑阿里斯托芬」還高明。②關於古典「規則」，他們之中多數人也認爲還是必要的，他們說過很多的辯護三一律的話。達朗貝爾的話很可以代表他們對於「規則」的態度：「詩人是這樣的一個人：人們要求他戴上腳鐐，步子還要走得很優美：應該允許他有時輕微地搖擺一下。」③基本的問題還在於啓蒙運動者大半還相信新古典主義者所宣揚的普遍人性。他們說：「審美趣味的基本規則在一切時代都是相同的，因爲它們來自人類精神中一些不變的屬性。」④在相信普遍人性的同時，他們也時常強調人類的不斷進步（康多塞說：「人的可完善性是無窮的」），以及審美趣味隨時代、民族和人情風俗而變化。他們說：「在相銜接的兩個世紀裡，文藝情況有時顯出很大的差別，這是不是由於物質的原因呢？是不是物質的原因推動了精神的原因呢？」⑤「一個民族的政體的風俗習慣方面所起的變化必然引起他們的審美趣味的變革」⑥。很顯然，歷史發展的正確觀點在露面了。但是這和普遍永恆的人性觀點如何調和？伏爾泰曾經設法調和這個矛盾。他在《論史詩》裡說：

……你也許問我：審美趣味方面就沒有一些種類的美能使一切民族都喜愛嗎？當然有，而且

---

② 見伏爾泰：《哲學詞典》裡《古人和今人》條。

③ 達朗貝爾：《詩的感想》續編。

④ 《百科全書》裡《古人》條（蘇爾則寫的）。

⑤ 杜博斯：《詩畫雜感》，第二卷，第一三章。

⑥ 赫爾維修斯：《論精神》，第二講，第一八、一九章。

> 很多。從文藝復興以來，人們拿古代作家作爲典範，荷馬、德摩斯梯尼、維吉爾、西賽羅這些人彷彿已經把歐洲各民族都統一在他們的統治之下，把這許多的民族組成一個單一的文藝共和國。但是在一般協調之中，每個民族的風俗習慣也造成了一種特殊的審美趣味……。

他見出了文藝趣味的普遍性和特殊性的矛盾，也見出了這矛盾在事實上是統一的，但是究竟如何統一，爲什麼理由可以統一，他卻沒有明確地說出。

一般地說，作爲啓蒙運動的最高領袖伏爾泰（Voltaire, 1694-1778）在思想上還是保守的。在哲學上他相信自然神論，還未擺脫唯心主義；在政治上他提倡開明君主專制，對人民群眾持鄙視的態度；在文藝上他基本上還是留戀古典主義傳統，不但五體投地欽佩拉辛，辯護三一律和其他「規則」，而且在自己的創作實踐方面，還是用古典形式寫史詩和悲劇，瞧不起反映市民生活的叫做「流淚的喜劇」的新型劇種。⑦他的矛盾和局限特別表現於他對莎士比亞的評價。他說，這位「怪物」、「鄉村小丑」、「喝醉了的野蠻人」、「具有雄強而豐富的天才，既自然，又雄偉，但是沒有一點好的審美趣味，絲毫不懂得規則」。⑧他是首先向法國人介紹莎士比亞的，等到法國人寧願讀莎士比亞而不願讀高乃依和拉辛時，他很懊喪地說，「我是頭一個人把從莎士比亞的大糞堆裡所發現的珍珠指給法國人看，眞料想不到

---

⑦ 伏爾泰：哲學詞典裡《劇藝》條以及《拿寧》劇的序文。

⑧ 伏爾泰：《英國書簡》。

有一天我竟幫助人們把高乃依和拉辛的桂冠放在腳下踐踏，來替一位野蠻的戲子貼金抹粉」⑨。他認爲莎士比亞只代表粗野的自然，拉辛才代表文明的藝術，戲劇的理想在於拿莎士比亞的生動的人物和情節結合到拉辛的爐火純青的詩的語言。從此可見，伏爾泰對莎士比亞的天才雖不是毫無理解，但是新古典主義的成見妨礙了他有正確的理解。不但莎士比亞，就連荷馬史詩和希伯來民族的《舊約》他也認爲在藝術上還不成熟，還有「野蠻氣息」。在他看來，西方文藝只有在羅馬的奧古斯都時代和法國的「偉大世紀」才算登峰造極。這一切都說明了伏爾泰基本上還是新古典主義的信徒，儘管他有時也稍微流露一點新時代的精神和歷史發展的觀點。

在啓蒙運動三大領袖之中，對近代資產階級各方面思想影響最大的要算盧梭（Jean Jacques Rousseau, 1712-1778）。作爲一個小資產階級的代表（他是一位日內瓦鐘錶匠的兒子），他充滿著狂熱、幻想和搖擺性；作爲一個經過窮苦生活的流浪人，他對當時腐朽的社會懷有深刻的仇恨。他因爲厭惡近代社會，幻想自然生活的美滿，就連文化和藝術也厭惡起來。儘管他是一個音樂家和作曲家，他對文藝的態度是否定的。在他的第一篇論文《科學與藝術的進展是敗壞了風俗還是淨化了風俗》裡，他就提出風俗敗壞了藝術而藝術也會敗壞風俗的論點。後來百科全書派另一位活躍分子達朗貝爾計畫在日內瓦開設戲院，盧梭以清教徒的口吻寫信給他竭力詆毀劇藝傷風敗俗，勸他打消他的計畫。這種思想在《愛彌兒》和其他

---

⑨ 伏爾泰：給達簡塔爾的信，一七七六年七月十九日。

著作裡也時常出現。這種觀點令人聯想到柏拉圖對古希臘文藝的大清洗以及托爾斯泰對莎士比亞和歌德等文藝巨匠的指責。他一方面認識到近代西方文化和文藝的腐朽，另一方面卻看不到出路，以爲禁止戲劇就可以消除腐朽文藝的腐蝕影響，這就無異於因噎廢食，只能看作反動的觀點。

儘管盧梭否定文藝，他對近代歐洲文藝還是起了很大的作用，特別是對浪漫運動的影響。這首先通過他摹仿英國理查遜的書信體小說所寫的《新愛洛綺絲》。這部小說於十七、八世紀所崇奉的理性之外，突出地把情感提高到統治的地位。新愛洛綺絲——朱麗——衝破封建禮教的桎梏，和她的教師發生了戀愛。盧梭盡情地渲染了他們的愛慕和痛苦。這部小說在近代西方起了解放情感的作用，表現出浪漫主義的基本精神。其次，盧梭的「回到自然」的口號後來也被浪漫主義者重新提出。它的影響有兩方面：在積極的浪漫主義者的心目中，它代表精神解放和接近現實的要求；在消極的浪漫主義者的心目中，它卻代表著逃避現實，想歷史開倒車的觀點。

在啓蒙運動三大領袖之中，狄德羅的地位是獨特的，論當時聲望的煊赫，他不如伏爾泰；論對當時影響的深廣，他不如盧梭，但是論思想的進步性和豐富性，他在三人之中是首屈一指的。他的重要性到近幾十年來才逐漸爲人所認識到。本章將著重地介紹他。

三、狄德羅的文藝理論和美學思想

狄德羅（Diderot, 1713-1784）是一位鄉下刀匠的兒子，他父親送他到巴黎學神學，準備當神父，但是他違反了他父親的意旨，放棄了神學，轉到了哲學和文學，終於變成了一個堅決的唯物主義者和無神論者以及啓蒙運動的最活躍的組織者和宣傳者。啓蒙運動的主要喉舌是《百科全書》，而《百科全書》的勝利主要是狄德羅的功績，他不但是主編，而且是主要撰稿人，寫了近千條的專題。

狄德羅對文藝的興趣是極廣泛的，幾乎每一門藝術他都談到，但是他集中注意的主要有三方面。首先是戲劇，在這方面他的意圖是打破新古典主義的悲劇和喜劇的框子，建立符合資產階級需要的嚴肅喜劇或市民劇。主要論劇藝著作有《和多華爾關於〈私生子〉的談話》（一七五七），附在《一家之主》劇本後面的《論戲劇體詩》（一七五八）以及《談演員》的對話（晚年寫作，死後一八三〇年出版）。其次是造型藝術，在這方面他的意圖是要扭轉法國繪畫的風氣，把它從以布歇（Bouchcr）爲代表的新古典主義的浮華纖巧的「螺鈿」風格，扭轉到以格樂茲（Greuze）爲代表的較符合資產階級要求的生動深刻的帶有浪漫主義傾向的風格。這方面的重要理論著作有從一七五九年到一七八一年評介歷屆巴黎圖畫雕刻展覽的《沙龍》（*Les Salons*）和《畫論》（一七六五）。第三是美學。狄德羅的美學觀點零星散見於他的許多著作，有系統的論著是他在《百科全書》裡發表的《論美》的長文（一七五〇）。本章擬先介紹狄德羅關於嚴肅劇種和演劇的理論，然後介紹他的一般文藝理論和美學觀點，附帶地敘述他關於繪畫的看法。

1. 戲劇理論

(1) 關於市民劇

狄德羅在文藝方面最關心的是戲劇。他要用符合資產階級理想的市民劇來代替十七世紀主要爲封建宮廷服務的新古典主義的戲劇，作爲反封建鬥爭的一種武器。隨著資產階級力量的上升，古典型的悲劇和喜劇以及它們的傳統的規則已經不能滿足新時代的要求。這種情形在較先進的資產階級國家裡早已顯得很突出。例如在英國，伊利莎白時代標誌著英國戲劇的高峰。當時戲劇家雖然仍沿用悲劇和喜劇的名稱，卻完全不理睬這兩個劇種的傳統規則，內容主要反映資產階級的人生理想和現實社會矛盾，所以只是用舊瓶裝新酒。有時候他們發現舊瓶不能裝新酒，便索性創造新劇種。莎士比亞所常用的悲喜混雜劇便是一例。我們在第六章已提到瓜里尼在義大利所作的同樣的改革。這種悲喜混雜劇的成功打破了戲劇體裁須依傳統定型的迷信。到了十七八世紀之交，英國又發展出另一新劇種，叫做「感傷劇」（Sentimental drama），進一步打破古典劇種的框子，用日常語言寫普通人的日常生活：情調大半是感傷的，略帶道德氣味的（法國人把它取了一個諢號「淚劇」（Le drame larmoyant）。它不像悲劇那樣專寫上層社會，也不像喜劇那樣謔浪笑傲，目的總是在宣揚資產階級所重視的道德品質，所以又叫做「嚴肅劇」，其實就是市民劇，也就是話劇的祖宗。

在啓蒙運動的初期，法國新古典主義戲劇的影響還很頑強，一般理論家不大瞧得起這個新劇種，從「淚劇」的諢號上就可以見出，上文已提到過伏爾泰對「淚劇」的鄙視。狄德羅對新事物的敏感比較強，新古典主義的成見比較淺。他對古典戲劇的態度多少是辯證的：一方面肯定了高乃依和拉辛的卓越成就，另一方面也反對古典戲劇的矯揉造作和清規戒律。他感覺到英國的新劇種更符合新時代的要求。當時資產階級常針對著封建貴族的豪奢淫逸的腐朽生活，誇耀本階級的道德品質，來降低敵對階級的地位。這種鬥爭方式廣泛地反映在當時新型劇本和小說裡。正是這種傾向投合了狄德羅的口胃。他明確地提出文藝要在聽眾中產生道德的效果，要使「壞人看到自己也曾做過的壞事感到憤慨，對自己給旁人造成的苦痛感到同情」，「走出戲院之後，做壞事的傾向就比較減少。」[10]戲劇要宣揚德行，而德行就是「在道德領域裡對秩序的愛好」[11]。因此，戲劇在題材上應有現實社會內容。其次，狄德羅認爲如果要戲劇產生道德效果，就必須從打動聽眾的情感入手，而爲著打動情感，戲劇就要產生如臨眞實情境的幻覺，使聽眾信以爲眞。他說，「戲劇的完美在於把情節摹仿得精確，使聽眾經常誤信自己身臨其境」[12]。

根據這個要求來看，法國古典戲劇就太不自然、太冷靜，不能產生逼眞的幻覺，引起深刻的情感，起戲劇所應起的教育作用，因此，狄德羅在英國感傷劇的啓發之下，建議創立較適合時代要求的介乎悲劇與喜劇之間的新劇種，總名爲「嚴肅劇種」（Les genres

---

⑩《論戲劇體詩》，第二章。

⑪《和多華爾的談話》，第二篇。

⑫《不尷尬的戒指》。

serieux），其中又分「家庭悲劇」和「嚴肅喜劇」兩種。他在《和多華爾的談話》裡這樣說明了他的新劇種的理想：

> ……在戲劇如在自然裡，一切都是互相聯繫著的，如果我們從某一方面接觸到眞實，我們就會同時從許多其他方面接觸到眞實。既然用了散文，我們就會在戲臺上看得到一般禮貌（這是天才與深刻效果的敵人）所禁用的自然情境。我要不倦地向法國人高呼：要眞實！要自然！要古人！要索福克勒斯！要菲羅克特提斯⑬那樣的人物！詩人替他所布置的場面是睡在一個岩洞口邊，身上蓋著一些破布片，在劇疼之下輾轉反側，放聲哀號，吐出一些聽不清楚的呻吟，布景在荒野，用不著什麼排場就可以表演。服裝眞實，語言眞實，情節簡單而自然。如果這種場面不比那些穿著華麗衣服，打扮得矯揉造作的人物所出現的場面，更能使人深受感動，那就只能怪我們的審美趣味已腐朽透頂了。

狄德羅在這裡把他的理想劇種和新古典主義的戲劇作了一個對比，只要自然，寧可粗野一點，絕不要虛僞腐朽的「文明」。他把這個新劇種的性質界定爲「市民的、家庭的」，他的

---

⑬ 菲羅克特提斯（Philoctetes）是索福克勒斯的一部悲劇的主角。他參加古希臘東征大軍，航行中在一個荒島上被毒蛇咬傷生病，被大軍遺棄在那裡，過了九年孤苦生活。因為要打下特洛伊城，就要他的神箭，古希臘人到了第十年才把他請出來參戰。狄德羅在下文所談的就是這部悲劇的場面。

政治意圖也是很明顯的。市民與貴族中偉大人物對立，家庭與宮廷對立，他要求戲劇拋開貴族中偉大人物而表現市民，拋開宮廷生活而寫家庭日常生活。這就是要求戲劇接近現實，更好地爲新的階級服務。所以他力勸作家們深入生活，「要住到鄉下去，住到茅棚裡去，訪問左鄰右舍，更好是瞧一瞧他們的床鋪、飲食、房屋、衣服等等」。⑭這種呼聲在當時還是「空谷足音」。

在拿嚴肅劇與傳統劇種作對比時，狄德羅指出悲劇寫的是「具有個性的人物」，喜劇寫的是「代表類型的人物」，而嚴肅劇所寫的則是「情境」。這是一個新的看法。戲劇（小說和敘事詩也一樣）在內容上一般不是像古典作品那樣側重動作或情節⑮，就是像近代作品那樣側重人物性格。狄德羅卻提出「情境」作爲新劇種內容重點，並且明確指出，「人物性格要取決於情境」，所以情境比人物性格更重要。⑯結合到「情境」，狄德羅還提出「關係」概念，說明「情境」是由「家庭關係、職業關係和友敵關係等等形成的」。這裡有兩點值得注意：第一是他把社會內容提到了首要地位，其次是他已隱約見到性格與環境的密切關聯。關於悲劇寫個性、喜劇寫典型的看法也是新穎的。這看法符合莫里哀型的喜劇，但是把典型和個性對立起來，還不是辯證的看法。

---

⑭ 據阿塔莫諾夫和格拉季丹斯卡亞的《十八世紀外國文學史》中第二四六至二四七頁的引文。

⑮ 參看第三章亞理斯多德關於這個問題所說的話。

⑯ 參看《論戲劇體詩》，第一三節，《和多華爾的談話》，第三章。

狄德羅也極重視戲劇中的情節處理，不過還是要求情節密切聯繫到情境。在這方面有兩點值得注意：第一點是他的「對比」說。過去喜劇常用人物性格的對比，例如出現了一個急躁粗魯的人物，就配上一個鎮靜溫和的人物來作反襯。狄德羅反對這種機械的對比，因爲這不僅單調，而且會使主題不明確，叫聽衆「不知道應該對誰發生興趣」。他認爲在現實生活裡，人物性格只是「各有不同」，並非「截然對立」。人物性格既然取決於情境，嚴肅劇所應採用的就應該是人物性格與情境的對比：

> 情境要強有力，要使情境和人物性格發生衝突，讓人物的利益互相衝突。不要讓任何人物企圖達到他的意圖而不與其他人物的意圖發生衝突：讓劇中所有人物都同時關心一件事，但每個人各有他的利害打算。
>
> 眞正的對比是人物性格和情境的對比，這就是不同的利害打算之間的對比。
>
> ——《論戲劇體詩》，第一三節

他接著舉例說明他所要求的對比：「如果你寫一個守財奴戀愛，就讓他愛上一個貧苦的女子」。這是一個貧富懸殊的對比。兩人出身不同，社會地位不同，人生觀不同，對同一件事的利害計較就不同，由此而生的情境就是戲劇性的情境。從此可知，狄德羅所說的「對比」其實就是矛盾對立，就是衝突。這樣把辯證觀點應用到戲劇情節的發展，已經露出黑格爾的「衝突」說的萌芽了。

第二點是他對於戲劇布局的看法。他一方面要求情節要有現實基礎和社會內容，另一方面也強調在處理情節中創造想像的作用，這也是他的辯證處。他說：

> 布局就是按戲劇體裁的規則在劇中安排出一部足以令人驚奇的歷史；悲劇家可以部分地創造這部歷史，喜劇家則可以全部地創造這部歷史。

這種創造要在顯示事件之間聯繫上見出。在現實世界一系列事件之間本有內在聯繫，但是由於我們還沒有全盤認識，這種內在聯繫往往被許多偶然事件掩蓋起來，使人不易察覺，因此它們就現出一些偶然性。在戲劇裡作家有選擇和安排事件的自由，就可以把偶然的東西拋開，把一系列事件的內在聯繫突出地顯示出來。因此，他認爲「比起歷史家來，戲劇家所顯示的眞實性較少而逼眞性卻較多」⑰。在《理查遜的禮讚》裡他也說「歷史往往只是一部壞小說，而像你所寫的小說卻是一部好歷史」。這番拿文藝作品比歷史的話顯然受到亞理斯多德的影響，用意要在個別已然事件與見出規律性的可然事件之間的分別。狄德羅把前者叫做「眞實」（事實的眞實）而後者叫做「逼眞」（情理的眞實），戲劇和一般文藝不是歷史，只要求情理的眞實而不要求事實的眞實。「逼眞」就是顯示事物於理應有的內在聯繫。文藝在這方面又和哲學與科學不同，它不通過抽象思維而通過形象思維（即想像）。狄德羅替文

⑰《論戲劇體詩》，第一〇節。

藝的想像下過一個很精確的定義：

> 從某一假定現象出發，按照它們在自然中所必有的前後次序，把一系列的形象思索出來，這就是根據假設進行推理，也就是想像。
>
> ——《論戲劇體詩》，第一〇節

這個定義之所以精確，因爲它顯示出形象思維的虛構性和邏輯性，不是把形象思維和抽象思維絕對對立起來。

關於文藝，從客觀基礎方面看，最基本的問題是個別形象的必然性和普遍性（一般與特殊的統一，「典型」的眞正意義）：從主觀活動方面看，最基本的問題是形象思維的理性或邏輯性。狄德羅不但抓住了這兩個基本問題，而且指出它們二者之間的聯繫：主客兩方面在達到「逼眞」的「想像」上面統一起來了。

狄德羅不但是戲劇理論家而且是創作者。他寫了兩部新型市民劇，《私生子》和《一家之主》。他的理論著作都是用來說明和辯護他的實踐的。這兩部劇本近於對話錄，說教的氣味很重。不算很成功。但是對法國戲劇來說，他的理論與實踐起了扭轉風氣的作用，即把戲劇由古典型和封建性轉到話劇型和市民性。這個運動在狄德羅的影響之下，萊辛在德國掀起了同樣的市民劇運動。促進了西方劇藝進一步的發展，爲易卜生型的問題劇打下了基礎，在法國本身，直接繼承狄德羅衣缽的是博馬舍（Beaumarchais, 1732-1799）。他寫了兩部成功的嚴肅劇：《賽維勒的理髮師》和《費加羅的婚禮》和一篇《論嚴肅劇》的理論著作。

(2)關於演劇

狄德羅還深刻地研究了過去西方戲劇理論家很少注意的一方面，即戲劇的表演。他寫了一篇對話，叫做《談演員》⑱。這部對話所討論的中心問題是：演員在扮演一個人物時是否要在內心生活上就變成那個人物，親身感受到那個人物的情感？狄德羅的答案是否定的。依他看，演員的矛盾在於他在表演之中，一方面要把所扮演的人物的情感淋漓盡致地表現出來，使觀衆信以爲眞，受到感動，另一方面他卻不應親身感受到人物的情感。要十分冷靜，保持清醒的理智，控制自己的表演，做到恰如其分。

狄德羅自己是個最易動情感的人，在文藝見解上他一般是要求信任自然，鼓吹文藝必須表現強烈的情感。但是對於演員。他所要求的卻正相反，不是自然而是藝術，不是強烈的情感而是準確的判斷力，不是自然流露而是一切都要通過學習、鑽研和創造。用他自己的話來說：

……只有自然而沒有藝術，怎麼能養成一個偉大的演員呢？因爲在戲臺上情節的發展，並不是恰恰像在自然中那樣，戲劇作品是按照一些原則體系寫成的。……偉大的詩人們、演員們，也許無論哪一種偉大的摹仿自然者，生來都有很好的想像力，很強的判斷力，很精細的處理事物

---

⑱ 原題是「Paradox Sur le Comédien」，過去有李健吾的譯文。

的機智，很準確的鑒賞力；他們都是最不敏感（或「多情善感」）的。……敏感從來不是偉大天才的優良品質。偉大天才所愛的是準確，他發揮準確這個優良品質，卻不親自去享受它的甜美滋味。完成一切的不是他的心腸而是他的頭腦。

狄德羅把演員分爲兩種，一種是聽任情感驅遣的，一種是保持清醒頭腦的。他對這兩種演員的優劣對比的看法是這樣：

……有一個事實證實了我的意見：憑心腸去扮演的演員們總是好壞不均。你不能指望從他們的表演裡看到什麼完整性；他們的表演忽強忽弱，忽冷忽熱，忽平滑，忽雄偉。今天演得好的地方明天再演就會失敗，昨天失敗的地方今天再演卻又很成功。但是另一種演員卻不如此，他表演時要憑思索，憑對人性的鑽研，憑經常摹仿一種理想的範本⑲，憑想像和記憶。他總是始終一致的，每次表演都是一個方式。都是一樣完美。一切都事先在他頭腦裡衡量過，配合過，學習過，安排過。他的臺詞裡既不單調，又不致不協調。表演的熱潮有發展，有飛躍，有停頓，有開始，有中途，有頂點，在多次表演裡腔調總是每次一樣的，動作也總是每次一樣的：如果這次和上次有什麼不同，總是這次比上次更好。他不是每天換一個樣子，而是一面鏡子，經常準備好用同樣

⑲ 從狄德羅評價一七六七年巴黎繪畫雕刻展覽文章（《沙龍》）以及其他著作談到「理想的範本」的地方看，他所指的就是「典型」。

的準確度，同樣的強度和同樣的眞實性，把同樣的事物反映出來。

狄德羅在這裡描繪了他的理想的演員。他所要求的冷靜在實質上是什麼呢？關鍵在於他所說的「理想的範本」，就是中國畫家所說的「成竹在胸」。演員要事先仔細研究劇本，揣摩人物的內心生活以及他的表現方式，先在心中把這個人物的形象塑造好，把他的一舉一動，一言一笑，都準確地塑造出來，這樣他心裡就有了一個「理想的範本」，於是把它練習得滾透爛熟，以後每次表演都要把這個已經塑造好而且練習好的「範本」，像鏡子在不同的時候反映同一事物一樣，前後絲毫不差地複現出來。這樣做，所需要的就不是飄忽的熱情而是冷靜的頭腦。在當時法國名演員之中，狄德羅最推崇的是克勒雍。他對她塑造人物形象的工夫是這樣描繪的：

有什麼表演還能比克勒雍的更好呢？你且跟著她，研究她，你就會相信，到了第六次表演中，她就已把她的表演中一切細節以及角色所說的每句話都記得爛熟了。毫無疑問，她自己事先已塑造出一個範本，一開始表演，她就設法按照這個範本。毫無疑問，她心中事先塑造這個範本時是盡可能地使它最崇高，最偉大，最完美，但是這個範本她是從劇本故事中取來的，或是她憑想像把它作爲一個偉大的形象創造出來的，並不代表她本人。假使這個範本只達到她本人的高度，她的動作就會軟弱而纖小了！由於辛苦鑽研，她終於盡他所有的能力，接近到她的理想。到了這個時候，就已萬事俱備，她就堅決地守著那個理想不放。這純粹是一套練習和記憶的工夫……一旦提升到她所塑造的形象的高度，她就控制得住自己，不動情感地複演自己．像我們有時在夢中所遇見的一樣，她的頭高聳到雲端，她的雙手準備伸出去探南北極。她像是套在一個巨大的服裝模特兒裡，成了它的靈魂，她的反覆練習使這個靈魂依附到自己身上。她隨意躺在一張長椅上，雙手叉在胸前，眼睛閉著，屹然不動，在回想她的夢境的同時，她在聽著自己，看著自己，判斷自己，判斷她在觀眾中所生的印象。在這個時刻，她是雙重人格：她是纖小的克勒雍，也是偉大的亞格里庇娜。⑳

克勒雍可以說是冷靜的範例。人們不禁要問：演員自己既不動情感，他怎樣能表現出人物的情感，又怎樣能打動觀衆的情感呢？依狄德羅看，每種情感各有它的「外在標誌」，就是一般所說的「表情」；演員只要把這些情感的「外在標誌」揣摩透，練習好。固定下來成爲範本就行了。「最偉大的演員就是最善於按照塑造得最好的理想範本，把這些外在標誌最完善地扮演出來的演員」．狄德羅甚至拿理想的演員比一個會假裝有眞實情感的娼妓。他認爲這樣的演員之所以是理想的，不僅因爲他作爲個別演員，可以按照藝術的要求去表演，可以一個人扮演許多不同的角色，在屢次扮演同一角色時可以扮演得一樣好：而且因爲作爲全班中一個成員，在每個演員都像他那樣辦的條件下，他可以和其他演員達到最好的配合，產生全

⑳ 亞格里庇娜是法國大悲劇家拉辛的《伯列丹尼庫斯》劇本中的一個人物，一位驕傲的羅馬皇后，上文描繪的是克勒雍扮演這位羅馬皇后的姿態。

域統一而和諧的效果。假加每個演員都臨時憑情感去表演，戲的章法就會大亂。

狄德羅的主張在西方演員中，並沒有得到普遍的贊同。他們之中有許多人還是聽從情感的驅遣去表演，並且以此自豪。姑舉十九世紀後半期兩個最著名的法國演員爲例。莎拉．邦娜在她的《回憶錄》裡敘述她在倫敦表演拉辛的《裴德若》悲劇的經驗說：「我痛苦，我流淚，我哀求，我痛哭，這一切都是眞實的；我痛若得難堪，我淌的眼淚是燙人的，辛酸的。」安探汪談他演易卜生的《群鬼》的經驗說：「從第二幕起，我就忘掉了一切，忘掉了觀衆以及戲對觀衆的效果，等到閉幕後還有好一陣時候我仍在發抖，頹唐，鎭定不下來。」很顯然，這兩位法國名演員都沒有理睬狄德羅的勸告。但是在歐洲也有些演員是符合狄德羅理想的。狄德羅屢次提到十八世紀英國名演員嘉理克，卻沒有提到費茲傑羅記下來的嘉理克演莎士比亞的《理查三世》的一段經過[21]，嘉理克扮演理查三世的激烈的情感[22]，演得活靈活現，使得演恩娜夫人的配角什敦斯夫人看到他的那可怕的面孔，當場就嚇得驚慌失措。但是正在表現激烈情感的當中，嘉理克卻暗中瞟了她一眼，提醒她不要打亂表演。從此可知，嘉理克當時心裡還是很冷靜的。狄德羅也沒有援引英國一位更偉大的演員來替他的理論做證據。莎士比亞曾經通過哈姆雷特的口吻，向演員們提出這樣的勸告：

---

[21] 見費茲傑羅：《嘉理克的傳記》。

[22] 見《查里三世》，方重譯，人民文學出版社一九五九年版，第一幕，第二場。

> 千萬不要老是用手把空氣劈來劈去，像這樣子，而是要用得非常文靜；要知道，就是在你們熱情橫溢的激流當中，雷雨當中，我簡直要說是旋風當中，你們也必須爭取到拿得出一種節制，好做到珠圓玉潤。㉓

要節制就要鎮靜，就不能憑一時的心血來潮。莎士比亞的指示與狄德羅的主張基本上還是一致的。

從此可知，關於演員在表演人物情感時自己是否應感受到這種情感的問題，在演員與戲劇理論家之中，存在著兩個鮮明對立的陣營，即所謂體驗派與表現派。狄德羅是主張先體驗後表現的。他的毛病在於把一個基本正確的主張弄得太絕對化了。這裡我們須注意兩個事實：

頭一個事實：演員與演員之間，個人才能是不一致的，有人長於發揮理智，也有人長於發揮情感。據近代文藝心理學的研究，演員們確實可以分爲兩派：「分享派」（分享劇中人物的內心生活）和「旁觀派」（旁觀自己的表演）：而這兩派的代表之中在表演藝術上都有登峰造極的。

第二個事實：過分強調理智控制，每次表演都重複一個一成不變的「理想的範本」，也易流入形式化和僵化，使戲劇缺少生氣。

㉓ 見《哈姆雷特》，卞之琳譯，人民文學出版社一九五七年版，第八六至八七頁。

在演劇的領域裡和在一般文藝領域裡一樣，眞正的理想是現實主義與浪漫主義的結合：理智的控制不過分到扼殺情感和想像，情感和想像的活躍也不過分到使演員失去控制。每次的表演是複演，同時也是創造。「理想的範本」一定要有，但是在每次表演中須獲得新的生命。當然，這個理想需要更辛勤的鍛鍊，更高的藝術修養。

2. 關於自然、藝術和美的看法

(1) 浪漫主義方面

從表面看，啓蒙運動者仍和新古典主義者同樣堅信藝術要摹仿自然。狄德羅在《畫論》裡劈頭一句話就是：「凡是自然所造出來的東西沒有不正確的」。他力勸畫家不要關在工作室裡，整天臨摹身體不健康的、姿態矯揉造作的模特兒，要「離開這個弄姿作態的鋪子」，到教堂、街道、公園、市場各地去細心觀察眞實人物的眞實動作。這好像和布瓦洛的「研究官廷，認識城市」的勸告還是一致的。

但是狄德羅所了解的自然和新古典主義者所崇奉的自然畢竟是兩回事。新古典主義者所崇奉的「自然」是抽象化的「人性」，是「方法化過的自然」，是受過封建文化洗禮的自然。他們是把「自然」和「合式」或「妥貼得體」（Decorum, décenc）的概念聯繫在一起的。蠻野粗獷的東西絕不會被他們看作自然，路易十四的宮廷生活對他們才是高級的自然。他們更醉心的是「文明」、「文雅」、「彬彬有禮」。自然只有在帶上這些品質時才能引起他們的愛好和「摹仿」。啓蒙運動者之中只有伏爾泰在這一點上還和新古典主義者氣味相投。就盧梭和狄德羅來說，這種與「蠻野」相對立而與「文明」相結合的自然恰恰是不自然，也恰恰是他們深心厭惡的腐朽的封建宮廷的生活習俗。他們所號召的「回到自然」裡面有一個涵義就是「回到原始生活」。他們是把自然和近代腐朽文化對立起來的，爲著要離開這種腐朽文化，所以要「回到自然」。和盧梭一樣，狄德羅的自然觀也帶有很濃厚的原始主義，他說：

在魄力旺盛方面，野蠻人比文明人強，希伯來人比古希臘人強，古希臘人比羅馬人強……英國人比法國人強。每逢哲學的精神愈發達，魄力和詩也就愈衰落。……這種單調的彬彬有禮對於詩造成了難以置信的巨大損失。……哲學精神產生了冗長而枯燥的文風。概括化的抽象的語言日漸多起來，就代替了形象化的語言。㉔

在另一段裡他說得更具體：

一般說來，一個民族愈文明，愈彬彬有禮，它的風俗習慣也就愈沒有詩意，一切都由於溫和化而軟弱起來了。只有在像下列一些情景發生的時候，自然才向藝術提供範本，例如父親躺在病床上垂危了，兒女們在旁邊撕發哀號，……女人死了丈夫，披頭散髮，用指甲抓破自己的臉皮，……我不說這些是好風俗，我只說這些風俗有詩意。

㉔《狄德羅全集》，第一一卷，第一三一至一三二頁。

……詩人需要的是什麼呢？生糙的自然還是經過教養的自然？動盪的自然還是平靜的自然，他寧願要哪一種美？純靜肅穆的白天裡的美？還是狂風暴雨雷電交作，陰森可怕的黑夜裡的美呢……

詩需要的是一種巨大的粗獷的野蠻的氣魄。㉕

從此可知，狄德羅要求文藝向自然吸取的是它的原始的蠻野的氣息。他認爲這種氣息才有詩意，因爲第一，這裡面才有巨大的活力和強烈的情感；其次，在原始情況之下，人也才可以毫無拘束地表現這種活力和情感；他的思維方式才是形象的而不是抽象的，語言也是如此。自然對新古典主義者來說，它就是理性；對於狄德羅來說，它也還是理性，但尤其重要的是情感。他要求詩人能使觀衆在看表演時「彷彿碰到一次大地震，看到房屋牆壁都在搖晃，覺得腳所站的土地就要陷下去似的」㉖。他又向詩人呼籲：「請打動我，震撼我，撕毀我；請首先使我跳，使我哭，使我震顫，使我氣憤！」㉗

狄德羅的原始主義在當時應該看作進步的，因爲他所要求的一切正是新古典主義所缺乏的東西，也正是後來浪漫運動所要求的東西。所以狄德羅在由新古典主義過渡到浪漫主義的

㉕《論戲劇體詩》，第一八節。

㉖《論戲劇體詩》。

㉗《狄德羅全集》，第一〇卷，第四九九頁。

發展過程中起了很大的促進作用。

(2) 現實主義方面

但是狄德羅的美學思想並非單純地是浪漫主義的，其中主要的還是現實主義的一面。在這方面，他似乎接近新古典主義，而其實也向前邁進了一步。他對藝術與自然的密切關係比過去人看得較清楚，也說得較明確。首先他見出美與眞同一，因爲都是認識眞實地反映了事物：

> 藝術中的美和哲學中的眞都根據同一個基礎。眞是什麼？眞就是我們的判斷與事物的一致。摹仿性藝術的美是什麼：這種美就是所描繪的形象與事物的一致。㉘

這幾句言簡而意賅的話不但說出反映論的基本道理，而且也指出藝術（形象思維）和哲學（抽象思維）的聯繫和區別。他肯定了藝術和美的現實基礎，而對於藝術反映現實基礎的性質和方式。他終於能達到藝術既要揭示事物的內在聯繫和必然規律，又要表現主觀理想的辯證的觀點。我們說「終於能達到」，因爲狄德羅的美學思想是經過一個發展過程的。

(3) 美在關係說

在他早年寫的發表在《百科全書》裡的《論美》（一七五〇），他提出「美在關係」

㉘ 據上引《十八世紀外國文學史》第二四六頁的引文。

（rapports）的看法：

> ……我把凡是本身就含有某種因素，可以在我們理解中喚醒「關係」這個觀念的性質，都叫做外在於我的美（beau hors de moi）；凡是喚醒這個觀念的性質，都叫做關係到我的美（beau par rapport à moi）。[29]

在作說明時，他又提出「絕對美」和「相對美」的概念，「雖然沒有什麼絕對美，卻有兩種關係到我們的美，一種是實在的美，一種是見到的美」。關係到人的美都是相對的，它都要經過觀賞人的判斷，而「判斷總是幾乎都只涉及相對美而不涉及絕對美」。「關係」以及相對美和絕對美的提法可能受到英國哈奇生的影響。[30]相對美之中「實在的美」是「孤立地單就物件本身」（即不問它對人的關係）去看時對象所有的美，例如孤立地就一朵花或一條魚本身去看而說它美時，「我所指的就只能是我在它們的組成部分之中見出秩序、安排、對稱和一些關係」。從此可知，狄德羅所說的「實在的美」是事物固有的一些形式因素，即哈奇生所說的「絕對美」，這是不依人的意識爲轉移的。他說：「無論我想到或是不想到羅浮宮的前壁，組成這前壁的各部分以及它們之間的安排仍然具有它們本有的那種形狀：無論有

㉙ 兩個定義的分別在於前者是可以「喚醒」，還是純粹客觀的美，後者是實際「喚醒」，已和我發生關係的美。

㉚ 參看第八章哈奇生節。

人沒有人，那形狀並不減其美」。在這裡他的思想有些混亂，因爲接著他聲明所謂「不減其美」是對於不是人（假定了沒有人）而身心構造卻和人一樣的「可能的存在物」（這是什麼，他沒有說明）而言，而「對於旁的存在物（這是什麼，他也沒有說明），那形狀可以既不美，也不醜。或則只是醜」。狄德羅在這裡彷彿見到沒有人而仍有美的看法有些困難，但是他所假想的「可能的存在物」和「旁的事物」（都不是人而卻能審美的存在物）卻並不能解決這個困難。這種「實在的美」既然是「無論有人沒有人，都不減其美」，何以仍然屬於「關係到我們的美」？「實在的美」和「見到的美」之間有什麼聯繫？這些問題在狄德羅的思想裡都不是很清楚的。「實在的美」和「見到的美」對於狄德羅還是分裂的、對立的，還沒有統一。問題的關鍵在於他沒有認清人，自然和社會這些概念之間辯證的聯繫。在《論美》裡他很少從社會發展觀點去看美。

這個缺點在他對「關係」的極不明確的看法中特別明顯。「關係」可能有三種不同的意義。一個是同一事物的各組成部分之間的關係，例如他所提到的比例、對稱、秩序、安排之類形式因素。其次是這一事物與其他事物之間的關係，如他所提到的這朵花與其他植物乃至全體自然界的關係。第三還有對象與人（即客體與主體）之間的關係。狄德羅所說的「關係到我的美」，理應在於這第三種關係，即理應與對象的社會性密切相關，但是正是在這一點上他的觀念非常模糊。

這許多跡象都說明。《論美》還只代表狄德羅早年對美學問題的摸索，其中有許多富於啓發性的揣測，而矛盾和漏洞亦復不少。應該肯定的是「美在於關係」的看法，不管它多麼含糊，卻已隱約見出美在於事物的內在的和對外的聯繫。他所舉的高乃依的《賀拉斯》悲劇裡「讓他死吧！」一句話的例子很能說明問題。如果孤立地不從關係著眼去看這句活，就無從斷定它的美醜。如果告訴讀者這是回答一個人應該怎樣對待一場戰鬥的話，關係就比較明確了，這句話就開始對讀者有些意思。如果再告訴讀者這場戰鬥關係到相同的榮譽，提問題的人就是答話人的女兒，而那位參加戰鬥者就是他剩下的唯一的兒子，這位青年要以一個人抵擋三個敵人，他的兩個弟兄都已被那三個敵人殺死，那老父親是一個羅馬人，他毅然決然地鼓勵他的兒子去抗敵。這樣一來，「讓他死吧！」這一句本來說不上是美是醜的話，就隨著情境和關係的逐漸展開，逐漸顯得美，終於顯得崇高莊嚴了。狄德羅用這個例子來說明美要靠對象和情境的關係，情境改變，對象的意義就隨之改變，而美的有無和多寡深淺也就相應地改變。從這個例子看，狄德羅所說的由對外關係或情境決定的美就是哈奇生所說的「相對美」。值得注意的是狄德羅在這裡把「關係」的概念結合到情境的概念，後來他的美學思想的發展都從此出發。

在《畫論》裡「關係」就明確化爲事物的內在聯繫或因果關係了。狄德羅談到畫家的基本的素描工夫就要從顯示這種內在聯繫或因果關係入手。他舉了一些例證，證明人體各組成部分互相因依的關係，如果某一小部分失常，全身各部分的形狀就都要受影響。例如一個早年失明的女子，不僅眼窩和眉睫都變了形，就連肩膀、頸項和咽喉也和常人的不一樣。畫家就要認識到事物的這種因果關係，「按照它們的本來面貌表現出來。摹仿愈周全，愈符合因果關係，也就愈能使人滿意。」㉛他還要求畫家「在形體的外表結構上顯示出年齡、習慣，或實現日常功能的本領」．這就是說，從身體結構上，不但要看出畫的是一個老年或青年，還要見出他是一個文明人或野蠻人、軍人或搬運夫：這就是著重形體與社會情境的聯繫了。「關係」要在「情境」中才能見出，所以狄德羅愈到後來愈拿「情境」的概念代替「關係」的概念。在《畫論》裡他幾乎等於說美在於情境，他的話是這樣說的：

> 眞善美是緊密結合在一起的，在眞和善之上加上一種稀有的光輝燦爛的情境，眞或善就變成美了。如果在一張紙上畫出的三個點只是代表關於三個物體運動問題的答案，那就沒有什麼，不過是一條純然抽象性的眞理，假如這三個物體之中，一個是在白天裡給我們放出光輝的太陽，一個是在黑夜裡給我們照明的那個月亮，而其餘的一個則是我們住在上面的地球：這樣一來，眞理就立刻變成偉大了，美了。㉜

接著他就提到詩人的「祕訣在於表現具有偉大興趣的對象，例如父母們、夫妻們、兒女們」。從此可見，狄德羅所說的「情境」是從事物對人的社會意義去看的。日、月和地球在軌道上運行的形象之所以成爲「光輝燦爛的情境」．也因爲它們和人生有密切關係，對於

㉛《畫論》，第一章。
㉜《畫論》，第七章。

人是「具有偉大興趣的對象」。接著他又舉了其他的例子，說明美的事物對人生都有某種功用，例如從懸崖瀑布聯想到磨坊，從大樹裡見到抵抗狂風駭浪的船桅。在這裡他顯然見到美的事物的社會意義了。

狄德羅所說的「具有偉大興趣」的「父母們、夫妻們、兒女們」在他的戲劇觀點裡取得了突出的地位。他要用這些家庭關係去形成他理想中的新型悲劇，即「家庭悲劇」，而他自己創作的《一家之主》和《私生子》也正是以家庭關係的糾紛為中心。家庭關係在資產階級的社會關係之中特別重要，所以狄德羅要求它在戲劇裡得到反映，正是這種家庭關係再加上「職業關係和友敵關係等等」形成狄德羅所認為新型市民劇中最重要的因素，即「情境」。他說：

> 一直到現在，在喜劇裡主要對象是人物性格，而情境只是次要的；現在情境卻應變成主要的對象，而人物性格則只能是次要的，一切情節上的糾紛都是從人物性格引出來的。人們一般要找出顯出人物性格的周圍情況，把這些情境互相緊密聯繫起來，應該成為作品基礎的就是情境，它所包含的義務、便利和困難。㉝

從此可見，「情境」包括各種「關係」，比「關係」也較具體。上文已經提到，狄德羅主張

㉝《和多華爾的談話》，第三章。

戲劇情節應顯示「人物性格和情境的衝突」，多少已露出黑格爾的衝突說的萌芽，這是對戲劇理論的一個重要的貢獻。在人物性格與情境衝突中所顯示的關係主要是社會關係，已不是《論美》裡所說的「秩序」、「對稱」、「安排」之類自然事物的形式方面的關係了。狄德羅看社會關係，當然還是從資產階級立場去看，所以特別重視家庭關係。但是他也並非完全沒有注意到階級關係，或是完全沒有從勞苦大眾著眼。在上文已引過的勸文藝創作者「住到鄉下去」，「深入生活」的一段話中。狄德羅接著說：

> 這樣，你就會了解到那些奉承你的人設法不讓你知道的東西。要經常緊記著，只要有一個有勢力的壞人就會使成千成萬的人哭泣呻吟，痛不欲生；並不是自然（世上最大的權力）使人生下來就當奴隸，奴隸制度是屠殺和征服的結果；一切道德體系，一切政治機構，只要是爲著離間人與人的關係而設立的，它們就都是壞的，[34]

當時工人騷動和農民起義雖然已在到處發展，這樣的同情勞苦大眾的呼聲在知識分子中卻還是稀罕的。從這種呼聲中我們可以更好地理解到恩格斯所說的啓蒙運動是法國資產階級革命的準備。

從現實主義的觀點出發，狄德羅認爲要通過揭示「情境」、「關係」或

---

[34] 據上引《十八世紀外國文學史》第二四六至二四七頁的引文。

事物的內在聯繫，文藝才能逼眞；而揭示事物的內在聯繫，就要通過思索。所以狄德羅雖然強調情感，卻也認識到理智的重要性，有時他甚至把理智看得比情感還更重要，《談演員》裡所強調的冷靜自制可以爲證。他提出詩的想像也要合乎邏輯的看法。「所謂合乎邏輯就是顯出各種現象之間的必然聯繫」㉟。他要求藝術家既要有熱情，又要有冷靜的回味和思索，不能單憑「心血來潮」去創作，他在《談演員》裡說：

> 你是否趁你的朋友或愛人剛死的時候就做詩哀悼呢？不，誰趁這種時候去發揮詩才，誰就會倒楣！只有等到激烈的哀痛已過去，……當事人才想到幸福遭到折損，才能估計損失，記憶才和想像結合起來，去回味和放大已經感到的悲痛。……如果眼睛還在流淚，筆就會從手裡落下，當事人就會受情感驅遣，寫不下去了。

這話正符合中國的「痛定思痛」一句經驗之談。有人認爲狄德羅時而強調情感，時而強調理智，彷彿是自相矛盾，其實這正是他的辯證處，和上文引過的他替「想像」所下的定義一樣，這裡他也是不把形象思維和抽象思維完全對立起來。

㉟《論戲劇體詩》，第一〇節。

(4)自然與藝術的關係：現實美與理想美

狄德羅的辯證觀點還表現在他對自然與藝術的關係的看法上。他一方面始終堅持藝術要摹仿自然，另一方面也再三強調藝術並不等於自然，摹仿並不等於被動地抄襲。他見到美一定同時是眞實的，但並不是一切眞實的東西都美，美也有高低深淺之別。他說：「自然有時枯燥，藝術卻永遠不能枯燥」。所以藝術對於自然，首先應有選擇。「摹仿自然並不夠，應該摹仿美的自然」。在《談演員》裡有這樣一段對話：

乙：但是它裡面應有自然的眞實呀！

甲：就像一個雕刻家忠實地按照一個醜陋的模特兒刻成雕像，裡面也有自然的眞實那樣，人們稱讚這種眞實，但覺得這整個作品貧乏可厭。

狄德羅在這裡要說明的主要是美與眞雖同一而畢竟有區別，以及藝術應注意內容不能專靠表現技巧的道理。他並不完全反對藝術表現醜陋的事物，像萊辛那樣，他在《波旁的兩個朋友》裡說：

一位畫家在畫布上畫了一個人頭，其中一切形式都很有力，很雄偉，端方四正，顯得是一個最完美最罕見的整體。在看這幅畫時我感到羡慕和驚駭，我想從自然中找到這幅畫的藍本，卻找不到，和它比起來自然中一切都是軟弱的、纖小的、凡庸的。於是我就感覺到這裡畫的是一個理想的頭。但是我認爲畫家應該使我看到她額上露出一點輕微的裂痕，鬢邊現出一個小斑點，下唇現出一個小得看不見的傷口才好，這樣就會使這幅畫馬上從一種理想變成一幅畫像了，眼角或鼻梁旁邊如果有點天花疹的痕跡，這女人面貌就不是愛神維納斯的面貌，這幅畫就是我的鄰居中一個女子的畫像了。

沒有一點瑕疵的面孔，像愛神的那樣，只是理想的，不是眞實的。眞人的面孔總不免有些小毛病，如果要使畫像眞實，就不宜把那些小毛病掩蓋起來。狄德羅在這裡所主張的是不要爲典型而犧牲個性，已經微露浪漫主義的傾向，和新古典主義的審美趣味是對立的。就狄德羅關於美的言論前後擺在一起來看，他是主張藝術既要個性的眞實，又要精選原來就美的事物爲題材的。

在評價一七六七年巴黎藝展的《沙龍》裡以及在《談演員》的對話裡，狄德羅再三標榜所謂「理想美」（le beau idéal）以及它與「現實美」（le beau réal）的分別。理想美首先要求對材料加以選擇，但是更重要的是要求對現實材料的理想化、集中化和典型化。在《談演員》裡他質問反對藝術修改自然的論敵說：「如果說生糙的自然和偶然的安排比藝術的造作更好，藝術處理就難免損壞它，請問：「人們所讚揚的藝術的魔力究竟何在呢？難道你不承認人可以美化自然嗎？」很顯然，「美化自然」就要「損壞生糙的自然的偶然的安排」。這種「美化」的結果就是藝術作品，它已不復是自然了。狄德羅舉雕刻爲例來說明這個道理：

雕刻先從第一個碰到的範本著手摹仿，後來發現另外一些範本比第一個好，於是就這許多範本進行修改，先修改大毛病，再修改小毛病，經過這樣反覆修改和一系列的工作之後，它才終於造成一個形象，這形象已不復是自然了。（重點是引者加的）

從此可見，藝術既要根據自然而又要超越自然，藝術美是一種理想美，是藝術家經過「意匠經營」，在自然上加工的結果。我們在上文已經提到過狄德羅要求演員先在心中揣摩出「理想的範本」。這種理想化的過程其實就是典型化的過程，從《論演員》裡一段話中可以見出：

乙：你認爲「某一僞君子」（un tartuffe）和「準僞君子」（le tartuffe）究竟有什麼分別？

甲：畢亞行員是某一僞君子，格里則爾神父是某一僞君子，但是都不是準僞君子。……準僞君子是根據世上所有的一切格裡則爾來形成的。這要顯出他們的最普遍最顯著的特點，這不恰恰是某一個人的畫像，也沒有什麼人能在這裡面認出自己來。

「某一僞君子」還是自然，「準僞君子」才是藝術作品，是經過藝術創造的「理想的範本」，是一種典型形象。這種典型形象雖然根據自然（「世上所有的一切格里則爾」）而卻不是自然中生來就有的（「沒有什麼人能在這裡面認出自己來」）。所以典型美也只能是藝術美或理想美。

因爲認識到藝術既要根據自然而又要超越自然的辯證關係，狄德羅對於藝術「規則」也持有一種辯證的看法。一般地說。他對於新古典主義者所宣揚的「規則」是反對的，認爲「規則把藝術變成呆板的工作」，「這些規則沒有一條不能被天才成功地跳越過去」。[36]但是他並不否定文藝上一些合理的成規。他在《論演員》裡談到悲劇時，說明傳統悲劇中一些人物並不是「歷史人物」而是「詩所想像出來的幽靈」，並且爲這種「幽靈」辯護說：

> 因爲他們都來自傳統成規（convention）。這是由埃斯庫羅斯老人定下來的一個三千年的老規約。

他又說：「在戲臺上的情節發展並不恰恰像自然中那樣，戲劇作品是按照一套原則體系來寫成的。」因此，我們就不能根據自然現象或歷史事實來衡量傳統悲劇人物，而要根據藝術自己的「一套原則體系」。例如當時爭論最熱烈的「三一律」，狄德羅並不完全反對。

與此相關，狄德羅也並不完全反對「摹仿古人」的口號，不過認爲應向古人學習的不是一些死板的規則，而是古人如何對待自然的方法。在一七六五年的《沙龍》裡，他提到溫克爾曼的向古人學習比向自然學習更好的主張，表示不完全同意，說過一段很有辯證意味的

㊱ 據上引《十八世紀外國文學史》第二四五頁的引文。

話：

> 誰若是因爲尊崇自然而菲薄古人，誰就不免冒一種危險，在素描、性格、服裝、表情等方面總是顯得纖小、軟弱和庸劣。誰若是因爲尊崇古人而忽視自然，誰就不免冒另一種危險，作品顯得冷淡枯燥，缺乏生氣，缺乏只有從自然中才能察覺出的那種隱藏的祕奧的眞理。依我看，我們要**研究古人，是爲著要學會如何處理自然**。（重點是引者加的）

我們已見過，在《和多華爾的對話》裡，他也是把「要自然」和「要古人」並提的。這並不是調和論，而是把繼承古典遺產和向自然學習結合起來的。

3. 結束語

總觀以上所述，在啓蒙運動三大領袖之中，狄德羅是最傑出的。在反對爲封建宮廷服務的新古典主義文藝的鬥爭中，他比伏爾泰較澈底：在摸索文藝的新方向中，他比盧梭有較明確的認識和較具體的措施，他雖反對近代文藝的腐朽，卻沒有因此就像盧梭那樣否定社會文化，要歷史開倒車。他堅決地站在唯物主義的立場，堅持文藝的現實基礎。從他口裡我們第一次聽到西方的深入農村生活的呼籲，和同情勞苦大衆的呼聲。不過在當時的階級鬥爭中，他基本上站在資產階級方面，主要地是資產階級意識形態製造者。他要文藝更好地爲資產階級服務，在戲劇領域裡他大力宣揚新型市民劇，而且認識到小說這一體裁有較廣大的前途，不但向法國宣揚理查遜的作品，而且還親自寫出《拉摩的侄兒》和《宿命論者雅克》兩部比他的劇本遠較成功的小說。在造型藝術方面，他不遺餘力地攻擊當時流行的爲宮廷點綴場面的浮華纖巧的「螺鈿」（Rococo）風格，既在《畫論》裡提倡現實主義，又在《沙龍》裡提倡新起的帶有浪漫主義色彩的風格，他一方面要求藝術接近現實和接近群眾，對近代現實主義起了促進的作用，另一方面強調文藝用自然的語言表現強烈的情感，也替浪漫運動作了一些準備。他認眞地探討過美學各方面的問題，他的早年《論美》專著雖然還流露一些形而上學的思想方法。沒有能認識到「實在的美」和「關係到我們的美」如何由對立而統一，沒有足夠地認識到美的社會性，但是美在「關係」和「情境」的觀點還是富於啓發性的。他的思想是不斷發展的，後來他逐漸認識到美的社會性，他的思想方法也逐漸變成辯證的，特別表現在他對於情感與理智，自然與藝術以及學習自然與學習古典這一系列對立關係的看法上面。

第十章

德國啓蒙運動：

戈特舍德、鮑姆嘉通、溫克爾曼和萊辛

一、德國啓蒙運動的歷史背景

在十七、八世紀，德國在歐洲幾個主要國家之中還是最落後的，在十六世紀，馬丁·路德領導的宗教改革終於走到和封建諸侯相妥協的道路，托馬斯·閔澤爾所領導的農民起義遭到了殘酷的鎮壓而終於挫敗。從此德國在經濟上長期保留了農奴制，農業生產落後，租稅負擔又特重，農民過著窮困痛苦的生活，工商業的情況還更壞；在政治上長期處在分散狀態，在日爾曼那塊不算太大的土地上就有三百多個獨立小國，這些小國公侯一方面摹仿法國宮廷的排場，過著驕奢淫佚的生活，不得不向原來就極端窮困的人民進行殘酷的剝削，另一方面又互相傾軋，經常進行著爭權奪利的戰爭，這對於農工商業也起了破壞的作用。加以在宗教上，這些小國也分裂成爲兩個陣營，北部的「新教聯盟」和南部的「天主教聯盟」，雙方鬥爭也很激烈。政治上和宗教上的分裂，加上英、法、荷蘭、西班牙等外國勢力的勾結利用，就釀成歷史上一場破壞性極大的三十年戰爭（一六一八－一六四八）。戰爭的結果使德國人口減少了四分之三，農工商業的凋敝就可想而知了。三十年戰爭結束後，布蘭登堡公國就日漸強大起來，到了十八世紀初，它就成爲普魯士王國，在國王弗利特里希二世的統治之下，訓練出一支龐大的軍隊，它從此就逐漸成爲一個軍國主義的國家，政治經濟的力量都掌握在軍閥（容克貴族地主）手裡。這就意味著封建勢力在德國不但沒有削弱，反而加強了。

資產階級的力量在當時德國還是很薄弱的。政治的分散和經濟的凋敝都極不利於資產階級的發展。但是既有三百多個小國，就會有爲數更多的城市，所以單就數量來說，市民階級在德國人口中還是占了很大的比例。由於他們的經濟地位薄弱，他們在政治上的表現也就特別軟弱。當英國資產階級在十六世紀就已進行了革命，法國資產階級在十八世紀啓蒙運動時期也已在積蓄力量，準備發動大革命時，德國資產階級卻仍奴顏婢膝地依附公侯的小朝廷，聊求殘羹剩汁。他們自私自利，苟且偷安，眼睛望不到比井口更大的天，所以談不到革命和文化方面的遠大理想。他們在德國造成一種範圍很大而影響根深遠的「庸俗市民」風氣（庸俗市民在德國取得了Philister的稱號），馬克思和恩格斯在討論德國問題時，經常提到這種「庸俗市民」風氣阻礙文化發展，甚至妨礙像歌德那樣大的詩人能有較高遠的理想。

從上述一些情況看，德國的條件對於開展啓蒙運動是極端不利的。但是啓蒙運動畢竟也在德國展開了，而且獲得了相當顯著的成績。如果在政治上沒有造成資產階級革命，它至少爲德國浪漫主義文學和古典哲學作了準備，這種成就在實質上就是爲資產階級製造出一套意識形態，有助於將來德國民族的統一。啓蒙運動本來一般是由資產階級知識分子發動的。德國資產階級知識分子在極端不利的條件下之所以能發動啓蒙運動，顯然有它的內因和外因。就內因來說，德國從中世紀以來，民間文學傳統一直是很光輝燦爛的（德國是《尼伯龍根之歌》、《谷德倫》、《巴賽伐爾》、《列那狐》以及許多民間抒情詩歌的發源和流行的區域），一些古老的大學（例如海德堡、哥登堡、耶拿、萊比錫等）裡學術研究的風氣也一直是很活躍的。這種優秀的文化傳統在德國資產階級分子中不但養成了愛好文藝和愛好哲學思考的風氣，而且也養成了民族思想和愛國思想。這都促使他們迫切要求改變當時社會的落後面貌。就外因來說，德國啓蒙運動顯然受到英法等國的外來影響。在拿德國和英法對比之下，德國當時經濟政治文化各方面的落後就顯得格外突出，格外不可容忍，這些鄰國的前進知識分子所進行的革新運動也給他們樹立了改革現狀的榜樣，引起他們急起直追。內部還沒有資產階級政治革命的條件，而卻有文藝和一般學術文化的優秀的傳統，外部有文藝改革和思想促進的範例，這種情形就決定了德國啓蒙運動所採取的獨特的方向：它的直接目標還不在進行資產階級革命而在德意志的民族統一，而它的領袖們都認為要達到民族統一，須通過建立統一的民族文化和民族文學。所以啓蒙運動在德國主要是局限於文藝和文化思想領域以內的革新運動，儘管它也不可避免地要帶有一些反封建反教會的色彩，卻不像法國啓蒙運動那樣一開始就是一個很鮮明的反封建反教會的政治運動，當時德國思想家脫離現實厭談政治的傾向一般還是很突出的。

單就文藝思想領域來說，德國啓蒙運動還有兩個特點。這兩個特點都來自一個總的原因，就是在十七、八世紀，德國還沒有一個偉大的文藝創作實踐的基礎，它還拿不出像英國莎士比亞和米爾頓或是法國的高乃依、拉辛和莫里哀那樣偉大的詩人。因此，德國啓蒙運動時期的文藝思想停留在抽象思考和抽象討論上的傾向比較顯著，戈特舍德的《批判的詩學》和鮑姆嘉通的《美學》都是很明顯的例證。其次，復古的傾向在德國啓蒙運動中也比較顯著。不能說當時德國文藝理論家完全不結合實際，但是當前德國的實際彷彿無可結合，他們只好結合過去的實際，古希臘羅馬或是德國的中世紀，以及當時較先進的英法等國。溫克爾曼、赫爾德、萊辛以至於席勒這一系列的健將都可以為例。

二、幾個先驅人物

德國啓蒙運動是從一個新古典主義運動開始的。與法國新古典主義運動相終始的是「古今之爭」一場大辯論，德國新古典主義運動也掀起了一場大辯論，問題卻不在古今的優劣而在於德國文藝應該借鑒的是法國還是英國，這可以說是在萌芽中的浪漫主義和即將沒落的新古典主義在交鋒了。戈特舍德是這場爭論中的中心人物。

1. 戈特舍德

戈特舍德（Gottsched, 1700-1766）是萊比錫大學的教授，他的理論著作《批判的詩學》在十八世紀前半發生過相當大的影響，使他成爲德國文學界的最高權威。這部著作可以說是布瓦洛的《論詩藝》的翻版。法國新古典主義文學在當時歐洲是大家公認的光輝的典範，戈特舍德對它景仰備至，以爲要使德國文學脫離它原有的粗野奇怪的「巴洛克」（baropue）風格，踏上康莊大道，就必須把法國新古典主義搬到德國的土壤上，而法國新古典主義的信條和規則都具備在布瓦洛的《論詩藝》裡，於是他就追隨布瓦洛，寫出他的《批判的詩學》，討論了布瓦洛所討論過的詩的一般原則，以及詩的分類，並且替每類體裁定下了詳細的規則。我們姑舉他對於悲劇情節結構所定的規則，聊見他的文藝觀點的一斑：

> 詩人先挑選一個他要用感性形式去印刻在讀者心中的道德主張。於是他擬好一個故事的輪廓，以便把這個道德主張顯示出來。接著他就從歷史裡找出生平事蹟頗類似所擬故事情節的有名

人物。就借用他們的名字套上劇中人物，這樣就使劇中人物顯得煊赫。①

這顯然是一種公式化的創作方法。

布瓦洛的哲學出發點，是笛卡兒的理性主義；戈特舍德的哲學出發點則是笛卡兒加上德國哲學家萊布尼茲和沃爾夫的理性主義（下文還要說明），都認爲文藝基本上是理智方面的事，只要根據理性，掌握了一套規則，就可以如法炮製。像布瓦洛一樣，戈特舍德討厭一切出乎陳規常軌的新生事物，他不但對中世紀傳奇文學和近代新起的帶有神奇怪誕色彩的阿里奧斯托的《瘋狂的羅蘭》和米爾頓的《失樂園》大肆攻擊，就連莎士比亞也由於不顧傳統規則而遭到他的厭惡。

從戈特舍德的基本主張看，他所領導的只是一種新古典主義運動。他具有布瓦洛的一切毛病，但是既沒有布瓦洛的詩才，又沒有布瓦洛可以依據的高乃依、拉辛和莫里哀，所以布瓦洛的毛病在他身上就只能變本加厲。新古典主義推崇理性、規則與明晰，這是符合拉丁民族傳統與民族性格的，德國從中世紀以來的民族傳統就偏在情感和想像以及表現的自由和奇特方面，所以戈特舍德移植法國新古典主義的企圖是不符合德國民族特性的，不過事情往往有兩方面，法國新古典主義文藝理想雖不符合德國民族傳統，而對德國民族傳統文學卻起了補偏救弊的作用，從此德國文藝逐漸接近近代文明社會，開始走向規範化、統一化，語言文

① 戈特舍德：《批判的詩學》，據鮑桑葵的《美學史》第二一三頁的引文。

學開始純潔化，特別是對於法國戲劇的宣揚引起了改革德國戲劇和建設戲劇理論的要求，爲下階段德國文學的發展鋪平了道路。這些成就都不能不歸功於戈特舍德。在這個意義上，戈特舍德雖是新古典主義的忠實信徒，卻仍是啓蒙運動的先驅。

但是時代風氣畢竟在迅速地轉變。戈特舍德所領導的新古典主義運動只是曇花一現，它馬上就遭到了瑞士蘇黎世的波特瑪（Bodmer, 1698-1783）和布萊丁格（Breitinger, 1701-1767）兩人的聯合駁斥，釀成所謂萊比錫派和蘇黎世派的大爭辯。這兩派本來同屬於啓蒙運動初期的領導者行列，都相信藝術摹仿自然和藝術的教育功用，而且在不同程度上都受了萊布尼茲和沃爾夫的理性主義哲學的影響。他們的分歧主要地在於互相關聯的兩點：第一，戈特舍德所承受的影響主要是法國的，心目中只有拉丁文學和法國新古典主義文學，不但輕視中世紀和近代英國文學，就連荷馬對他也還不夠典雅。蘇黎世派的審美趣味則正相反。波特瑪是一位最早的研究中世紀德國民間文學的學者。他把《尼伯龍根之歌》、《巴賽伐爾》和民間愛情詩歌發掘出來，編輯和印行了，這樣就在德國開創了研究中世紀民間文學風氣，對浪漫運動起了很大的作用。在外國文學方面，波特瑪和布萊丁格都推崇英國，他們把艾迪生的報刊短文的形式介紹到德國，並且翻譯了米爾頓的《失樂園》和英國民歌。特別是用聖經爲題材的《失樂園》成了大爭論中的一個中心問題，因爲這部詩無論在精神，在題材還是在形式方面，都不合布瓦洛和戈特舍德的信條。蘇黎世派對民間生活和帶有浪漫風味的自然風景也特感興趣。當時英國一些描寫自然的詩如湯姆生的《四季詩》對他們發生了影響，他們因此提倡描繪自然風景的詩。這和新古典主義者心目中只有宮廷生活和煊赫人物，也是大不相同的。不過在提倡描繪詩方面，他們後來遭到萊辛的反對。

與審美趣味相關的是理論觀點。蘇黎世派的理論觀點是在波特瑪的《論詩中的驚奇》（一七四〇）和《論詩人的詩的圖畫》（一七四一）以及布萊丁格的《批判的詩學》（一七四〇，和戈特舍德的著作同名）幾部著作裡闡明的。戈特舍德片面強調理性，而波特瑪和布萊丁格雖不否定理性，卻更強調想像。理性和想像究竟應該側重哪一邊，這是新古典主義和浪漫主義的分歧之一。我們記得笛卡兒是側重理性而看輕想像的，他幾乎用對數學的要求去要求文藝，布瓦洛在《論詩藝》裡對想像竟一字不提。當時對想像與藝術關係的重視和研究是英國經驗主義派休謨、艾迪生等人以及義大利受到經驗主義影響的繆越陀里和維柯等人所引起的。在理論上對想像的側重也反映出當時文藝創作實踐已開始流露想像的色彩，波特瑪所推尊的《失樂園》就是一個例子。波特瑪和布萊丁格把從英國經驗主義派關於想像的理論接受過來，並且結合到萊布尼茲的哲學思想上去，對藝術摹仿自然的原則提出了一個新的看法。他們認為「詩人所摹仿的是自然轉化可能世界為現實世界的能力」，「詩的摹仿不是取材於現實世界而是取材於可能世界」。「可能世界」是萊布尼茲哲學中一個術語（他說：「這個世界是一切可能世界中的最好的一個。」）。詩也要在一切可能世界中選擇一個最好的來，用想像把它轉化為藝術現實。因此，詩所表現的世界應該是奇特的、不平凡的，足以引起驚奇的，像《失樂園》那樣。從此可知。蘇黎世派不但把藝術想像和藝術理想化結合起來，而且從想像觀點出發，辯護新古典主義者所厭惡的詩中的驚奇因素。兩派的大爭論是先由戈特舍德挑起的。他所攻擊的正是波特瑪的《論詩中的驚奇》。從此兩派遭遇過許多回合，結果戈特舍德遭到慘敗，原來支持他的人也都轉到蘇黎世派了。

這場大辯論和它的結果標誌著時代風氣的轉變。單就文藝本身來看，這是由法國影響優勢到英國影響優勢的轉變，由新古典主義到浪漫主義的轉變。但是這種轉變反映出社會基礎和階級力量對比的轉變。戈特舍德的文藝理想，正和布瓦洛的一樣。還是基本上爲封建宮廷服務的。他的《批判的詩學》一打開封面就是三頁用特大字體印的獻詞，受獻的是兩位伯爵夫人和一位男爵夫人。萊辛曾譏笑他的詩集內容可分三類：第一類是獻給國王和王室中人物的詩，第二類是獻給公侯之類人物的詩，第三類是有關朋友來往的抒情詩。但是到了四〇年代，德國資產階級力量逐漸加強了，蘇黎世派所代表的更多地是資產階級的文藝思想．想像的自由表現是與個性自由伸張的要求密切相聯的。這個分歧也就是新古典主義文學理想與浪漫主義文學理想的分歧。

2. 鮑姆嘉通

在這場大辯論中，觀點接近蘇黎世派的還有一個人是美學史家所應特別注意的，這就是主張美學成爲一個獨立科學而且把它命名爲「埃斯特惕卡」（Aesthetica），因而獲得「美學的父親」稱號的鮑姆嘉通（Baumgarten, 1714-1762）．他是普魯士哈列大學的哲學教授。哈列大學在啓蒙運動中是德國萊布尼茲派的理性主義哲學的中心，在那裡任教的萊布尼茲派學者沃爾夫是啓蒙運動中哲學思想方面的一個領袖，鮑姆嘉通是直接繼承他的衣缽的，他的美學是建立在萊布尼茲和沃爾夫的哲學系統上的。要明瞭他的美學觀點，就須約略介紹這個理性主義的哲學系統，特別是其中的認識論。

萊布尼茲（Leibnitz, 1646-1716）是德國理性主義哲學家們的領袖。他的理性主義也是從笛卡兒繼承來的，不過只發展了笛卡兒的唯心主義的方面。笛卡兒的唯物主義方面則由英國經驗主義派洛克加以發展的。洛克把人心比作一張白紙，一切知識都是由感性經驗在這張白紙上印下來的印象，理性認識則是總結和提高感性認識的結果，凡是沒有先在感性認識中存在的東西在理性認識中就不可能存在。所以他否認一切先天的觀念。他在《論知解力》一書裡闡明了這個觀點。萊布尼茲寫了一部《關於知解力的新論文》，從理性主義觀點對洛克進行批評。他認爲人生來就有些先天的並且先經驗的理性認識，一種「一般概念」，它們就像「隱藏在我們心裡的火種，感官的接觸就使它們迸射出像打鋼鐵時所迸射出的火花」。他把「連續性」原則（程度不同的事物由低到高是逐漸上升的，中間沒有間隔）應用到人的意識，認爲「明晰的認識」是認識的最高階段，它的下面有不同程度的「朦朧的認識」，處在半意識或下意識狀態，夢中的意識就屬於這一類。「明晰的認識」又分「混亂的」（感性的）和「明確的」（理性的）兩種。「明確的認識」要經過邏輯思維，把其中部分和關係分辨得很清楚。「混亂的認識」則認識到事物的籠統的形狀，印象可以很生動，但未經分析，其中各部分的關係不能分辨得很清楚。萊布尼茲把這種「混亂的認識」又叫做「微小的感覺」（les petites perceptions）．他舉大海的嘯聲爲例，說這是由許多個別的小浪聲組成的。「明晰的認識」就要在總的嘯聲中分辨出每個小浪聲以及許多小浪聲的分別和關係。「混亂的認識」則只聽到總的嘯聲，雖沒有分辨出其中許多個別小浪聲，而這些小浪聲卻對聽覺發生了影響。這就是說，我們對於這些小浪聲必然也有了「微小的感覺」，否則也就聽不到總的嘯聲，「因爲千百個『無』不能加成一個『有』」。②

萊布尼茲認爲審美趣味或鑒賞力就是由這「混亂的認識」或「微小的感覺」組成的，因其「混亂」，我們對它就「不能充分說明道理」，他說：

> 畫家和其他藝術家們對於什麼好，什麼不好，儘管很清楚地意識到，卻往往不能替他們的這種審美趣味找出理由：如果有人問他們，他們就會回答說，他們不喜歡的那件作品缺乏一點「我說不出來的什麼」（**je ne sais quoi**）。

這個「我說不出來的什麼」在當時特別在法國成爲美學家們的一種口頭語，指的正是還不能認識清楚的美的要素。這其實是一種不可知論，値得注意的是萊布尼茲已把審美限於感性的活動，和理性活動對立起來。從他關於音樂的一句話（「音樂，就它的基礎來說，是數學的，就它的出現（即出現於人的意識——引者）來說，是直覺的」）來看，他已把審美活動看成一種直覺活動了。

萊布尼茲的世界觀體現在他在《原子論》裡所說的「預定的和諧」一個概念裡。這世界好比一架鐘，其中部分與部分以及部分與全體都安排得妥妥貼貼，成爲一種和諧的整體，而上帝就是做出這種安排的鐘錶匠。在一切可能的世界中，這個世界是最好的。從美學觀點

---

② 萊布尼茲：《關於知解力的新論文》。這部著作和《原子論》都是用法文寫的。

看，它也就是最美的，因爲它最完滿地體現了和諧是寓雜多於整一的原則。像聖·奧古斯丁一樣，萊布尼茲認爲部分的醜惡適足以造成全體的和諧。這種目的論固然表現出啓蒙運動者一般都有的樂觀主義，但是在實質上卻是爲現存秩序辯護，使人苟安現狀，所以遭到了伏爾泰的尖銳的嘲諷（見他的小說《老實人》）。

沃爾夫（Chrisiian Wolff, 1679-1754）是萊布尼茲的忠實信徒，他的功績主要在於對萊布尼茲的理性主義哲學加以系統比和通俗化，獨到的見解不多。就美學思想來說，他特別著重「完善」（perfection）一個概念。他替美所下的定義是：「一種適宜於產生快感的性質，或是一種顯而易見的完善。」、「美在於一件事物的完善，只要那件事物易於憑它的完善來引起我們的快感」。③這個定義是把客觀事物的完善和它在主觀方面所產生的快感效果作爲美的兩個基本條件。所謂「完善」指的是對象完整無缺，整體與各部分互相協調，近於萊布尼茲所說的和諧。

鮑姆嘉通接著沃爾夫對於萊布尼茲的理性哲學進行進一步的系統化。他看到人類心理活動既然分成知情意三方面，相應的哲學系統之中就有一個漏洞，因爲研究知或理性認識的有邏輯學，研究意志的有倫理學，研究情感即相當於「混亂的」感性認識的卻一直還沒有一門相應的科學。他建議應設立一門這樣的新科學，叫做「埃斯特惕卡」，這字照古希臘字根的原義看，是「感覺學」。從此可見，這門新科學是作爲一種認識論提出來的，而且是與邏輯

③ 沃爾夫：《經驗的心理學》。

學相對立的。萊布尼茲的「明晰的認識」所區分的「明確的認識」（理性認識）與「混亂的認識」（感性認識）於是在科學系統裡都有了著落，前者歸邏輯學而後者歸美學。鮑姆嘉通在一七三五年發表的《關於詩的哲學默想錄》裡就已首次提出建立美學的建議，到了一七五〇年他就正式用「埃斯特惕卡」來稱呼他的研究感性認識的一部專著。從此，美學作爲一門新的獨立的科學就呱呱下地了。

鮑姆嘉通在《美學》第一章裡這樣界定了美學的對象：

> 美學的對象就是感性認識的完善（單就它本身來看），這就是美；與此相反的就是感性認識的不完善，這就是醜。正確，指教導怎樣以正確的方式去思維，是作爲研究高級認識方式的科學，即作爲高級認識論的邏輯學的任務；美，指教導怎樣以美的方式去思維，是作爲研究低級認識方式的科學，即作爲低級認識論的美學的任務。美學是以美的方式去思維的藝術，是美的藝術的理論。④（「感性認識的完善」實際上指憑感官認識到的完善。——引者）

從此可見，美學雖是作爲一種認識論提出的，同時也就是研究藝術和美的科學。這兩項任務之所以結合成爲一個，是因爲鮑姆嘉通把萊布尼茲的「混亂的認識」和沃爾夫的「美在

④ 根據赫特納的《德國十八世紀文學史》第二卷第四章引文。

於完善」兩個概念結合在一起，認爲美學所研究的對象是「憑感官認識到的完善」。⑤完善是事物的一種屬性，它可以憑理性認識到，也可以憑感官認識到。憑理性認識到的完善，例如一個數學演算式的完善，是科學所研究的眞；憑感官認識到的完善，例如一首詩或一朵花的完善，就是美學研究的美。

「感性認識」在萊布尼茲和沃爾夫的哲學中有獨特的意義。它雖是「混亂的」，卻是「明晰的」，「混亂」指未經邏輯分析，「明晰」指呈現生動的圖像。它可以是對外在事物的直接感覺，例如看見面前的一朵花；可以是從記憶中回想起來的過去印象，例如記起從前看到的一朵花的形狀；可以是對自己的心理活動的感覺，例如各種情感，也可以是想像虛構，例如把從自然中得到的許多印象綜合成一件自然中所沒有的東西。憑這些感性認識見出事物的完善，就是見出美；見出事物的不完善，就是見出醜。雖是感性認識，它究竟還是一種審辨美醜的能力，這種審辨力鮑姆嘉通稱之爲「感性的審辨力」（iudicium sensuum），即一般所謂「審美趣味」或「鑒賞力」。

這裡還有一點要說明，鮑姆嘉通把「憑感官認識到的美」和「對象與物質的美」嚴格分清。他說：「醜的事物，單就它本身來說，可以用一種美的方式去想；較美的事物也可以用一種醜的方式去想。」⑥這就是說，通過藝術的處理，「對象和物質的美」或醜可以顯得完

⑤ 鮑姆嘉通：《關於詩的哲學默想錄》，第一一五節。

⑥ 《美學》，第十八節。

善或不完善。從此可知，鮑姆嘉通承認離開認識主體的「對象和物質」本身可以有美，但認爲美學所研究的是憑感官認識到的美，這種美不能脫離認識主體的認識活動。「美是憑感官認識到的完善」一個定義就同時顧到客觀性質與主觀認識。

鮑姆嘉通雖沿用沃爾夫的「完善」一個概念，卻灌輸一些新的內容進去，他一方面沿用「完善」所本來具有的完整無缺，寓雜多於整一，寓同於異，整體與部分協調的意義，另一方面卻把雜多意象的明晰生動看成「完善」的一個重要組成部分。這就是說，他非常重視審美對象的個別性和具體形象性。他說：「個別的事物是完全確定的，所以個別事物的觀念最能見出詩的性質。」⑦所謂「完全確定」就是「極端具體」，所有的「定性」都由具體形象呈現出米，這朵花的紅就是它所特有的紅而不是抽象的一般性的紅，從這個意義來說，個別事物在內容上要比普泛概念豐富得多。在鮑姆嘉通看來，一個觀念或意象所含的內容愈豐富，愈具體，它也就愈明晰（他把這種明晰叫做「周延廣闊的明晰性」〔extensive clarior〕）⑧，因而也就愈完善，愈美，所以「種的觀念比總類的觀念較富於詩的性質」（即較美），而「最富於詩的性質的是個別事物」。所以鮑姆嘉通稱讚荷馬在《伊利亞德》裡對各參戰國的戰船的描寫，認爲賀拉斯用「棕櫚」（等於我們的「錦旗」）而不用「勝利的獎品」，是用具體語言代替抽象語言的好例子。具體形象是達到生動明晰的手段之一，另

⑦《關於詩的哲學默想錄》，第十九節。

⑧《關於詩的哲學默想錄》，第十六節。

外一種手段是使用情感飽和的形象。他說：「情感愈強烈，就愈明晰生動。」，能激發情緒的觀念或意象就富於詩的性質。⑨總之，完善要靠生動明晰，而生動明晰就要靠意象的內容豐富而具體，並且帶有深厚的情感，這種意象才是詩所要求的寓雜多於整一的和諧整體：最完滿的整一需調和最豐富的雜多。上文所說的「完善」的兩個意義在鮑姆嘉通的思想中是統一起來的。這是對「寓雜多於整一」這個傳統的原則的新看法。

鮑姆嘉通對於「藝術摹仿自然」一個傳統的原則也有一種與過去不同的認識。他繼承了萊布尼茲的「在一切可能的世界之中這個世界是最好的世界」的看法。所謂「最好」就是「最完善」，最豐富的雜多調和於最完滿的整一。因此，藝術需摹仿自然，即表現自然呈現於感性認識的那種完善。這種完善當然帶有內在的聯繫和規律，但是對於美學來說，這種內在的聯繫和規律不是由理性認識分析出來的，而是由感性認識把它作爲感性形象來感覺出來的。所以詩也有它的眞實，但是詩的眞實不同於邏輯的眞實。例如「詩人理解道德的眞理，和哲學家所用的方式不同；一個牧羊人看日月蝕，也和天文學家所用的眼光不同」⑩。他把詩的眞實看成可然的眞實：

凡是我們在其中看不出什麼虛僞性，但同時對它也沒有確定把握的事物就是可然的，所以從

⑨ 同上書，第二十六節。
⑩ 《美學》，第四二五節。

審美見到的眞實應該稱爲可然性，它是這樣一種程度的眞實：一方面雖沒有達到完全確定，另一方面也不含有顯然的虛僞性。

——《美學》，第四八三節

從此可以看出，鮑姆嘉通所指的可然性就是亞理斯多德所說的按照可然律和必然律爲可能的東西，過去對此有「近情近理」、「逼眞」、「可信性」等稱呼。由於認識到詩的眞實是可然的，鮑姆嘉通不排斥虛構幻想，但是他畢竟認爲虛構的世界只有一種「異樣世界」（幻想世界）的眞實（heterocosmic truth），沒有自然（現實世界）的眞實那樣完善，因而對於詩和藝術是次要的。

依過去的習慣，鮑姆嘉通在《美學》裡所討論到的還主要是詩；《美學》裡許多見解都是他早年的《關於詩的哲學默想錄》的發揮。不過他聲明過，美學所研究的規律可以應用於一切藝術，「對於各種藝術有如北斗星」。⑪

鮑姆嘉通的《美學》是用一種生硬的拉丁文寫的，過去長久沒有近代文的譯本，所以遭到誤解和忽視。例如鮑桑葵在他的《美學史》裡竟懷疑到一個意象既然是「明晰的」，何以又是「混亂的」，猜想「混亂的」意象就是「語言所不能再現的」，並且指責「完善或寓整

---

⑪ 同上書，第七十一節。

齊於整一的形式原則」和「世界的巨大的個別的富麗景象」之中有一條鴻溝。⑫克羅齊在他的《美學史》裡則指責鮑姆嘉通由於堅持萊布尼茲的「連續性」原則，沒有澈底地把感性認識和理性認識分開，因此對他的《美學》作了很低的估價。他說：「這個將要出世的嬰兒從他手裡受到時機還未成熟的洗禮，得到了一個名稱，而這名稱就流傳下來了。但是這個新名稱卻沒有新內容」。⑬很多人附和這種估計，認爲鮑姆嘉通對於美學的功勞只在替它定了一個名稱。

這種估價是否公允呢？首先，命名本身意味著美學作爲一門獨立科學的開始，這並不是一件小事，而且鮑姆嘉通在把美學對象限定爲感性認識，把它和研究理性認識的邏輯學對立起來，這就決定了由康德到克羅齊本人的在西方占勢力最大的一個美學派別的發展方向，這一派美學一向都以爲審美和藝術活動都只關感性認識（康德把它叫做「觀照」，克羅齊把它叫做「直覺」）。與理智無關。鮑姆嘉通的基本觀點的毛病，倒不在克羅齊所說的感性認識還沒有和理性認識澈底分開，而在把這兩項分開過於澈底，藝術彷彿就絕對沒有理性的內容。

鮑姆嘉通的《美學》究竟有沒有「新內容」呢？這問題須結合到戈特舍德和蘇黎世派大辯論以及它所反映的當時歐洲文藝實踐和文藝思想的總的動向來看。這個動向，我們已經指

⑫ 鮑桑葵：《美學史》，第一八三至一八七頁。
⑬ 克羅齊：《美學史》，第二一七至二一九頁。

出，是由封建性的新古典主義到資產階級性的浪漫主義的轉變。在這個轉變中鮑姆嘉通是站在新生事物方面而不是站在垂死事物方面。他在新古典主義者所標榜的理性之外，把想像和情感提到第一位，在新古典主義者所標榜的普遍人性和類型之外，把個別事物的具體形象提到第一位。這些都是重大的觀點轉變，這種觀點轉變是當時全體文化界的事，當然不能只歸功於鮑姆嘉通個人。和他所同情的蘇黎世派一樣，他雖然一隻腳還停留在萊布尼茲和沃爾夫的理性主義的圈子裡，另一隻腳卻已踏上浪漫主義的岸邊了。就重視想像來說，艾迪生，繆越陀里和維柯等人都已走在他前邊；就屈類型而尊個性來說，他卻走在許多人的前面。他的《美學》是適應新時代的要求而產生的，所以不可能沒有新內容，同時，它也是在萊布尼茲和沃爾夫的哲學基礎上產生的，所以也不可能沒有舊時代的遺痕。例如他的《美學》中「完善」這個基本概念是與萊布尼茲的「預定和諧」那種目的論分不開的。康德雖然否定了鮑姆嘉通的美在完善的看法，卻仍堅持審美活動中的內外對應見出天意安排的目的論，多少還是受到鮑姆嘉通所繼承的萊布尼茲和沃爾夫的理性主義哲學的影響。鮑姆嘉通在上文所說的孤立感性認識上以及在目的論上，對後來西方美學思想發展的影響雖是巨大的，卻不完全是健康的。

3. 溫克爾曼

在近代歐洲，溫克爾曼（Winckelmann, 1717-1768）是最早對古希臘造型藝術開始進行認眞研究，並且加以熱情讚賞的一個學者，因而掀起了崇拜希臘古典藝術的風氣，對文藝理論和實踐以及美學思想都發生了深遠的影響。

他在一七五五年發表了一篇論文〈關於在繪畫和雕刻中摹仿古希臘作品的一些意見〉。這部早年論文已含有他後來在《古代藝術史》裡所提出的一些美學觀點的雛形。他指出：「無論是就姿勢還是就表情來說，古希臘藝術傑作的一般優點在於高貴的單純和靜穆的偉大」。他說：「古希臘人的藝術形象表現出一個偉大的沉靜的靈魂，儘管這靈魂是處在激烈情感裡面；正如海面上儘管是驚濤駭浪，而海底的水還是寂靜的一樣」。在他所描繪的作品之中有「拉奥孔」雕像群。他認爲拉奥孔身體上的極端痛苦「表現在面容和全身姿勢上，並不顯出激烈情感」；「身體的痛苦和靈魂的偉大彷彿經過衡量，均衡地分布於全體結構」。同時，在這篇論文裡溫克爾曼還提出詩畫一致說。「有一點似乎無可否認，繪畫可以和詩有同樣寬廣的界限，因此畫家可以追隨詩人，正如音樂家可以追隨詩人一樣」。這些論點後來成爲萊辛的名著《拉奥孔》的一個起因。

這篇論文博得了讚賞，薩克森國王出錢送他到羅馬去研究古代藝術。他在一七六四年發表了他的名著《古代藝術史》。這種工作在當時還是一種墾荒的工作。溫克爾曼認識到藝術史的正確方向，這就是藝術史必須根據對藝術作品的直接接觸和親切體會，而且一個民族和一個時代的藝術必須看作和它的物質環境和社會背景有血肉聯繫。他在導言裡這樣說明了目的：

> 藝術史的目的在於敘述藝術的起源、發展、變化和衰頹，以及各民族各時代和各藝術家的不同風格，並且儘量地根據流傳下來的古代作品來作說明。

他總結他對古希臘藝術研究的結果說：

古希臘藝術達到卓越成就的原因，一部分在於天氣的影響，一部分在於古希臘人的政治體制和機構以及由此產生的思想情況……⑭

這裡所說的「天氣」指的是地理環境。法國啓蒙運動者孟德斯鳩和美學家杜博斯都強調過「天氣」對文藝的影響（後來丹納發揮此說），溫克爾曼直接從孟德斯鳩那裡得到了啓發。他認爲希臘半島風和景明，容易使人體得到完美的發展。「就希臘的政治體制和機構來說，古希臘藝術的卓越成就的最主要的原因在於自由。在希臘，自由隨時都有它的寶座」、「由於自由，全民族的思想得到提高有如幹強枝茂」、「正是自由……在人初生時彷彿就已播下了高貴性情的種子」。這番話未免美化了古希臘奴隸社會，但是溫克爾曼的用意是在把古希臘描繪成爲一個理想的文藝環境，來和當時德國封建小朝廷統治下的令人窒息的庸俗腐朽的氣氛作對比。他對於自由的渴望，反映出啓蒙運動中資產階級對精神解放的迫切要求。「自由」從此就成爲德國作家和理論家的一個口頭禪。

溫克爾曼替藝術史帶來了一種初步的發展觀點，見出藝術隨時代變遷而具有不同的風格，美不是只有一種。他把古希臘藝術史分爲四個時期。第一，在雕刻家菲迪亞斯（西元前

⑭《古代造形藝術史》，一般簡稱《古代藝術史》，第一卷，第四章。

五世紀）以前，古希臘藝術還僅在初步嘗試階段，素描的線形很有魄力，但仍嫌生硬；在衣折細節方面往往很細緻，但不很秀氣，還沒有抓住美的形式。其次，到了菲迪亞斯時代，古希臘藝術就達到了造型藝術的最高階段，顯出「崇高的或雄偉的風格」，特徵在於純樸和完整，但是還不以美見長。第三是雕刻家普拉克什特（西元前四世紀）時代，技巧已達到高度成熟，藝術才具有「美的風格」，才顯出圓潤清秀典雅之類特色。最後到了亞力山大時代以後，古希臘藝術就失去了過去的蓬勃的朝氣和活力，專從事摹仿，風格特色在於折衷主義，就是把過去不同的風格雜糅在一起，這是文藝在衰頽時期的特點。

這種階段區分可能對黑格爾的美學史觀點發生了一些影響，至少是黑格爾也以靜穆爲古典藝術風格的最高表現。崇高和美的區分曾由英國博克詳細討論過，溫克爾曼用歷史發展階段證實了這個區分，後來在康德美學中得到了進一步的發揮。在四階段之中，第二階段，即崇高風格階段，是溫克爾曼所最讚賞的，因爲它符合他在早年論文裡所提出的「高貴的單純和靜穆的偉大」那個最高藝術理想。他雖然認爲美是第三階段的特徵，第二階段的特色還不在那種秀美，可是他又說崇高的風格才能見出「眞正的美」。這種眞正的美，依他看，「就像從清泉裡汲出來的最純潔的水，愈沒有味道就愈好，因爲它不摻雜質」。它應該單純到不表現什麼感覺，情感乃至於意義的程度。「最高美的觀念像是最單純、最容易的，用不著顧到情緒的表現」。這裡我們不禁要問：這種不表現感覺、情感和意義的（也就是沒有個性沒有內容的）藝術作品裡面究竟有什麼呢？那豈不只剩下抽象的線條所組成的形式？在這裡我們涉及西方美學史中一個很基本的問題，即美在內容，在形式還是在內容與形式的統一？

從畢達哥拉斯學派以後，經過新柏拉圖派，文藝復興時代探求美的比例的數學公式的藝術家們，到康德以及後來形形色色的形式主義派，美在形式的看法一直在占上風。內容與個性的側重乃是近代的事，而且勢力一直不很大，所以鮑姆嘉通對內容和個性的強調，實在是一種很重要的進展。這兩派分別有些美學史家（例如鮑桑葵）用「形式派」和「表現派」兩個標籤去標誌出來。溫克爾曼在這個問題上是自相矛盾的。他承認「無所表現的美就會沒有性格，不美的表現就會不能使人愉快」，並且明白聲稱崇高風格的美並不只是花瓶輪廓或幾何圖案的美而是表現出沉靜的心靈的美。但是在第一卷第四章裡討論美的本質時，他先討論美（主要是美的形式），後來把表現分開來談。這樣把美和表現割裂開來，足見他認爲美和表現是兩回事。就溫克爾曼的一般論調來看，他是傾向於美僅在形式的看法。他在第一卷第四章裡說得很明白：

> 一個美的身體的形式是由線條決定的，這些線條經常改變它們的中心，因此絕不形成一個圓形的部分，在性質上總是橢圓形的，在這個橢圓性質上它們類似古希臘花瓶的輪廓。

從此可見，「橢圓的線條」是組成美形式的因素。結合到「靜穆」的理想，這些線條就只能表示平衡、靜止和穩定，不宜表示運動、動作和激動的姿態。實際上溫克爾曼確實認爲情感和個性的表現是損害靜穆美的。「靜穆」據說是古希臘神（特別是日神和文藝神阿波羅）的特質，溫克爾曼對靜穆理想的宣揚說明了他在思想深處是一個新柏拉圖主義者（還有許多其他例證，這裡不能詳舉）。他說古希臘藝術「表現出偉大的沉靜的靈魂」。所謂「沉靜的靈魂」就是不表現情感和動作的靈魂。所以這句話表面上像是肯定表現，而實質上則否定了表現。就美學思想發展說，他比鮑姆嘉通還倒退了一步。就這種思想所反映的政治態度來說，這反映出德國庸俗市民的妥協氣質和對於衝突鬥爭的畏懼。在這個意義上，當時德國文化界崇拜古典的風氣有一個消極方面，那就是逃避現實。顯出這個消極方面的並不只溫克爾曼一人，哥德和席勒也在所不免。

當時德國知識界對於希臘古典的看法，頗近似我們過去對於陶潛的看法，彷彿陶潛也是渾身靜穆，只有「採菊東籬下，悠然見南山」的一面，沒有「刑天舞干戚，猛志固常在」的一面。究竟希臘古典是否一味靜穆，一味追求形式美，如溫克爾曼所想的呢？另一位比溫克爾曼晚一代的德國考古學家希爾特（Hirt）在他的《古代造型藝術史》裡卻提出不同的意見：

> 我和我的前輩溫克爾曼和萊辛以及我的同時人赫爾德和歌德的看法都有衝突。客觀的美被看成是古代藝術的原則。我的看法卻相反，我憑著親眼見到的一些古跡證明這些作品有各種各樣的形式，有最美的，也有最平凡的甚至於最醜的，它們的對表情的刻畫總是符合性格和動機。所以我認爲古代藝術的原則不在客觀的美和表情的沖淡，而只在在個性方面有意義的或足見出特徵的

東西……⑮

希爾特又回到鮑姆嘉通的強調個性和內容的立場了。他與溫克爾曼的爭論是重要的，因爲黑格爾就是從批判這兩個對立的觀點出發，得出了美是理念的感性顯現的結論。

無論作爲藝術史看還是作爲理論著作看，溫克爾曼的《古代藝術史》都是久已過時的。作爲藝術史家，他所看到的大半是古希臘晚期作品的羅馬複製品，不可能從此作出全面的正確的結論。作爲美學家，他過分信任主觀印象，缺乏邏輯的思考力，他的理論往往自相矛盾，而且他的新柏拉圖主義的成見很深，這也妨礙他對藝術作品進行眞正的科學的分析。但是在事實上他對德國文化卻發生了深遠的影響，這也並不是偶然的。就美學範圍來說，溫克爾曼有四點主要貢獻：第一，過去新古典主義所推崇的只是拉丁古典主義，溫克爾曼引導歐洲人進一步追尋拉丁古典主義的源頭，即希臘古典主義，從而對眞正的古典主義逐漸有較深廣的理解。第二，過去的美學幾乎等於詩學，很少有人認眞地考慮到造型藝術，溫克爾曼和萊辛引導了西方美學家注意到造型藝術方面的問題。因此推廣了美學的視野，加強了不同種類藝術的比較研究。第三，就文藝進行史的研究，這個風氣在德國也是由溫克爾曼首創的。後來赫爾德、施萊格爾和黑格爾等人在這方面都受到了他的影響。歷史的研究逐漸加深了文藝方面的歷史發展的觀點。最後，溫克爾曼對古代藝術確實有親切的感受和強烈的愛好，他

⑮ 根據鮑桑葵的《美學史》第一九五頁的引文。

用生動熱烈的文筆把一些古代造型藝術作品（例如「拉奧孔」雕像群、赫庫理斯的殘雕、阿波羅的雕像等等）描繪出來，對讀者有極大的感染力。他的印象主義式的批評雖然是片面的、主觀的，卻往往是深刻的。這對於當時的審美教育起了很大的作用：他引導人朝深處感受，朝深處思想，扭轉了新古典主義時代的那種斤斤計較規則的呆板浮淺的風氣。因此·溫克爾曼雖然是一個古典主義者，對於將要到來的浪漫運動也起了一些推動的作用。

4. 萊辛

德國啓蒙運動到萊辛才算達到了高潮。萊辛（Lessing, 1729-1781）處在普魯士在弗利特利希二世統治下迅速進行軍國主義化的時代，親歷過德國在英國慫恿和支援之下打法國的七年戰爭（一七五六—一七六三）。當時德國封建勢力的殘酷和腐敗日益暴露，資產階級也日益覺醒。他以高度的要求改革現狀的愛國熱忱，堅忍不懈的努力和犀利的文筆，向德國腐朽勢力進行全面的進攻：在《愛米麗亞·迦洛蒂》劇本裡揭露德國封建暴主的荒淫和殘暴，在《明娜·馮·巴恩赫姆》劇本裡「鞭撻專制制度最致命的地方」（梅林語），即普魯士的軍國主義的殘酷；在《反歌茨》論文和《智者納旦》劇本裡攻擊路德正統派的教義，提出當時資產階級的在宗教上的「寬容」和團結的理想，在《文學書簡》和《漢堡劇評》裡痛擊戈特舍德從法國販來的新古典主義。他畢生不遺餘力地做「啓蒙」的工作，特別是企圖通過民族戲劇的建立，來喚醒當代德國人，爲掃除舊勢力和民族統一進行準備。

就美學領域來說，萊辛的貢獻主要在兩方面：首先是通過他的名著《拉奧孔》，他指出詩和畫的界限，糾正了蘇黎世派提倡描繪體詩的偏向和溫克爾曼的古典藝術特點在靜穆的片面看法，把人的動作提到首位，建立了美學中人本主義的理想。其次，通過他的《文學書簡》和《漢堡劇評》，和法國啓蒙運動領袖狄德羅互相呼應，建立了市民戲劇的理論和一般文學的現實主義的理論。現在先介紹《拉奧孔》。

(1)《拉奧孔》，詩和畫的界限

《拉奧孔》的副題是《論繪畫和詩的界限》，一七六六年出版。萊辛從比較拉奧孔這個題材在古典雕刻和古典詩中的不同的處理，論證詩和造型藝術的區別，從具體例證抽繹出關於詩和造型藝術的基本原則。

拉奧孔（Laokoon）是一五〇六年在羅馬發掘出來的一座雕像·它描繪一位老人拉奧孔和他的兩個兒子被兩條大蛇絞住時苦痛掙扎的情形。據古希臘傳說，拉奧孔是特洛伊國日神廟的司祭。特洛伊國王子帕里斯訪問古希臘，帶著古希臘著名的美人海倫王后私奔回國。古希臘人動員全國人組成遠征軍去打特洛伊，打了九年不下。第十年上，古希臘一位將領奧德修斯想出了一個詭計。把一批精兵埋伏在一匹大木馬的腹內，放在特洛伊城門外。特洛伊人好奇，把木馬移到城內，夜間伏兵跳出把城門打開，於是古希臘兵一擁而入，把特洛伊城攻下。在特洛伊人把木馬移入城時，司祭拉奧孔曾極力勸阻，觸怒了偏愛古希臘人的海神，海神於是遣兩條大蛇把他和他的兩個兒子一起絞死。拉奧孔雕刻所用的就是這個題材。這個題材羅馬詩人維吉爾在他的史詩裡也用過（見《伊利亞德》第二卷，第一九九至二四九行），維吉爾的詩和在羅馬發現的雕刻有沒有關係呢？它們哪個在前，哪個在後？是詩根據雕刻，還是雕刻根據詩，還是二者同根據一個較早的來源？萊辛花了很大篇幅來討論這些考古學上的問題。溫克爾曼認爲雕刻是古希臘亞力山大大帝時代的作品，所以比維吉爾較早。萊辛卻以爲是羅馬皇帝提圖斯時代的作品，所以比維吉爾較晚，而且受到維吉爾的詩的影響。現代考古學家在羅德斯（Rhodes）島上發現一些碑文，證明雕刻是西元前五十年左右刻成的。維吉爾的詩是西元前十七年（當他死後）出版的。所以溫克爾曼和萊辛的看法都不準確。

萊辛拿雕刻和詩比較，發現一個基本的異點：拉奧孔的激烈的痛苦在詩中盡情表現出來，而在雕刻裡卻大大地沖淡了。例如在詩里拉奧孔放聲哀號，在雕刻裡他的面孔只表現出歎息；在詩裡那兩條長蛇繞腰三道，繞頸兩道，在雕刻裡它們只繞著腿部；在詩里拉奧孔穿著司祭的衣帽，在雕刻裡父子都是裸體的。

爲什麼同樣題材在詩和雕刻裡有不同的處理呢？我們在上文已經提過，溫克爾曼認爲古典藝術要表現一種「靜穆的偉大」。所以「拉奧孔」雕像群避免表現過分激烈的痛苦表情。萊辛不同意這種看法，他認爲古希臘造型藝術的最高法律不是「靜穆的偉大」而是美。圖畫和雕刻不宜表現醜，而劇烈痛苦所伴隨的面部扭曲卻是醜的。拉奧孔雕刻不同於維吉爾詩篇的地方都說明雕刻家要表現美而避免醜。萊辛認爲詩不適宜於表現物體美，但是在表現物體醜時，效果卻不像在造型藝術裡那麼壞。萊辛的結論見於《拉奧孔》的第十六章和第二十一章。他是從三個觀點來考慮詩畫異同問題的。首先是從媒介來看，畫用顏色和線條爲媒介，顏色和線條的各部分是在空間中並列的，是鋪在一個平面上的；詩用語言爲媒介，語言（例如一段話）的各部分是在時間雕刻中先後承續的，是沿著一條直線發展的。這是第一個差別。其次是從題材本身來看，題材有靜止的物體，有流動的動作；而物體各部分也是在空間中並列的，動作也是在時間中先後承續的，因此畫的媒介較適宜於寫物體，詩的媒介較適宜寫動作。這是第二個差別。第三是從觀衆所用的感官來看，畫是通過眼睛來感受的，眼睛可以把很大範圍以內的並列事物同時攝入眼簾，所以適宜於感受靜止的物體；詩是通過耳朵來接受的，耳朵在時間的一點上只能聽到聲音之流中的一點，聲音一縱即逝，耳朵對聽過的聲音只能憑記憶追溯印象，所以不適宜於聽並列事物的臚列，即靜止物體的描繪，而適宜於聽先後承續的事物的發展，即動作的敘述。這是第三個分別。其實這三個分別根本只是一個分別，即德國美學家們一般所說的「空間藝術」和「時間藝術」的分別。

萊辛並不否認在一定程度上詩也可以描繪物體；畫也可以敘述動作。畫敘述動作只能通過物體來暗示，只能在動作發展的直線上選取某一點或動作期間的某一頃刻。這一頃刻必須選擇最富於暗示性的，能讓想像有活動餘地的，所以最好選頂點前的頃刻。拉奧孔雕刻正是運用這個手法。詩描繪物體也只能通過動作去暗示，只能化靜爲動，不能羅列一連串的靜止的現象。化靜爲動有三種主要的方法：第一種是藉動作暗示靜態，例如用穿衣的動作來暗示一個人的衣著。這是中國詩所常用的技巧，例如「紅杏枝頭春意鬧」、「山從人面起，雲傍馬頭生」、「山舞銀蛇，原馳蠟象，欲與天公試比高」，這些詩句中加重點的字都表示動作而實際上所描寫的是靜態。第二種是藉所產生的效果來暗示物體美，萊辛舉的例子是荷馬所寫的特洛伊國元老們見到海倫時私語讚歎的場面，中國詩用這種手法的也很多，例如古詩《陌上桑》：

……行者見羅敷，下擔捋髭鬚；少年見羅敷，脫帽著帩頭，耕者忘其犁，鋤者忘其鋤，歸來相怨怒，但坐觀羅敷。

這就比這首詩的上文「頭上倭墮髻，耳中明月珠，緗綺爲下裙，紫綺爲上襦……」那一段靜止現象的羅列要生動得多。第三種是化美爲媚，「媚是在動態中的美」。萊辛舉的例子是阿里奧斯托所寫的美人阿爾契娜，其實〈詩經．衛風〉裡有一個更能說明問題的例子：

……手如柔荑，膚如凝脂，領如蝤蠐，齒如瓠犀，螓首蛾眉，**巧笑倩兮，美目盼兮**。

前五句歷數靜態，我們實無法把這些嫩草（柔荑）、濃油（凝脂）、蠶蛹（蝤蠐）、瓜子（瓠犀）之類東西拼合起來，造成一個美人的形象。但是後兩句便是化美爲媚，化靜爲動，把一個美人的姿態神情很生動地描寫出來了。

以上是萊辛的基本論點，圍繞著這些基本論點，他對於美、醜、可笑性（喜劇性）、可怖性等美學範疇提出了一些獨到的見解。並且用生動的例證來說明他的見解，《拉奧孔》可以說是德國最早的一部最富於吸引力和啓發性的美學著作，萊辛善於就具體事例作具體分析，不是從抽象概念出發。在他的分析中，他一方面著重各門藝術在題材方面和媒介方面的特點，另一方面更特別著重作品對於觀衆或聽衆的心理效果。這種研究方式對後來資產階級的美學和文藝批評的發展產生了一些健康的影響。

關於詩和畫的關係問題，歷來美學家們和文藝批評家們較多地著重詩畫的共同點。萊辛在序言中所引的古希臘詩人西蒙尼德斯的「畫是無聲的詩，而詩則是有聲的畫」一句話，我國宋朝畫論家趙孟溁也說過，幾乎一字不差。蘇東坡稱讚王維說：「味摩詰之詩，詩中有畫，觀摩詰之畫，畫中有詩。」這是詩畫同源說的一個常引用的例證。羅馬詩人賀拉斯在《論詩藝》裡所說的「畫如此，詩亦然」，在西方也已經成爲文藝界的一個信條。近代資產階級美學家克羅齊特別強調各門藝術的共性而否定每門藝術的特性，甚至否定藝術可分類。這種在傳統中比較占優勢的詩畫同源的看法是和萊辛的看法相對立的。萊辛也並不否認詩和畫就其同爲藝術而言，確有它們的共同點（摹仿），但是他卻更強調它們的特點。按照辯證的看法，這兩說是相反相成的，必須統一起來看，才能達到全面的看法，萊辛的功績在於突出指出詩和畫的特點，即向來比較被忽視的一面。

萊辛之所以要嚴格辨清詩和畫的界限，是和他所進行的啓蒙運動分不開的。在這裡他所進行的是兩條陣線的鬥爭。一條陣線是反對戈特舍德所提倡的法國新古典主義，新古典主義者仍然堅持賀拉斯的「畫如此，詩亦然」的信條，特別強調詩和畫的共同點而忽略它們各自的特點。就當時宮廷文藝實踐來說，詩歌中仿古牧歌詩體和田園詩體的作品頗流行，側重自然景物的描繪：繪畫中側重宣揚封建社會英雄理想的歷史題材以及宣揚封建道德理想的寓言體裁，這種詩和畫都受封建文藝信條的束縛，呆板無生氣，爲著革新詩和畫，就必須弄清楚它們各自的界限。另一條陣線是反對蘇黎世派和溫克爾曼的片面的看法。他們雖然都反對戈特舍德，卻仍相信詩畫一致，提倡英國湯姆生和揚恩等人帶有感傷氣氛的描寫自然的詩。這本是資產階級趣味的表現，但是這種詩與畫的混淆也遭到萊辛的反對，因為他堅信亞理斯多德的詩摹仿人的行動的看法。這種看法在啓蒙運動中是有積極意義的，因爲它把人提到首位，把動作提到首位，是有利於革命鬥爭的。也就是由於這個緣故，萊辛不贊同溫克爾曼的靜穆理想。

《拉奧孔》是從文藝摹仿自然一個基本信條出發的。萊辛就「自然」這個籠統的概念進行了分析，指出自然有靜態與動態之分，由於所用媒介不同，詩只宜於寫動態而畫則宜於寫靜態。摹仿自然就要服從自然的規律；詩與畫的這種界限就是一條自然規律。所以就總的精神來說，《拉奧孔》是唯物主義的，現實主義的。

但是萊辛未免對詩與畫的界限過分加以絕對化，因而導致一些不正確的結論。首先是對於美的形式主義的看法。根據從羅馬西賽羅以來的西方長久的傳統，萊辛所了解的美只是物體美，而物體美只能在形式上見出，所以他才作出美只限於繪畫而不宜表現於詩歌的結論。這就無異於否認詩所寫的行動和思想感情可以美，即內容意義可以美。因此，內容意義對造型藝術就無關宏旨，正如美對於詩也無關宏旨一樣。從此可見，萊辛還是和溫克爾曼一樣，把藝術中表現（內容意義）和形式（美所在）割裂開來，陷入形式主義了。

《拉奧孔》從批評溫克爾曼開始，容易使人誤解萊辛和他有什麼基本上的分歧，實質上這兩人的美學觀點是很接近的。在讀過《古代藝術史》之後。萊辛準備寫《拉奧孔》的續編，在續編的稿子裡有這樣一段話：

身體美的表現就是繪畫的目的，所以身體的最高美就是藝術的最高目的。但是身體的最高美只有人才有，而人之所以有這種最高美是由於理想。這種理想只以較低級的形式存在於動物界，植物界或無生命的自然界都見不出這種理想。

這也正是溫克爾曼的看法。這「理想」究竟是什麼？它只能是精神或「灌注生命於物質」的靈魂，以精神的表現多寡來衡量美的高低，這也正是新柏拉圖派的看法。新柏拉圖派因此認爲精神克服了物質，才能有美。這種思想在溫克爾曼心裡是存在的。萊辛多少也採取了這種看法，後來還影響到黑格爾。這種看法有人本主義的一方面，也有唯心主義的一方面。

萊辛在《拉奧孔》裡也認眞地討論了醜。他的結論是：醜可以入詩，由於並列的形體已轉化爲在時間上承續的東西，醜「就比較不那麼令人起反感，所以就效果說，醜已彷彿失其爲醜」；通過對比，醜在詩裡還可以加強喜劇的可笑性和悲劇的可怖性；至於畫卻不然，因爲「形象完全擺在眼前，它所產生的效果並不比在自然裡減弱多少」，所以「就畫作爲摹仿來說，它可以表現醜；就畫作爲美的藝術來說，它卻不肯表現醜」，「畫只用能引起快感的那種可見的事物」。萊辛不大贊成亞理斯多德的摹仿藝術可以化醜爲美的看法，認爲醜須分「無害的」與「有害的」兩種。「無害的醜」可以增強喜劇性，但是「不能長久地顯得可笑，不愉快的感覺會逐漸占上風」；「有害的醜無論在繪畫裡還是在自然裡都會引起驚駭」；總之，繪畫還以不用醜爲妙。在討論醜的第二十三和二十四兩章裡，萊辛進行了一些很富於啓發性的心理效果的分析，但是他的結論仍然帶有很大的片面性。像對於美的看法一樣，萊辛所了解的醜也主要地是物體形式的醜，但就醜能增強喜劇性和悲劇性來說，我們很難看出這種醜怎樣能脫離它的內容意義來看。至於繪畫能不能用醜的問題實質上就是畫能不能表現反面形象的問題。如果眞正不能，繪畫就不能作爲揭露醜惡的工具。就藝術史所供的例證來看，不但近代繪畫中一些傑作，例如英國的伯來克以但丁的《地獄》篇爲題材的作品，就連古希臘的關於林神、牧羊神、蛇神之類醜怪形象的描繪，也都證明造型藝術並不排除醜的材料。還不僅此，應該怎樣去看眞實人物的畫像和雕像呢？是否原人物美，作品就美，原人物醜，作品就醜呢？荷蘭倫勃朗的一些醜人物的畫像對這問題已作了答覆。古希臘留下來的蘇格拉底和柏拉圖兩位哲學家的雕像面貌也都很醜陋，但仍不失其爲成功的藝術作品，足見繪畫的「最高法律」是美而美又僅限於物體形式的看法是大有問題的。

問題的關鍵仍然在內容意義和個性特徵描繪的眞實是否有助於產生美的效果；這也就是在藝術中內容應該占什麼地位的問題。萊辛對這方面簡直是忽略過去了。黑格爾在《美學》序論裡引了歌德的一句話說，「古人的最高原則是意蘊，而成功的藝術處理的最高成就就是美」。這才是表現和形式的辯證的統一的看法。⑯

(2)《漢堡劇評》，建立市民劇的理論基礎

萊辛在建立市民劇方面所進行的理論和實踐的工作，和狄德羅在法國所做的工作是大致相同而且是互相呼應的。要建立市民劇，就要掃清戈特舍德所宣揚的法國新古典主義戲劇的

---

⑯ 萊辛的《拉奧孔》已由編者譯出交人民文學出版社印行。其中《譯後記》可以彌補本章的不足處，可參看。

障礙。所以蘇黎世派反對戈特舍德的大辯論又由萊辛在新的情況下再掀起來。這新的情況是德國資產階級有了進一步的覺醒。德國文藝界對希臘古典戲劇的創作和理論有了比過去較深入的認識。萊辛所面臨的問題還是蘇黎世派所面臨的那個老問題：究竟德國戲劇應採取法國典範還是英國典範。萊辛所嚮往的是英國典範，是莎士比亞的浪漫型戲劇，像《倫敦商人》之類的市民劇以及感傷主義的小說。在戲劇理論方面，萊辛認爲亞理斯多德的《詩學》「和歐幾里得的幾何學一樣顚撲不可破」。所以他的理論工作的課題是：怎樣證明符合亞理斯多德的戲劇規律的是莎士比亞所代表的浪漫型戲劇，而不是高乃依和拉辛的新古典主義型的戲劇，以及德國戲劇應該取法的是莎士比亞而不是高乃依和拉辛。我們知道，莎士比亞型的戲劇是不能憑亞理斯多德的《詩學》來分析和辯護的。這是萊辛的矛盾。所以儘管他對亞理斯多德懷著無比的崇敬，終於不得不按照新時代的要求，來對《詩學》裡關於戲劇的論點作了一些新的解釋，這可以說是一種「托古改制」。

《詩學》根據古希臘實踐，只提到悲劇和喜劇兩個類型，萊辛心目中的市民劇實際上既不是悲劇，也不是喜劇，而是一種由莎士比亞型的悲喜混雜劇演變出來的法國的「淚劇」和英國的「市民悲劇」。他對於這些已經存在的新型劇種作了如下的說明：

我想談一談戲劇體詩在我們的時代所發生的變化。無論是喜劇還是悲劇都沒有逃脫這種變化。喜劇提高了若干度，悲劇卻降低了若干度。就喜劇來說，人們想到對滑稽玩藝的嬉笑和對可笑的罪行的譏嘲已經使人膩味了，倒不如讓人輪換一下，在喜劇裡也哭一哭，從寧靜的道德行爲裡找到一種高尚的娛樂。就悲劇來說，過去認爲只有君主和上層人物才能引起我們的哀憐和恐懼，人們也覺得這不合理，所以要找出一些中產階級的主角，讓他們穿上悲劇角色的高底鞋，而在過去，唯一的目的是把這批人描繪得很可笑。喜劇的變化造成提倡者所稱的打動情感的喜劇，而反對者則把它稱爲啼哭的喜劇。悲劇經過變革，成爲市民的悲劇……前一種變化是法國人造成的，後一種變化是英國人造成的。我敢說這兩種變化都起於這兩個民族的特殊習性。法國人的習性是想顯出自己比實際較偉大一點，而英國人的習性卻歡喜把一切偉大的東西拖下來，拖到自己的水準。法國人不喜歡看到自己老是在滑稽可笑的一方面被人描繪出來，他骨子裡有一種野心驅遣他把類似他自己的人物描繪得比較高貴些。英國人則不高興讓戴王冠的頭腦享受那麼多的優先權，他認爲強烈的情感和崇高的思想不見得就只屬於戴王冠的頭腦們而不屬於他自己行列中的人。⑰

從此可知，萊辛從戲劇在英法已發生的變化中看出古典型的悲劇和喜劇的圈子已經被打破，這已成的事實是應該接受的，儘管在亞理斯多德的《詩學》裡未必找得到根據。他自己想在德國建立的市民劇也正是英法所已有的那兩種。

上面引文裡有兩句話特別值得注意。一句是關於喜劇的，「在喜劇裡也哭一哭，從寧靜

---

⑰ 根據鮑桑葵的《美學史》第二三二至二三三頁的引文。原注：引自丹澤爾的《萊辛的生平和著作》，第一卷，第二九四頁。

的道德行爲裡找到一種高尚的娛樂」。這也正是萊辛的市民喜劇的理想（和狄德羅的也相同），喜劇應該表現市民階級，用道德行爲的範例去感動他們，教育他們，不應一味打諢逗笑。一句是關於悲劇的，強烈的情感和崇高的思想不見得只屬於君主而不屬於中產階級。這是要求用中產階級人物代替君主和上層人物做悲劇的主角，其中有很明顯的階級意識。從此可以看出市民劇的建立爲什麼是反封建鬥爭中的一個重要的組成部分。萊辛在《漢堡劇評》第十四篇裡有一段話也可以說明這個問題：

> 公侯們和英雄們的名字能夠給一個劇本以華麗和威嚴，但它們不能感動。**周圍環境和我們環境裡最接近的人的不幸，自然會最深地打動我們的靈魂**。如果我們同情國王，那麼我們不是把他當作國王，而是把他**當作一個人來同情**。⑱（重點是引者加的）

這段話除掉說明戲劇主角應採用中產階級人物的主張以外，還說明了萊辛對於悲劇情感的看法：戲劇應引起人對人的同情，也就是說，應體現人道主義。

這就牽涉到亞理斯多德的悲劇定義中悲劇「引起哀憐和恐懼，從而導致這些情感的淨化」一句話所引起的爭論。法國新古典主義者高乃依認爲這裡指的是哀憐或恐懼之類的情感，悲劇可以只引起一種情感，哀憐、恐懼或是其他，例如欣羨：「淨化」指的是通過善惡

⑱ 據馮至等《德國文學簡史》第九四頁的引文。

報應的道德教訓，使觀衆趨善避惡。萊辛反對這種解釋，認爲哀憐和恐懼是悲劇所特有的兩種互相聯繫的情感，悲劇描繪類似我們自己的人因小過錯而遭大災禍，使我們不免想到自己也可能遭到類似的災禍，所以產生哀憐和恐懼。這種哀憐彷彿不只是對劇中主角，恐懼也不只是爲自己，而是在通過對主角命運的觀照，把自己的命運和同類人的命運等同起來，覺得人有可能遭到這種命運，是一件可懼可憫的事。在觀劇中，哀憐和恐懼經常得到發洩，它們的力量便日漸減弱到適中合宜的程度，所以「淨化不是別的，只是把情感轉化爲符合道德的心習」（《漢堡劇評》，第七八篇）。

這裡可以看出萊辛關於戲劇的兩個基本思想：第一，悲劇應喚起人對同類人的同情，人彷彿要通過戲劇把自己的小我和人類的大我同一起來，對共同的命運起共同的哀憐和恐懼。萊辛有時把悲劇的心理效果描寫成很類似崇高事物的心理效果。所以他的悲劇觀點帶有人道主義和浪漫主義的色彩。其次，萊辛特別強調戲劇的道德內容和道德影響。他說，「一切種類的詩都應使人變得較好些，可歎的是連這一點還要證明，更可歎的是有些詩人對這一點還在懷疑。」（《漢堡劇評》，第七十七篇）著重道德內容和道德影響與否，是當時資產階級文藝與封建文藝的分歧之一。我們記得，狄德羅在這方面也和萊辛是一致的。不過萊辛反對高乃依的從善惡報應見道德教訓那種道學家的窄狹觀點，認爲通過情感的淨化，人可以更好地得到提高。

萊辛的另一個基本思想是戲劇和一般文藝都要有理性和眞實性。他說，「誰能正確地推理，誰也就能正確地創造；誰要想創造，誰就要懂得推理」（《漢堡劇評》，第九十六篇）。創造需要天才，天才的特徵就在發現事物的內在聯繫，而戲劇作品裡所要揭示的也正是這種內在聯繫：

> 天才只管互相聯繫的事件，只管因和果的鎖鏈。從果追溯到因，用因來衡量果，到處都排斥偶然機會，要使凡是發生的事都不得不像它那樣發生，這就是天才的任務。
>
> ——《漢堡劇評》，第三十六篇

這是對亞理斯多德的「近情近理」（「逼眞性」、「可信性」）的要求所作的一段精闢的解釋。萊辛堅信亞理斯多德關於詩的眞實不同於歷史的眞實的名言，他把詩的眞實叫做「內在的逼眞」，認爲詩的虛構之所以可取信於觀衆，就是由於這種「內在的逼眞」而不是由於歷史的眞實。「在劇院裡我們所關心的並不只是某一個人物做了什麼事，而是具有某種性格的人物在某種環境裡照理會做什麼事」（《漢堡劇評》，第十九篇）。這裡可以見出他已認識到人物性格和環境之間有必然的聯繫。因此，他反對高乃依的憑歷史和傳說就可以取信於觀衆的說法。他說：

> 詩人並不滿足於把可信性建立在歷史權威上，而是要設法把人物的性格塑造出來，使得推動這些人物去行動的一系列事件都順著必然的次序互相銜接著；並且設法按照每個人物的性格去測定他們的情感，使這些情感逐步表現出來，讓觀衆隨時都見到事態的發展是最自然的，最尋常

的。

——《漢堡劇評》，第三十二篇

萊辛在這裡所要說明的就是：詩的眞實是要通過詩人的集中化、典型化和理想化的功夫才能顯出的。所以他認爲戲劇的世界是「另一世界」，「一種天才的世界」，這位天才「把現實世界中的一些零星片段加以移動和增損，從而形成一個符合他的意旨的整體」（《漢堡劇評》，第三十四篇）。趁便指出，萊辛在這裡所主張的是詩要以人物性格爲綱，與亞理斯多德所主張的動作或情節爲綱並不符合，但是他反映出近代敘事作品（戲劇和小說）側重人物性格的傾向。

萊辛雖然強調天才，但也不否定規則，因爲規則是根據自然規律的，他批判了當時流行的「天才超越規則」和「規則壓抑天才」之類說法（《漢堡劇評》，第九十六篇）。規則須是合理的，例如法國新古典主義者認爲應嚴格遵守的三一律，只有情節的整一才是亞理斯多德所要求的，時間與地點的整一則須服從於情節的整一。三一律之所以產生，原來是爲著要求眞實；如果機械地遵守三一律，使得劇情發展反而不眞實，如伏爾泰在《梅羅珀》劇本裡所做的那樣，那就不如「忘掉這些書呆子的勾當」（《漢堡劇評》，第四十六篇）。

(3) 結束語

萊辛的文藝觀點大概如上所述。他促成了德國啓蒙運動的高潮，他的《拉奧孔》樹立了具體分析古典文藝作品的典範，引導當時歐洲人特別是德國人對古典文藝獲得較深廣的了解，因此對德國民族文藝的繁榮起了巨大的推動作用；他的戲劇創作和《漢堡劇評》在德國建立了資產階級所需要的市民劇。在這兩方面他的基本立場是反封建反教會的，他的基本觀點是唯物主義和現實主義的。他處在由新古典主義到浪漫主義的過渡時期，是這個大轉變中的一個重要樞紐。由於當時德國歷史情況的侷限，他在推翻舊的事物和建立新的事物兩方面部還表現出不澈底性，例如就美學觀點來說，他還沒有擺脫在歐洲長期占統治地位的形式主義。不過總的來說，他對德國文學藝術和美學的發展都做出了很大的貢獻。他的影響也並不限於德國，俄國的平民革命家車爾尼雪夫斯基（寫過《萊辛，他的時代，生平和著作》）對他進行過深入的研究，表示出極高的崇敬。馬克思主義者梅林在《萊辛的傳說》裡批判了資產階級學者對於萊辛的歪曲，對萊辛作了很高的評價，並且指出他的文化遺產是無產階級所應當繼承的。

作爲萊辛功績的見證，我們在這裡引兩段話。一段是歌德在《詩與眞理》裡所說的：

> 我們必須回到青年時代，才能體會到萊辛的《拉奧孔》對我們產生了多麼深刻的影響，這部著作把我們從一種幽黯的直觀境界引導到思想的寬敞爽朗的境界。

這就是說，《拉奧孔》對當時德國青年一代起了解放思想的作用，使他們由直觀轉到自由思想。另一段是馬克思說的。馬克思在青年時代對《拉奧孔》進行過深入的鑽研，並且作過一些摘錄，[⑲]後來對萊辛作過這樣的評價：

> 如果一個德國人回顧一下他的歷史，他會發現萊辛以前德國政治發展遲緩和文學情況淒慘的主要原因之一在於所謂「有資格的作家們」，各守門戶，享有特權的專行學者們、博士們和其他權威人士們，十七八世紀大學裡一些沒有性格的作家們，披著漿過的假髮，賣弄他們的學問，寫作他們的分辨毫髮的小論文，就是這些人是站在人民和精神之間，生活和科學之間以及自由和人之間的障礙物。創造我們德國文學的是些「沒有資格的作家」。在戈特舍德和萊辛之中，誰是「有資格的作家」，誰是「沒有資格的作家」，由你去選擇吧！[⑳]

這說明了萊辛在德國文化界是扭轉風氣的人，也是近代德國文學的奠基人。

---

⑲ 馬克思在一八三七年十一月十日給他父親的信。

⑳ 馬克思：《關於出版自由的辯論》。根據《馬克思恩格斯論文學藝術》，德文版，第四五五頁。

第十一章　義大利歷史哲學派：維柯

一、十八世紀義大利歷史背景和文化概況①

義大利資產階級在歐洲最早登上歷史舞臺，領導了文藝復興，但由於新大陸的發現，商業中心從文藝復興後期便開始由地中海移到大西洋東岸，義大利也就開始衰退。內部久不統一，各城邦互相傾軋，加之經濟衰退，遂招來不斷的外國的侵略。在十八世紀維柯的一生中，他出生的小城邦那不勒斯曾經連續受到三個外國的統治：西班牙、奧地利和法國。教廷和封建反動勢力又抬頭，勾結外來侵略者欺壓人民，鎮壓異端和農民暴動。

文化衰退是經濟衰退、外族統治和天主教會勢力重新猖獗的必然結果。文化教育都掌握在耶穌學會派（天主教會的工具）的手裡，思想在嚴厲的監督之下，稍觸教廷的忌諱，便會視爲「異端」而遭到殘酷的迫害。如果學術在過去的光榮的傳統影響之下還有少數人在研究，那也只是奄奄一息，而且爲著避免教會的迫害，學者們有意識地脫離實際，不敢接觸現實問題。在文學方面，法國新古典主義在十七八世紀義大利只發生過微弱的影響。格拉維那（G. V. Gravina, 1664-1718）和繆越陀里（L. A. Muratori, 1672-1750）在這影響之下，企圖復興文藝復興時代詩學研究的傳統，都寫過論詩的著作。格拉維拿的基本觀點還是理性主義的，認爲詩藉具體感性形象來表現抽象概念或眞理，只是爲哲學服務，以比較通俗的方式教育人民。在文藝復興以來新型作品如浪漫傳奇和悲喜混雜劇的啓發之下，他曾反對過文學

---

① 英人勞伯特生的十八世紀《浪漫派理論的生長》（*J. G. Robertson: The Genesis of Romantic Theory*），評價十八世紀法意等國文藝理論頗扼要，可參考。

受體裁類別和規律的束縛，號召詩人們「在想像的高飛遠舉之中要從這種橫蠻的束縛中解放出來」，但是他自己又就悲劇體裁討論過悲劇應遵守的規則。繆越陀里基本上也還是一個新古典主義者，把詩看作「道德哲學的比歷史還更愉快更有用的女兒和助手」。他更多地注意到美的問題。美是「一經看到、聽到或懂得了就使人愉快，高興或狂喜，就在人心中引起快感和喜愛的東西」，但是這個定義拖了一個狐狸尾巴：「在一切事物中，上帝最美」。理智求眞，意志求善，途中會受到情欲的障礙，所以上帝「把美印到眞與善上面來加強人心的自然求眞求善的傾向」。[②]美（例如詩的和諧）不過是眞理的裝飾，要顯示出「眞理的煥發的光輝」。從繆越陀里對想像的研究裡卻比較能嗅出一些新時代氣息。詩要以「新奇」引人入勝。新奇在內容本身，也可以在表現方式。他指出想像不同於理解，它的「功能不在指出或認出事物的眞或假，而只是領會它們」。但想像須與理智合作，想像提供感性材料，理智加以安排組織。意象有三種：第一種單憑理智根據想像提供的材料來形成；第二種由理智和想像合作來形成；第三種由想像單獨形成，例如在夢中和激烈的情感與迷狂狀態中。繆越陀里認爲第二種是主要的。就是「知解力和想像力合作得很和諧，因而構成並且表達出來的形象」[③]。這是強調形象思維與抽象思維的統一。我們在下文可以看到，這是和維柯的看法相反的。

② 繆越陀里：《論義大利詩的完美化》，第一卷，第六章。
③ 繆越陀里：《論義大利詩的完美化》，第一卷，第十四章。

在哲學方面，儘管在伽利略的光榮傳統影響之下，自然科學的研究還由托里切利（Torricelli, 1608-1647）等人一直維持下去，它對哲學並沒有發生顯著的影響，哲學還是以經院派的煩瑣分析爲主。到了維柯的時代，笛卡兒的理性主義，英國經驗主義以至法國啓蒙運動思想（康底雅克在義大利的巴瑪住過很長時期）都先後流傳到義大利，由於當地哲學研究空氣的稀薄，它們所發生的影響是很微弱的。就是在這種極不利的條件之下，維柯寫成了他的《新科學》，把近代西方哲學家的注意引到原始社會發展和歷史哲學的方向。

二、維柯的生平和思想體系

維柯（Giovanni Battista Vico, 1668-1744）生在義大利南部那不勒斯，終生都生活在外國統治下。那不勒斯一向是義大利的一個學術中心，和維柯思想發展有關的有兩點可以提起：一點是這地方素以法學研究著名，另一點是笛卡兒的理性主義哲學傳到義大利以後，主要以這地方爲活動中心。維柯的主要研究對象就是法學，特別是羅馬法，曾著有《君士坦丁法學》，通過法學他才注意到原始社會發展和歷史哲學。他對笛卡兒的理性主義始終持反對態度，曾論證「我思故我在」的公式不能作爲哲學知識的基礎：

> 知就是認識事物所由造成的原因。思考的我兼指心和身。如果思考是我存在的原因，它也就變成身體的原因。因爲我兼有身和心。我才能思考，所以身和心的結合卻是思考的原因。……我

思考，這只是我爲一種心智的符號，不是我爲一種心智的原因，符號並不是原因。……④

所以笛卡兒的公式並不能說服懷疑者使他們承認對存在的知識有確鑿可憑的根據。維柯提出眞理（Verum）與事實（Factum）的統一，作爲知識的標準或根據。「事實」在拉丁文（Factum）中有「作」或「爲」即行動的意思。所以他說「眞理即事實」，意思就是「眞理是作爲的結果」，也就是說：「人類的眞理是人在知的過程中所組合和造作出來的」．這裡可以看出維柯的哲學思想是有矛盾的。從他批判笛卡兒以及他的論著中許多承認觀念反映客觀事物看，他有唯物主義的一方面。他把神意或天意（Providence）看作世界秩序的最後建立者來看，他也有唯心主義的一面。他是一個虔誠的天主教徒，但是他在著作中所反覆證明的卻是神和宗教都是由人憑想像創造出來，用以維持原始社會秩序的。他只把這個原則運用到基督教發源的希伯來民族以外的「異教世界」，不敢把它運用到基督教本身，這就不能不使人猜疑他在設法迴避天主教會的忌諱。

維柯的主要著作是《新科學》（一七二五年初版，一七三〇年增改版）。這是探討人類社會文化起源和發展的一種大膽的嘗試。維柯的歷史觀還是唯心主義的。他的基本出發點是共同人性論。各民族的歷史發展就體現共同人性的發展，所以各民族起源和處境儘管不同，在歷史發展上卻必然表現出某些基本一致性或規律。維柯所探求的正是這種規律，《新科

---

④ 據英國弗林特的《論維柯》中第九十二頁的引文。

學》的全名是《關於各民族的共同性質的新科學的原則》。維柯認為要發現歷史發展的規律或原則，單靠歷史不夠，單靠哲學也不夠，經驗與理性必須結合，史料的學問與哲學批判必須結合，他認為這就是語言學與哲學的結合。維柯所理解的「語言學」是最廣義的，它是「關於各民族的語言和行動事蹟的知識」，所以包括文學和歷史兩大項目。語言學提供歷史發展的已然事實，哲學則揭示歷史發展的所以然的道理。所以他在《新科學》裡企圖根據語言學所提供的史實，通過哲學批判，來探討人類如何從野蠻生活轉入社會生活，宗教、神話（即詩）以及政治制度之類文化事項如何起源，如何發展。維柯的重點在原始社會，特別是古希臘羅馬。希伯來民族因為涉及基督教，上文已經提到，被有意識地排除在研究範圍之外。

維柯接受了埃及的一個傳統的歷史分期的看法：人類發展經過三個階段：神的時代、英雄的時代和人的時代。這三個時代各有相應的不同的心理、性格、宗教、語言、詩、政治和法律。維柯常拿種族發展和個人發展相比擬，原始社會是人類的兒童期，原始民族的心理活動類似兒童的心理活動。

在最初的**神的時代**，人類還處在野蠻狀態，愚笨殘酷，住在森林裡過著各管自己死活的野獸般的生活。他們的體格特別發達，所以叫做「巨人」。他們還不會說話，不會思考，還沒有自我意識，還不分辨精神與物質，有生命的東西與無生命的東西。他們憑著本能過活，接觸外界事物全靠感官印象，所以想像特別豐富強烈。這種野蠻的巨人如何進入文化呢？維柯沒有考慮到生產鬥爭的需要，認為原始人進入社會生活是從信仰神或宗教之日起。他設想少數巨人在深山野林裡初次碰到天上雷轟電閃，就感到恐懼。他們不知道雷電的眞正原因，慣於憑自己的生活經驗去了解自然現象，想到像迅雷疾電這般情景是某個強大的人在盛怒中咆哮。他們抬頭望見天，就把天想像成爲一種像人而比人強大的神，是他在咆哮，彷彿是在向人告誡什麼。這樣，雷神（最早也最大的天神）就由巨人們在恐懼中憑想像創造出來了。神本是人的虛構，人卻把自己所虛構的信以爲眞，對神感到恐懼和虔敬。這樣倒也有助於維持社會生活。他們原來是男女公開雜交的，現在面對著神，感到羞恥，就有些男人帶著女人住在岩洞裡，開始了婚姻制和家庭制。天后繼天神而出現，就標誌著婚姻制的起源。古希臘和羅馬都有十二個天神，維柯認爲他們標誌十二個社會發展階段，例如最早的雷神標誌宗教的起源。最後的海神標誌航海事業的開始。此外，原始人習慣的思想方式既是以己度物（像他們相信雷是神的咆哮那樣），他們就認爲自然事物也和自己一樣有生命，有情感，有動作，每一件事物所以都是一個神。原始人起初和動物一樣是啞口的，只用些姿勢或符號來表達自己的意思，例如用三莖麥穗表示三年。在發現神而恐懼的時候，人就張開了口，起初的字音都是諧聲的、驚歎的、單音的。這就是「象形的語言」或「神的語言」。家庭制起來之後，父親成爲一家之主，取得了神的代表的地位，可以發號施令，這種家長制就是宗法統治的最初形式。從此原始人組成了社會，就由深山野林移居到山谷和平原，「爲了他們自己和他們的家族提供生活資料，既然不再吃草了，他們就得馴服土地播種穀子。」⑤

英雄的時代在神的時代後期就開始。「每個民族有它的雷神」，「每個民族也有它的赫庫理斯，天神的兒子」⑥。這就「標誌原始民族中英雄主義的起源」。赫庫理斯在古希臘神話中是一位多才多藝的大力士。這種人在原始社會中是能克服艱險的有擔當的人，所以成爲理想的英雄人物，是「英雄人物」這個類概念的一個突出的具體的代表。古希臘在荷馬時已轉到英雄的時代，荷馬就是一個英雄詩人，他所歌頌的是兩種類型的英雄，一種是《伊利亞德》中的阿基里斯，代表早期希臘社會所奉爲理想的勇猛；一種是《奧德賽》中的伊底帕斯，代表晚期希臘所奉爲理想的智謀。荷馬本人就是詩人中的這樣一位英雄。當時全民族都是詩人，荷馬只是其中之一，選出來作爲理想的代表，事實上荷馬史詩並不是某一個人或某一時代的產品，而是全體希臘人民在長時期中的集體創作。英雄時代的語言也叫做「英雄的語言」。由於抽象思維還不發達，詞彙中很少有抽象的表示概念的字，絕大部分是以物擬人，有具體形象的屬於隱喻格的字。表達方式也不是說而是歌唱，例如他們不是說「我發怒」而是唱「我的熱血在沸騰」，不是說「地乾旱」而是唱「地渴了」。這時代的政體是操縱在少數英雄手裡的貴族統治。他們的意志和暴力就是法律。這時代社會已劃分成家長或宗

---

⑤《新科學》，第三七八頁。本文引用《新科學》的段落，都根據T. Bergin和M. H. Fisch的英譯本（康乃爾大學一九四八年版）。《新科學》各部分有不同的名稱，如〈要素〉，〈詩的智慧〉等。

⑥《新科學》，〈要素〉四十三。

法主（Patriarcbs）和平民（Plebians）兩個階級，平民處在「被保護者」或奴隸的地位，還不能分享宗教和政治各方面的權利；他們的不滿情緒和反抗的鬥爭便日漸劇烈起來。就是這平民階級的上升促成了英雄主義的解體，把歷史推進到「**人的時代**」。維柯把這過程作了這樣的總結：

> 隨著年代的推移以及人類心智的更大發展，民族中的平民終於對這種英雄主義自封的權利起了猜疑，懂得了他們自己和貴族們具有同等的人性，所以堅決要求參加到城市的社會秩序裡。因爲人民到了適當的時機是要變成享有主權的，神意就允許平民和貴族之間先在敬神和宗教問題上進行鬥爭，進行要求把占卜⑦的權利由貴族推廣到平民的英勇鬥爭，目的在於藉此推廣依存於占卜的一切公私權利，敬神和皈依宗教就這樣使人民獲得了政治上的主權。⑧

維柯在這裡仍然暴露他慣有的矛盾，一方面認識到原始社會中平民與貴族的階級鬥爭促成了政體由貴族統治轉到民主政治的發展，另一方面還是把宗教看成歷史發展的推動力。民主勢力起來了，文化各部門都起了相應的變化。宗教變成道德教育的工具，脫除了原來的野蠻性，神話被遺忘了，人學會抽象思維，哲學、實用性的書寫的文字和散文也都起來了。

---

⑦ 古代社會中一切取決於神的意旨，占卜是探求神的意旨的一種技藝，這原來只能由貴族掌管。

⑧ 《新科學》，第三七九頁。

人的時代是否就是歷史發展的終點呢？維柯是歷史循環論者，認為人類文明發展到了一個階段，人就驕奢淫逸起來，失去了活力，不平等代替了平等，因而產生種種社會罪惡，於是人類又會回到野蠻時代，三個時代的迴圈就周而復始。依他看，西方從羅馬帝國滅亡後轉入「黑暗時代」，就是回到野蠻時代，到了但丁的時代又轉入英雄的時代，但丁就是第二荷馬，代表第二英雄時代的詩人。關於這第二個迴圈，維柯說的不多，他的重點在古希臘羅馬的文化發展。

在今天看，維柯的宗教為文化發展動力的歷史觀以及歷史循環論都顯然是錯誤的，他所據的史料不盡詳實，他的哲學批判也往往流於主觀幻想。但是他的人創造神的理論對宗教還是一個打擊；他指出民主為人的時代的政治形式，也帶有進步意義；他堅信文化在一定範圍裡是向前發展而且有規律可尋的，對這方面他也作出一些天才的揣測，推進了歷史哲學的發展。

維柯斷定想像活動（即詩的活動）是人類歷史發展的最初階段，著重地研究了想像活動與詩和其他文化事項的密切聯繫，所以他的美學觀點是他的歷史哲學中的一個重要組成部分。維柯對美學的最大貢獻就在於初步運用歷史發展觀點和歷史方法。他的歷史發展觀點和歷史方法有一個總的原則作為出發點：「凡是事物的本質不過是它們在某種時代以某種方式發生出來的過程。」⑨這就是說，事物的本質應從事物產生的原因和發展的過程來研究。因

⑨〈要素〉十四。

此，維柯研究美學問題（主要是想像問題），不是像過去美學家們就某一個靜止的橫斷面，而是就發展過程的整體去看。這在當時還是一個新的觀點和方法。在較小的程度上維柯所做的正是後來黑格爾所做的。他的成就比不上黑格爾，因爲他是一個開荒闢路的人，但是他的意義並不因此而減小。要認識維柯，首先就要認識到他的這一點基本貢獻，然後再考察他的個別的美學觀點。

三、維柯的基本美學觀點

近代一些主要的美學家，如康德和黑格爾，都是從一些形而上學的原則和概念出發，去推演出關於局部問題（例如美和藝術）的結論，維柯卻從心理學中一些經驗事實出發，去尋求人類心理功能和人類文化各部門的因果關係，在這一點上他受到英國經驗主義的影響。他很推崇培根。

人類心理功能（如感覺、想像、理解等）也有一個發展過程。維柯愛拿人類的原始期來比擬個體的兒童期，把原始民族叫做人類的兒童。兒童先憑感官去接受外界事物的印象，這些印象留在記憶裡，成爲想像所憑藉的材料，在很長一個階段裡，兒童的心理活動主要是想像活動，只關心事物的個別具體形象，而不注意事物之間的抽象的性質和關係，因爲他們還不會抽象思考。兒童的行動主要是摹仿，「他們一般都在摹仿自己所能懂得的事物來取樂」。這就必然是詩的活動，「因爲詩不是別的，就是摹仿」⑩。全人類的心理功能發展的程式也與此類似。維柯把全人類心理功能發展也分爲三個階段：

> 人最初只有感受而不能知覺，接著用一種被攪動的不安的心靈去知覺，最後才用清晰的理智去思索。⑩

這段話結合另一段話來看，就較清楚：

> 亞理斯多德關於個人所說的一句話也適用於全人類：「凡是不曾存在於感官的東西就不可能存在於理智。」這就是說，人心所理解的東西沒有不是先已由感官得到印象的，人心在它所感覺到的東西之中見出一種不是感官所能包括的東西時，就是在用理智。⑫

這裡主要地指出感覺和理解的分別。實際上感覺包括接受感官印象（感覺本身）和綜合感官印象（想像）兩個階段，因爲感覺印象成爲記憶，而想像須憑記憶。維柯在這兩個階段中所

---

⑩《要素》五十二，現代瑞士心理學家皮亞傑（Piager）關於兒童的語言和思維的研究充分證明了維柯的看法。

⑪《要素》五十三。

⑫《新科學》，〈詩的智慧〉序論。

著重研究的是想像，因爲它同詩的起源關係特別密切：

兒童們記憶力最強，所以想像也格外生動，因爲想像不過是展開的或複合的記憶。這條公理說明世界在它的兒童時期所造成的詩的意象何以那麼生動。⑬

總之，原始民族作爲人類的兒童，還不會抽象思維，他們所藉以認識世界的只是根據感覺的想像或形象思維，所以人類最初的文化，包括宗教、神話（即詩）、語言乃至各種社會制度，都是通過形象思維而不是通過抽象思維來形成的。由於一切文化事項都來自形象思維，又由於形象思維都帶有創造或虛構的性質，而創造或虛構就是詩的活動（維柯沿用古希臘人「詩」即「創作」的意義），所以原始民族中一切文化事項，從宗教、神話、語言、物理學乃至於政治和法律，都帶有詩的性質，都與抽象概念和哲學無關，後來學者們從這些裡面所見到的抽象概念或哲學意蘊都是憑自己的理解強加到原始文化遺跡上面的，實際上是歪曲。等到人類文化發展到了會作抽象思維即進行哲學活動的時候，人類就由兒童期轉到成年期，即轉入「人的時代」，神話就被遺忘，形象思維受制於抽象思維，詩也就失去了原有的強旺的生活力。除非人又回到野蠻時代。這是維柯的美學思想總輪廓。如果稍加分析，就有以下幾點值得注意。

⑬ 〈要素〉五十。

1. 形象思維的原始性與普遍性

如上所述，原始民族的形象思維的強旺是與抽象思維的缺乏分不開的。原始人還是些「愚笨的無知的可怕的畜生」，「在他們的強旺而無知的狀態中，他們全憑身體方面的想像力去創造。」⑭所謂「身體方面的想像力」，就是說還沒有摻雜理智因素的主要是動物本能性的想像力。惟其無知，原始人所以對事物感到驚奇。「驚奇是無知的女兒」，它本身又是想像的母親，因爲驚奇是不知而求知的表現，想像是原始人求知的一種方式，是他們對外在事物所作的一種力所能及的主觀的解釋。例如他們不知道雷電的眞正原因，就對雷電感到驚奇，努力去找原因，於是想像山雷神來，作爲雷電的指使者。這種想像既是虛構，它的產品是否就因此不眞實，毫無理性呢？維柯認爲原始人雖在虛構。而自己卻不認爲是在虛構，其理由在於這種虛構適應了實踐的需要：

偉大的詩有三重任務：(1)發明適合於群眾了解的崇高的神話故事：(2)爲著達到所懸的目的，要使人深受感動；(3)教普通人按照詩人所教導去做合乎道德的事。從人類事物的這種性質就產生出一種永恆的特性，像塔什特⑮的名句所說的：「他們一旦虛構出，就立刻信以爲眞。」⑯

---

⑭《新科學》，〈詩的形而上學〉，第一章。

⑮塔什特（Tacitus），西元前一世紀羅馬歷史家。

⑯〈詩的形而上學〉，第一章。

維柯還引用亞理斯多德的主張說：「特宜於詩的材料是近情近理的（可信的）不可能」，例如雷神操縱雷電，是種不可能，但是原始人仍深信不疑，因爲對於原始人的想像力來說，這還是近情近理的。所以原始的想像雖不夾雜理智活動，卻不因此就成爲沒有理性的或不可信的。

形象思維的普遍性基於人類本性的共同性。原始民族全部有強烈的想像力，所以「在世界的兒童期，人們按照本性就都是崇高的詩人」⑰，神話或詩的創造在原始社會中都是全民族的事。近代人見慣了個人創作，就把古希臘史詩歸功於荷馬一個人。維柯在《新科學》卷三裡有力地說明了荷馬只是古希臘人民中一個人，而且還只是一個理想中的人。實際上古希臘史詩是由全體古希臘人民在很長時期裡逐漸創造出來的。作者的標籤之所以貼在荷馬身上，因爲古希臘人有把突出的個別具體人物代表同類人物的習慣，荷馬也只是代表「詩人」（＝作者）這一類人物的英雄。古希臘各地方都說荷馬是它那裡的公民，關於荷馬的年代也有早晚不同的傳說，其「理由就在於古希臘各族人民自己就是荷馬」，「荷馬一直就在古希臘各族人民的口頭上和記憶中活著」。總之，荷馬本身就是一種想像虛構。《伊利亞德》和《奧德賽》所寫的是古希臘民族早年時代與晚年時代的兩種不同的社會生活和兩種不同的英雄人物性格理想，這也說明這兩部詩不可能是由某一個詩人在某一個時代裡創造出來的。古希臘史詩之所以崇高。也正由於它是全體人民的作品。「崇高性和人民喜見樂聞是分不開

⑰〈要素〉三十八。

的」，維柯認爲這個原則就顯出詩的一個「永恆的特質」。維柯的這個關於詩的起源的看法，和他的關於政體演變的看法一樣，反映出當時正在上升的民主思想，否定了詩是少數優選者或天才的專利品那種傳統的貴族主義的看法，肯定了每個人「按本性就是詩人」，詩的眞正生命力在於它能反映全民族的需要和理想，因而爲廣大人民所喜見樂聞，這種看法在十八世紀初期還是新鮮的，有進步意義的。

2. 形象思維與抽象思維的對立

由於把詩歸原到想像，把原始民族的一切想像的產品都看成帶有詩的性質，維柯對於詩的理解是取「詩」這一詞的最廣泛的意義。這種看法一方面雖顯出詩與其他文化部門的緊密聯繫，另一方面也不免造成詩與其他文化部門的混淆。在原始時代，詩既然和宗教、神話、語言、歷史等同是想像的產品，詩本身的特徵究竟何在？這問題沒有得到維柯的足夠的注意。更嚴重的是維柯把形象思維與抽象思維的對立過分絕對化了，這也就是把詩與哲學的對立過分絕對化了。我們可以把他關於這方面的論斷彙集在一起來看看：

推理力愈弱，想像力也就愈強。⑱

詩的語句是由對情欲和情緒的感覺來形成的，這和由思索和推理所造成的哲學的語句大不相

⑱ 〈要素〉三十六。

同。哲學的語句愈上升到一般，就愈接近眞理：而詩的語句則愈掌握個別，就愈確實。⑲

詩人可以看作人類的感官，哲學家可以看作人類的理智。⑳

最初的各族人民，作為人類的兒童，先創立了藝術的世界，然後哲學家們過了很久才出現，他們可以看作民族的老年人，才建立了科學的世界，使人類達到完成階段。㉑

按照詩的本質，一個人不可能同時既是崇高的詩人，又是崇高的哲學家，因為哲學把心從感官那裡拖開來，而詩的功能則把整個的心沉浸在感官裡：哲學飛騰到普遍性相（一般），而詩卻必須深深地沉沒到個別事物裡去。㉒

從此可見，維柯把形象思維和抽象思維，詩和哲學，看成兩種互不相容的活動，兩種不同時代的文化特徵。因此，他不但否認荷馬史詩以及一般原始神話具有任何抽象概念和哲學意蘊，而且還斷定到了「人的時代」（哲學時代），詩就要讓位給哲學。抽象思維也有時被運用在詩裡，但是那已經不是眞正的詩。「抽象的語句是哲學家的作品，因爲它們包含普遍性

⑲〈要素〉五十。

⑳《新科學》，第二卷，序論。

㉑ 同上書，第二卷，第七章。

㉒《新科學》，第三卷，第一部分，第五章。

相（一般），至於對情欲的思索則是枯燥無味的假詩人的作品。」㉓「荷馬的英雄們在生活習慣方面，都像青年人那樣輕浮，像婦女們那樣富於想像力，像暴躁的少年那樣易動怒火，所以一個哲學家不可能把這樣的英雄很自然地順利地構思出來。」㉔

維柯強調詩掌握個別具體形象而不涉及空泛的一般，令人聯想到鮑姆嘉通所強調的「個性」和希爾特所強調的「特徵」，他們都反映出當時資產階級對個性伸張的要求與對新古典主義的類型觀的反抗，有他們的進步的一方面。但是維柯的哲學終將代替詩的論調又令人聯想到黑格爾的大致相同的見解，不免對未來世界描繪出一種無詩無藝術的黯淡的遠景。這種悲觀的論調就不符合歷史事實。古希臘悲劇最輝煌的時代和古希臘哲學的鼎盛差不多同時，而且從畢達哥拉斯學派和赫拉克勒特建立哲學以後，西方的文藝生命還一直維持到近代，例如十八世紀末到十九世紀初，歌德和席勒也都在德國古典哲學鼎盛時期寫成了他們的偉大詩篇。哲學與詩不相容的說法是不能成立的，其次，這種說法也與維柯所重視的心理功能發展的實況不相符。原始民族想像力較強雖是事實，難道他們就根本沒有抽象的思考嗎？就連維柯的最忠實的信徒克羅齊也認爲「否認原始民族有任何理智性的邏輯」是一種錯誤。㉕形象思維和抽象思維固然有它們的對立矛盾，也有它們的協調統一，理智力的上升並不一定造成

㉓〈詩的智慧〉，第七部分，第三章。

㉔《新科學》，第三卷，第一部分，第五章。

㉕克羅齊：《美學史》，第五章。

想像力的消失。維柯的錯誤在於把原始民族的詩看作唯一類型的詩，忘記了人類心理功能既然可以發展，詩也就可以發展，事實上詩和一般藝術雖然主要靠形象思維，但也並非絕對排斥抽象思維，因爲人是一種有機體，他的各種心理功能是不能嚴格地機械地割裂開來的。理想的詩（和一般藝術）總是達到理性與感性的統一，像黑格爾所闡明的。

3. 形象思維如何進行：以己度物的隱喩

在形象思維的研究方面，維柯的重要貢獻在於對這種思維的進行程式發現了兩條基本規律，一條是以己度物的隱喩，一條是「想像性的類概念」。

先說第一條。形象思維是原始民族認識事物的基本方式。維柯在《新科學》卷二裡定下一些作爲出發點的大原則，把它們叫做「要素」，其中第一條就是：

> 由於人心的不明確性，每逢它落到無知裡，人就把他自己變成衡量一切事物的尺度。

這就是形象思維進行程式的一條規律。「人心的不明確性」指認識還限於感性方面，還不能進行抽象思考，對事物得出明確的概念。「無知是驚奇之母」，驚奇是求知的動力，在不知而求知中。人憑什麼去衡量事物呢？只能憑自己的切身的經驗，這就是「以己度物」，維柯作了這樣的說明：

> 當人們對產生事物的原因還是無知的，不能根據類似事物來解釋它們時，他們就把自己的本

性轉到事物身上去，例如普通人說：「磁石愛鐵」。㉖人與人相吸引，相親近，是由於愛。人看到磁石吸鐵，找不到眞正的原因，就憑自己的心理經驗，把磁石想像爲對鐵有愛情，維柯認爲詩的心理上的起源就在此：

> 心的最崇高的勞力是賦予感覺和情欲於本無感覺的事物，兒童的特徵在於他們把無生命的事物拿到手裡，和它們戲談，好像它們和活人一樣。㉗

詩人和兒童一樣，「把整個自然看成一個巨大的生物，能感到情欲和效果」。「就是用這種方式，最早的神話詩人創造了第一個神話故事，一個最偉大的神話故事，即天神或雷神的故事。」㉘創造雷神的過程，上文談「神的時代」時已經提到，是根據人自己的心理經驗，「在像打雷扯閃那種情況之下，大半是一些體力極強大的人在發怒，用咆哮來發洩他們的暴躁情緒，人們就把天想像爲一個巨大的有生命的物體，把打雷扯閃的天叫做天神或雷神」

㉖〈要素〉三十四。

㉗〈要素〉三十八。

㉘《詩的形而上學》，第一章。

㉙。這就是神和宗教的起源，也就是神話和詩的起源。依維柯看，這是人類由野蠻狀態或自然狀態轉到社會生活的關鍵。

在《詩的邏輯》部分，維柯還運用以己度物的原則來說明語言的起源。語言最初只用姿勢和實物符號，後來才用文字，文字起初也是形象性的。所以最初的語言是一種「幻想的語言」，它「所用的材料是有實體的事物，這些事物是被想像爲有生命的。而且大部分是被想像爲神的」。他把這個原則叫做「詩的邏輯」。原始語言中「最有光彩的」隱喻格（metaphor）就是由「詩的邏輯」派生的，它的特點就在於「賦予感覺和情欲於無感覺的事物」，或是「把有生命的事物的生命移交給物體，使它們具有人的功能」。「每一個用這樣方式形成的隱喻格都是一個具體而微的神話故事。」維柯舉了一些實例來說明隱喻：

> 在一切語言裡，大部分涉及無生命事物的表現方式，都是從人體及其各部分以及人的感覺和情欲那方面借來的隱喻，例如用「首」指「頂」或「初」，用「眼」指放陽光進屋的「窗孔」……，用「心」指「中央」之類。天或海「微笑」，風「吹」，波浪「輕聲細語」，在重壓下的物體「呻吟」，拉丁農民常說田地乾「渴」，「生產」果實，讓穀糧「脹大」；我們義大利鄉下人也說植物「講戀愛」，葡萄長得「發狂」，流脂的樹「哭泣」。……在這些例子裡，人把

㉙ 同上。

自己變成整個世界了……人用自己來造事物，由於把自己轉化到事物裡去，就變成那些事物。㉚

從這些事例和說明來看，語言也還是一種詩的創造。維柯所說的「把有生命的事物的生命移交給物體」，或是「把自己轉化到事物裡去，就變成那些事物」，正是後來德國立普斯一派美學家們所說的移情作用。移情作用本是人憑想像去認識事物的一個很原始很普遍的現象，過去休謨、博克、溫克爾曼和康德等人也都注意到這種現象，不過把這種現象看作詩（包括一般藝術）的一個基本規律，還是從維柯開始。維柯的解釋是：這種現象是一種隱喻，是人憑自己的心理經驗來體會外在的事物。這種解釋比起立普斯一派人所作的解釋（在物我同一中我與物的情感和生命活動在不知不覺中往復交流）還較直截了當，也許還較符合事實。隱喻就是我國古代詩論家所說的「賦比興」三體中的「興」。三體之中只有「賦」是「直陳其事」，「比」和「興」都是「附托外物」，不同在「比顯而興隱」：「興者起也，取譬引類，起發己心，詩文諸舉草木鳥獸以見意者皆興辭也」，㉛這裡的解釋又微有不同，著重的是「托物見意」，不像維柯所著重的是以己度物；但是都把這種現象看作隱喻，也都認爲隱喻與詩人的形象思維有密切的聯繫。

㉚《新科學》，〈詩的邏輯〉，第二章。

㉛孔穎達的《毛詩大序》的疏。古漢語文字起於象形、諧聲和會意（參看許慎的〈說文解字．序〉），也可印證維柯的見解。

4. 形象思維怎樣形成類概念或典型人物

維柯對於形象思維研究的另一重要貢獻，在於他所提出的關於典型人物的一種獨到的看法，即所謂「想像性的類概念」。原始民族還不會抽象思考，就不能對同類事物形成抽象的類概念。但「人心受本性的驅遣，喜愛一致性」，這就是說，喜歡在事物中見出相同或類似。他們既不能形成類概念，用什麼方式去領會和表達這種相同或類似呢？維柯認爲原始民族都用形象鮮明的突出的個別具體事例來代表同類事物。這種從個別來認識一般的方法所根據的是關於人心特性的一條規律：「每逢人們對遠的未知的事物不能形成觀念時，他們就根據近的習見的事物去對它們進行判斷」㉜。例如：「兒童的本性使得他們根據從最初認識到的男人，女人和事物所得到的觀念和名稱，去了解和稱呼一切和這些最初認識到的有些類似或關係的其他男人、女人和事物」㉝，例如見到年長的男人都叫「爸」或「叔」，見到年長的女人都叫「媽」或「姨」。「爸」、「媽」等詞對於兒童還不能是抽象的類概念，只是用來認識和爸媽相類似人物的一種具體形象，一種想像性的類概念。維柯還舉原始民族的英雄人物爲例：「埃及人把凡是對人生有用或必要的事物的發明都歸功於赫爾彌斯．特里斯麥吉特一個人。」㉞這就是赫爾彌斯本來只是一個有才能的發明家，埃及人便用他代表「發明

㉜〈要素〉二。

㉝〈要素〉四十八。

㉞〈要素〉四十九。例如在我國古代，工藝中的魯班、醫道中的華陀，也可以看作「想像性的類概念」。

家」這一類人物，原因是他們根本沒有形成「發明家」這個抽象的類概念，於是一切發明家都成了赫爾彌斯。維柯對這種形象思維的說明如下：

原始人彷彿是些人類的兒童，由於還不會形成關於事物的通過理解的類概念，就有一種自然的需要，要創造出詩的人物性格，這就是形成想像性的類概念或普遍性相（一般），把它作為一種範型或理想的肖像，以後遇到和它相類似的一切個別事物，就把它們統攝到它（想像性的類概念）裡面去。……正是用這種辦法，埃及人把凡是對人類有用或必要的事物的發明都歸到「社會哲人」這個類裡，因為他們還不會抽象出像「社會哲人」這種須通過理智來理解的類概念，更不會抽象出埃及人之所以成為哲人的那種社會智慧，於是他們就把它想像為赫爾彌斯·特里斯麥吉特。

不但埃及人通過以個例代表一般的方式去創造出他們民族理想中的英雄人物，荷馬史詩中的人物也是「古希臘各族人民用來統攝同屬一類的一切不同個體的」想像性的類概念：

舉例未說，他們用阿基里斯（《伊利亞德》中的主角）來統攝一切英雄的勇猛的特質，以及由這些本性特質產生出來的一切情緒和習俗，例如急躁、苛嚴、難和解、狂暴，用武力霸占一切權利，像賀拉斯描繪阿基里斯的性格時所總結出的。他們用伊底帕斯（《奧德賽》中的主角）來統攝一切有關英雄智慧的情緒和習俗，例如警惕性、耐心、欺詐、耍兩手、偽裝，經常把話說得很妥貼，對行爲卻不介意，引誘旁人自陷錯誤，自投羅網。古希臘人把凡是足夠突出，能引起他們的還是遲鈍的頭腦注意而且聯想到類型的那些個別人物的行動，都歸到這兩種人物性格上去，這兩種人物性格既是由全民族創造出來的，所以只能被看作自然具有一致性的（一個神話故事的妥貼、美和魔力就在於這種適合於全民族的共同感覺到的一致性）。㉟

接著維柯就指出上文所已提到的詩的崇高性與人民喜見樂聞分不開的原則。人民對於這種人物性格之所以喜見樂聞，是由於他們反映出全民族的共同理想，即所謂「適合於全民族的共同感覺的一致性」。趁便指出，維柯在《新科學》裡很少直接談到美，在這裡他卻偶然露出他對於美的本質和美的標準的見解，一言以蔽之，美就是反映全民族共同理想，因而爲全族人民所喜見樂聞的東西。

此外，維柯還根據亞理斯多德在《倫理學》裡所說的「觀念窄狹人把每一個別事例建立爲一種原則」，說明了神話詩人對人物性格何以有放大和誇張的傾向。「由於這個緣故，在古希臘拉丁詩人的作品裡，神和英雄的形象總是顯得比凡人的形象較巨大，而在野蠻風氣恢復的時代㊱，在繪畫裡上帝、基督和聖母都畫得格外大。」㊲

㉟《新科學》，第三卷，第一部分，第四章。按中國手藝能手魯班、醫學能手華陀也都是「類概念」的例證。

㊱ 即「第二野蠻時代」，指文藝復興早期。

㊲《新科學》，第三卷，第一部分，第五章。

根據以上所述，可見維柯所說的「想像性的類概念」正是典型性格。他所理解的「典型」還偏於「類型」，不過他的看法比過去賀拉斯和布瓦洛的類型說已邁進了一大步，因爲他生動地說明了集中、誇張和理想化的過程，也比較圓滿他說明了典型性格何以既是個別又是一般的問題。

四、對維柯的評價

維柯生在笛卡兒的理性主義哲學瀰漫全歐的時代，揭起反對笛卡兒的旗幟：在英國經驗主義哲學剛在上升的時代，雖然承受了它的一些影響，而在堅持歷史發展觀點上和它也不很合拍，所以他在當時的地位是孤立的。也許是因爲這個緣故，他在十八世紀歐洲學術界長期默默無聞，只對德國狂飆突進的先驅赫爾德發生過一些間接的影響。一直到十九世紀中葉，研究歷史哲學的風氣逐漸盛起來了，他才由法國史學家密希勒的翻譯和介紹，開始引起西方學術界的注意，作爲歷史哲學的一位先驅者，他的功績已得到廣泛的承認：但是作爲美學的一位先驅者，他所得到的評價還不很一致。

克羅齊在他的《美學史》裡對維柯給了很高的評價，說「新科學實在就是美學」，美學這門新科學的眞正的奠基人並不是鮑姆嘉通而是維柯。美學界逐漸注意到維柯，大半是通過克羅齊的介紹。克羅齊自認他的直覺說和美學與語言學的統一說都是繼承維柯的衣缽。其實克羅齊從維柯那裡所吸收來的恰恰是維柯美學中最薄弱的一個環節，即形象思維與抽象思維的絕對對立，而且維柯承認想像以感官印象爲依據，而感官印象以客觀存在爲依據，克羅齊則否認直覺之前的感覺以及感覺所自來的客觀存在，他的「直覺」也絕不可能就是維柯的「想像」。克羅齊介紹維柯的功績，一字不提他的歷史發展觀點。克羅齊對立普斯派的「移情作用」說持反對態度，因而對於維柯在這問題上的貢獻也就輕輕地放過去。在克羅齊的手裡，維柯在受到推崇之中也受到了歪曲。

鮑桑葵在他的《美學史》裡根本忽視了維柯的存在。近來韋勒克在他的一般說來很精審的《近代文學批評史》裡㊳，認為維柯的「詩的看法和他的義大利同胞格拉維納（見本文第一節——引者）的看法相差並不很遠」，這就是說，他還是一個新古典主義的信徒，儘管維柯的全部思想都是反新古典主義的。韋勒克看不出維柯是「美學的奠基人」，只看出他是一位歷史哲學家。理由之一是維柯在當時美學界沒有發生影響，其實這一條應該也完全適用於否定朗吉弩斯；理由之二是維柯的許多美學論點在過去已有人分別地提出過，其實這一條應該也完全適用於否定康德。

「美學的奠基人」的爭執是無聊的。美學是由許多工作者日積月累的貢獻發展起來的，不可能指出某一個人來說他是「美學的奠基人」，鮑姆嘉通夠不上這個資格，維柯也夠不上這個資格。克羅齊對他的估價是偏高的。要衡量一個科學家的價值，只能看他對他那一門科學的發展有沒有作出新的貢獻。從這個角度來看，我們也不宜把維柯的地位擺得過低。

他的首要貢獻是替美學帶來了歷史發展的觀點和史與論相結合的方法。缺乏歷史發展的

㊳ René Wellek: A History of Modern Criticism，第一卷，一九五五年倫敦版，第一三四至一三六頁。

觀點是早期近代美學（從法國新古典主義、英國經驗主義以及黑格爾以前德國古典哲學各派）的共同的嚴重缺點，連其中最爲傑出的康德也非例外。法國啓蒙運動者才略有歷史發展的觀點，特別是在孟德斯鳩（與維柯同時代，而且也是一位法學家）的著作中。不過法國啓蒙運動者只偶爾零星地從歷史發展觀點討論到文藝的問題，維柯卻窮畢生精力去研究文藝及其他文化領域的歷史發展。他在這方面的工作比黑格爾的差不多要早一個世紀。黑格爾之所以重要，也就因爲在美學裡運用了歷史發展觀點。維柯是他的先驅者，也就應該得到足夠的估價。這並不等於說，他（或黑格爾）的歷史觀點就是正確的。我們在介紹中已經指出他在這方面的缺陷。

在具體的美學問題上，維柯的突出的貢獻在於對形象思維的研究。近代把形象思維提到美學中主要地位的要推英國經驗派美學家們，但是他們只侷限在機械的「觀念聯想律」的圈子裡。並未能說明形象思維與藝術創造的眞正關係。維柯從歷史發展觀點，生動他說明了這個關係，並且發現了形象思維的兩條基本規律：以己度物的隱喻和想像性的類概念。前一個規律是後來的移情作用說所自出，後一個規律說明了典型人物是在個別中顯出一般。此外，維柯還從原始詩歌（特別是荷馬史詩）的研究說明了人按本性就都是詩人，原始詩歌的眞正創作者是人民，而且把表達民族共同理想，爲人民所喜見樂聞定爲衡量美和崇高的標準，這種反映民主思想的美學觀點也是值得珍視的。

專業的美學家們大半把視線集中到一個很窄狹的領域，維柯的《新科學》會有助於擴大這種美學家們的視野，使他們體會到文藝與一般文化的密切聯繫，不能把美學作爲一門孤立的科學來研究。維柯還指出了藝術與語言的統一，這一點可能有深遠的意義，特別是對於我們中國美學家們來說，因爲漢語以象形、諧聲、指事、會意爲主，它的起源和發展會比任何其他語言（一般是拼音的）對美學家們提供更豐富的研究形象思維的資料。研究和充分利用這些寶貴的資料還有待於今後我國美學和語言學的工作者。

名詞索引

二劃

三劃

四劃

五劃

六劃

七劃

八劃

九劃

十劃

十二劃

十三劃

十四劃

十五劃

十六劃

大家講堂 018

西方美學史（上）

作　　者 —— 朱光潛
發 行 人 —— 楊榮川
總 經 理 —— 楊士清
總 編 輯 —— 楊秀麗
叢書企劃 —— 蘇美嬌
封面設計 —— 姚孝慈
出 版 者 —— **五南圖書出版股份有限公司**
地　　址 —— 台北市大安區 106 和平東路二段 339 號 4 樓
電　　話 —— 02-27055066（代表號）
傳　　眞 —— 02-27066100
劃撥帳號 —— 01068953
戶　　名 —— 五南圖書出版股份有限公司
網　　址 —— https://www.wunan.com.tw
電子郵件 —— wunan@wunan.com.tw
法律顧問 —— 林勝安律師事務所　林勝安律師
出版日期 —— 2018 年 8 月初版一刷
2022 年 1 月二版一刷
定　　價 —— 520 元

版權所有・翻印必究（缺頁或破損請寄回更換）
本書爲作者後人姚昕先生授權五南圖書出版股份有限公司在台灣出版發行繁體字版本

國家圖書館出版品預行編目資料

西方美學史 / 朱光潛著 . -- 二版 -- 臺北市：五南圖書出版股份有限公司，2022.01
冊；　公分 . -- (大家講堂)
ISBN 978-626-317-437-5 (上冊 : 平裝). --
ISBN 978-626-317-438-2 (下冊 : 平裝)

1. 美學史　2. 西洋美學

180.94　　110020392